Dalai Lama

# Frieden im Herzen und in der Welt

## Lebenspraktische Erläuterungen zur buddhistischen Weltsicht

Übersetzt von Christof Spitz



Lotos

Lotos Verlag
Lotos ist ein Verlag des Verlagshauses
Ullstein Heyne List GmbH & Co. KG

ISBN 3-7787-8150-2


Fotos: Kalachakra Graz 2002/beONE, Kalachakra Graz 2002/Richter,
Manfred Klell
Redaktion: Ulrike Holzer, Juliane Molitor und Manfred Klell
Umschlaggestaltung: Christine Klell, Wien
Gesetzt aus der Berling und Italia bei
Franzis print & media GmbH, München
Druck und Bindung: Clausen & Bosse, Leck

# Inhalt

Botschaft von Seiner Heiligkeit dem XIV. Dalai Lama 7

Vorwort des Herausgebers . . . . . . . . . . . . . . . . . . . 9

Erster Tag . . . . . . . . . . . . . . . . . . . . . . . . . . . . 11
- Einleitung . . . . . . . . . . . . . . . . . . . . . . . . 11
- Die Herkunft der Schriften . . . . . . . . . . . . . . . . . 13
- Glück und Leiden . . . . . . . . . . . . . . . . . . . . . 14
- Zuneigung und Mitgefühl . . . . . . . . . . . . . . . . 18
- Theistische und nicht-theistische Religionen . . 21
- Die Grundlagen des Buddhismus . . . . . . . . . . 23
- Die Ursprünge der tibetischen Traditionen . . . . 26
- Ursachen und Bedingungen . . . . . . . . . . . . . . 30
- Begründung der Lehraussagen . . . . . . . . . . . . 35
- Mitgefühl . . . . . . . . . . . . . . . . . . . . . . . . . 38
- Die Stufen auf dem Pfad . . . . . . . . . . . . . . . . 43

Zweiter Tag . . . . . . . . . . . . . . . . . . . . . . . . . . . 48
- Zusammenfassung des ersten Tages . . . . . . . . . 48
- Vertrauen und Weisheit . . . . . . . . . . . . . . . . 50
- Stufenweise Praxis . . . . . . . . . . . . . . . . . . . . 52
- Die Bedeutung des Lehrers . . . . . . . . . . . . . . . 55
- Die Zufluchtnahme . . . . . . . . . . . . . . . . . . . . 56

Karma . . . . . . . . . . . . . . . . . . . . . . . . . 58
Die drei Geistesgifte . . . . . . . . . . . . . . . . 59
Die Befreiung vom Leiden . . . . . . . . . . . . . . 66
Mitgefühl als Ausgangspunkt für den
Bodhisattva-Pfad . . . . . . . . . . . . . . . . . . . 70
Buddhaschaft als Ziel des Pfades . . . . . . . . . . 75
Die zwei Aspekte der Wirklichkeit . . . . . . . . . 78
Geistige Ruhe und Besondere Einsicht. . . . . . 83

Dritter Tag . . . . . . . . . . . . . . . . . . . . . . . . . 91
Das Erzeugen des Erleuchtungsgeistes . . . . . . . 91
Die Entwicklung von Besonderer Einsicht . . . . 106
Die Praxis der Meditation. . . . . . . . . . . . . . . 111
Die endgültige Wirklichkeit . . . . . . . . . . . . . 114
Die Selbst-Losigkeit der Person . . . . . . . . . . . 115
Die Selbst-Losigkeit der Phänomene . . . . . . . . 123
Die »Leerheit der Leerheit« . . . . . . . . . . . . . 129
Die drei Naturen . . . . . . . . . . . . . . . . . . . . 130
Die Leerheit im Sinne des Prāsangika-
Mādhyamaka. . . . . . . . . . . . . . . . . . . . . . . 132

Vorbereitung auf die Initiation . . . . . . . . . . . . . 141

Initiation (Erster Tag) . . . . . . . . . . . . . . . . . . 172

Initiation (Zweiter Tag). . . . . . . . . . . . . . . . . . 192

Die mittleren Stufen der Meditation
von Āchārya Kamalashīla . . . . . . . . . . . . . . . . 205
Die 37 Übungen der Bodhisattvas
von Ngulchu Thogme Zangpo . . . . . . . . . . . . . . 236
Die Lampe auf dem Pfad zur Erleuchtung
von Lama Atīsha Dīpamkarashrījñāna . . . . . . . . . 243

Nachwort . . . . . . . . . . . . . . . . . . . . . . . . . . . 254

# Botschaft von Seiner Heiligkeit dem XIV. Dalai Lama

Unsere Welt ändert sich und ich denke alles in allem zum Besseren. Ich glaube, während des letzten Jahrhunderts, während der letzten hundert Jahre, hat sich die Welt abgesehen von einigen schmerzlichen Ausnahmen in die richtige Richtung entwickelt.

Dies ist eine grundlegende Entwicklung. Wenn sich die Menschheit mehr Mühe gibt und sich schneller und offener in diese Richtung bewegt, wird es gute Möglichkeiten geben. Was die materielle Entwicklung betrifft, so wird fortwährend mehr Fortschritt stattfinden. Das ist sehr gut. Aber auf der anderen Seite sind menschliche innere Werte wie Mitgefühl, Verzeihen, Toleranz, aufeinander Acht geben, miteinander teilen, auf die Umwelt unseres Planeten achten unsere einzige wahre Hoffnung. Auch ein vernünftigerer, genügsamerer Lebensstil und Selbstdisziplin sind grundlegende menschliche Werte. Während wir alle Fortschritt auf materieller Ebene erleben, ist es offensichtlich, dass wir der Entwicklung unserer inneren Werte mehr Beachtung schenken müssen.

Ungeachtet dessen, ob man ein gläubiger oder ein nichtgläubiger Mensch ist, ist es wichtig zu verstehen, dass diese inneren Werte die wichtigsten Faktoren für eine geeignete Entwicklung und eine Änderung in eine friedvollere, freundlichere und glücklichere Welt darstellen. Wenn wir also über Menschlichkeit sprechen, so ist jeder von uns, jedes menschliche Wesen verantwortlich, eine glücklichere Welt aufzubauen. Natürlich ist das individuelle Interesse auch das Interesse der ganzen Menschheit, deswegen lasst uns versuchen, eine glücklichere, friedvollere und mitfühlendere Welt aufzubauen.

Dies ist mein Wunsch. Eine Möglichkeit für mich als buddhistischer Mönch, als Praktizierender, zum geistigen Frieden beizutragen, ist das Abhalten der Kalachakra Initiation. Ich glaube, dass diese Initiation eine friedvolle Atmosphäre erzeugt und somit können wir alle einen kleinen Beitrag zur Förderung von Frieden und Mitgefühl leisten.

Seine Heiligkeit der XIV. Dalai Lama

# Vorwort des Herausgebers

Es freut mich, dass es gelungen ist, die Erklärungen, die S. H. der Dalai Lama während der Veranstaltung »Kalachakra für den Weltfrieden Graz 2002« gegeben hat, in Form dieses Buches einem breiten Publikum zugänglich zu machen.

Bei seinen Erläuterungen zur Bedeutung von Toleranz, Mitgefühl und Weisheit für ein friedvolles Zusammenleben bezieht sich S. H. der Dalai Lama auf die buddhistischen Grundtexte »Die mittleren Stufen der Meditation« von Āchārya Kamalashīla, »Die Lampe auf dem Pfad zur Erleuchtung« von Lama Atīsha und »Die 37 Übungen der Bodhisattvas« von Ngulchu Thogme Zangpo. Die Erläuterungen zur buddhistischen Weltsicht spannen einen Bogen von einfachen grundlegenden Prinzipien über die absolute Natur der Erscheinungen bis zu Aspekten fortgeschrittener tantrischer Praxis und außergewöhnlichen Anmerkungen zu tantrischen Einweihungen. Bezüglich des Ablaufes und des Textes des eigentlichen Rituals sei auf die Literatur verwiesen. Eine Auswahl von Bildern soll die friedvolle und eindrückliche Atmosphäre der Veranstaltung illustrieren.

Mein besonderer Dank gilt allen, die zum Erscheinen dieses Bandes beigetragen haben. Der Text entstand aus den Transkriptionen der tibetischen Vorträge S. H. des Dalai Lama, die konsekutiv von Christof Spitz ins Deutsche und von Geshe Lhakdor ins Englische übersetzt wurden. Die Texte wurden überarbeitet und von Ulrike Holzer behutsam editiert, um einerseits die Lebendigkeit und den tieferen Sinn der Ausführungen zu bewahren und andererseits den Ansprüchen der Schriftsprache gerecht zu werden. Etwaige Textfehler gehen zu Lasten des Herausgebers und werden bedauert. Ganz herzlich danke ich Eckhard Graf und den Mitarbeitern des Lotos Verlages, die das Buchprojekt mit Enthusiasmus und großer Sorgfalt betreut haben.

Mögen alle Wesen glücklich sein!

Manfred Klell
Vorsitzender des Kalachakra Komitees Graz 2002
Geschäftsführer des Vereins zur Förderung Buddhistischer Werte Graz

# Erster Tag

## Einleitung

Vor zwei Jahren bat mich Herr Alfred Stingl, Bürgermeister der Stadt Graz, eine Kālachakra-Zeremonie durchzuführen und zu leiten. Ich finde, Graz ist ein sehr schöner Ort für ein solches Zusammenkommen. Die Tatsache, dass wir uns im Herzen vieler angrenzender Länder befinden, stellt einen guten Umstand dar. Außerdem ist die Schweiz nicht sehr weit von Graz entfernt, und somit können die Menschen aus unseren Schweizer Gemeinschaften relativ leicht hierher kommen. Aus diesen Gründen habe ich Herrn Stingl meine Zusage gegeben, eine Kālachakra-Einweihung durchzuführen. Aber bevor wir mit der eigentlichen Einweihung beginnen, wollen wir uns mit allgemeinen buddhistischen Prinzipien beschäftigen. Daher möchte ich in den nächsten drei Tagen Erklärungen zur allgemeinen Schulungsweise auf dem buddhistischen Pfad geben.

Zum tibetischen Kulturkreis im Sinne der Religionszugehörigkeit gehören nicht nur die Menschen aus Tibet, sondern auch Bewohner angrenzender Himalaja-Regionen, Burjäten, Kalmücken und natürlich Mongolen. In diesem Kulturkreis ist vor allem der Buddhismus vertreten, aber es gibt auch einige Schwestern und Brüder, die der Bön-Tradition folgen.

Der Buddhismus und teilweise Bön sind also die Religionen, die wir aus der Tradition unserer Eltern übernommen haben. Hier, in Ihrem Kulturkreis verhält es sich anders. Die meisten Menschen im Westen, in Europa, Amerika oder in anderen westlichen Ländern, haben das Christentum als angestammte Religion oder den Judaismus, oder sie sind Muslime. Das sind die Religionen, die Sie von Ihren Eltern her kennen. Und im Allgemeinen sage ich immer, dass es besser ist, die Religion aus dem eigenen Kulturkreis weiterzuführen, die spirituelle Tradition, die man von zu Hause her kennt. Es ist nicht einfach, eine neue Religion anzunehmen. Dabei können auch Schwierigkeiten auftreten. Deshalb ist es normalerweise sicherer und natürlicher, wenn man seine angestammte Religion beibehält.

Obwohl es im Allgemeinen besser ist, seiner angestammten Tradition nachzufolgen, kann es doch vorkommen, dass man ein neues Interesse am Buddhismus entwickelt, weil die eigenen Veranlagungen, die eigenen Tendenzen, eher in diese Richtung gehen. Aus buddhistischer Perspektive gesehen können es Anlagen aus der ferneren Vergangenheit sein, aus früheren Leben, die einen mehr zum Buddhismus tendieren lassen. In so einem Fall wäre der Buddhismus für jemanden von größerem Nutzen als die alte Religion, die er oder sie von zu Hause her kennt. Deshalb ist es in solchen individuellen Fällen auch richtig, dass man sich für eine andere Religion wie den Buddhismus näher interessiert oder sie gar praktizieren will. Ich möchte hier jedoch sehr deutlich machen, dass es falsch wäre, die alte Religion, die man von zu Hause her kannte, als schlecht anzusehen, weil man nun Buddhist ist. Es wäre ein großer Fehler, aus einer solchen Haltung heraus eine Respektlosigkeit gegenüber der angestammten Religion zu entwickeln. Auch wenn der Buddhismus im Einzelfall für jemanden von größerem Nutzen ist, heißt das nicht, dass die frühere Religion dieses Menschen sinnlos oder weniger wert wäre. Im Gegenteil, betrachten Sie die gegenwärtige

Gemeinschaft, in der Sie leben! Vielen Millionen Menschen gibt diese alte Religion sehr viel, sie hat ihnen über viele Jahrhunderte in der Vergangenheit viel gegeben und wird sicher auch in der Zukunft weiterhin eine große Bedeutung haben.

Unter den Teilnehmern befinden sich sicherlich viele, die keine buddhistischen Praktizierenden sind sondern eine andere Religion ausüben, oder Menschen, die keiner bestimmten Religion angehören. Und ich denke, es ist möglich, dass sie durch die buddhistischen Erklärungen neue Perspektiven in ihrer eigenen Religion, in ihrem eigenen religiösen Verständnis entdecken und dass sich dadurch auch das Verständnis ihrer eigenen Religion vertiefen kann. Katholiken und Protestanten, mit denen ich Gespräche führte und denen ich Erklärungen über den Buddhismus gab, bestätigten mir nachher, dass ihnen dies auch für ihre eigene Religionsausübung von großem Nutzen war. Außerdem sind gerade in dieser Zeit gegenseitiger Respekt und Harmonie zwischen den Religionen besonders wichtig. Und gegenseitige Anerkennung entwickelt sich nur daraus, dass man eine andere Tradition kennen lernt. Auch unter diesem Gesichtspunkt ist es vorteilhaft, dass ich Erklärungen zum Buddhismus gebe.

## Die Herkunft der Schriften

Ich möchte die folgenden einführenden Erklärungen in den Buddhismus hauptsächlich anhand von drei Schriften geben. In der historischen Reihenfolge, in der sie verfasst wurden, sind das als erstes *Die Stufen der Meditation* oder *Gom Rim* von Āchārya Kamalashīla, dann *Die Lampe auf dem Pfad zur Erleuchtung* oder *Lam Drön* von Lama Atīsha und schließlich *Die 37 Übungen der Bodhisattvas* von Ngulchu Thogme Zangpo. Ich möchte die Texte aber nicht im einzelnen wörtlich rezitieren, sondern nur wichtige Punkte herausgreifen und diese etwas näher erläutern.

Ich habe von allen drei Schriften eine Übertragung erhalten, eine Transmission der Erklärung oder *bshad lung* auf Tibetisch. Die erste Schrift von Kamalashīla, *Die Stufen der Meditation,* besteht aus drei Abschnitten, einem ersten, einem mittleren und einem letzten Teil, und alle drei Teile habe ich von Sangye Tenzin Rinpoche, einem früheren Abt des Sakya-Klosters, erhalten. Diese Überlieferung kommt aus Kham. Sangye Tenzin Rinpoche war nicht nur ein Gelehrter, sondern auch ein hochverwirklichter Meister, der schon gestorben ist. Es gibt allerdings eine Reinkarnation von ihm.

Was *Lam Drön* betrifft, also *Die Lampe auf dem Pfad zur Erleuchtung,* so habe ich diese Übertragung von Geshe Rigdzin Tenpa erhalten, einem Geshe aus der Khunu Region, der im Kloster Drepung ausgebildet wurde. Außerdem habe ich die Übertragung der *Lampe auf dem Pfad* auch von Serkong Tsenshab Rinpoche erhalten, der sie wohl aus der gleichen Überlieferung hat wie die zuvor genannte.

Dann gibt es noch die Übertragung der Erklärungen der *37 Übungen der Bodhisattvas*. Diese habe ich von Khunu Lama Tenzin Gyaltsen erhalten, einem hervorragenden Meister, der zur so genannten Rime Tradition gehört, die sich auf keine spezifische tibetische Tradition festlegt. Er hat die Übertragung seinerseits in der Gegend von Kham von einem Dzogchen Lama erhalten. Das ist also die Überlieferung, in der ich die mündliche Übertragung dieser Texte erhalten habe.

## Glück und Leiden

Obwohl es hier im speziellen Fall um die Menschen geht, gilt auch für die anderen Lebewesen, dass sie alle Glück wünschen und Leid vermeiden möchten. Lebewesen sind

Lebensformen, die mit Wahrnehmung versehen sind, die dies und jenes erkennen und unterscheiden können, die auch mit Gefühlen ausgestattet sind, die einiges als angenehm und anderes als unangenehm empfinden. Uns allen ist gemeinsam, dass wir von Natur aus nach Glück streben und nach Leidfreiheit.

Nun können Sie die Frage stellen, woher überhaupt das fühlende Leben kommt, woher die Lebewesen kommen, die Glück möchten und kein Leiden. Aber ich denke, das würde uns heute zu weit führen. Was uns hier in erster Linie interessiert, ist die Tatsache, dass wir jetzt leben und dass wir jetzt Glück benötigen und kein Leiden. Es ist also wichtig, dass wir nach Formen suchen, diese Ziele auf eine konstruktive, positive Art und Weise zu verwirklichen, ohne in dieser Welt noch mehr Probleme und Leiden zu schaffen.

Wenn es um die Verwirklichung eines glücklichen Lebens geht, so glaube ich nicht, dass dafür in erster Linie die äußeren, materiellen Lebensbedingungen entscheidend sind. Natürlich trägt materieller Wohlstand dazu bei, dass wir uns grundlegender körperlicher Gesundheit erfreuen, dass wir unsere Existenz rein körperlich weiterführen können, dass wir ein gewisses Glück auf einer körperlichen Ebene erreichen und Leiden sowie direkte Bedrohung für unser Leben auf der körperlichen Ebene abwenden können. Aber als Menschen haben wir, besonders auf geistigem Gebiet, mehr Möglichkeiten als andere Lebewesen, etwa die Tiere. Der Mensch hat aufgrund seines großen geistigen Potenzials und seiner Intelligenz sehr viel mehr Ursachen, aus denen sowohl geistiges Glück als auch geistiges Leiden entstehen können. Gerade unsere menschliche Intelligenz verschafft uns zusätzlich, über die körperliche Ebene hinaus, viel geistiges Glück oder Leiden. Das heißt, durch ausreichende materielle Lebensumstände allein können wir keine wirkliche, echte Zufriedenheit erreichen. Und wir wissen, dass über das Materielle hinaus viele andere Dinge in unserem Leben eine große Rolle spielen. Wir fühlen uns vielleicht einem bestimmten Volk zugehörig, einer Nation oder Religion, wir hängen einer bestimmten Weltanschauung an, und diese Dinge sind uns wichtig. In dem Zusammenhang hegen wir aber auch viele Hoffnungen, Befürchtungen, Ängste oder Sorgen, die einen großen Teil unseres Lebens bestimmen.

Unsere menschliche Intelligenz kann also viele neue Umstände für geistiges Leiden schaffen. So sagt Āryadeva, ein indischer Meister, in den *400 Versen*: »Die Wohlhabenden und die, die große Macht besitzen, leiden hauptsächlich an geistigen Sorgen und Leiden.« Das heißt, gerade Menschen, die sehr großen Reichtum oder große Macht besitzen, haben auch viel zu verlieren und fühlen sich daher häufig geistig bedrängt. Andere Menschen, sagt Āryadeva, gewöhnliche Menschen, die nicht so viele Reichtümer und Ähnliches haben, machen sich hauptsächlich Sorgen um ihr körperliches Wohlergehen. So sind wir als Menschen auf die eine oder andere Art tagtäglich mit Problemen konfrontiert – sei es mehr auf geistigem Gebiet, sei es mehr auf der körperlichen Ebene.

Wir alle empfinden Glück und Leiden auf der körperlichen Ebene, und diese werden hauptsächlich durch materielle Umstände beeinflusst. So ist es möglich, sich durch bessere materielle Umstände mehr Glück auf der körperlichen Ebene zu verschaffen und Leiden auf diesem Gebiet zu reduzieren. Aber auf der geistigen Ebene hilft uns das nicht weiter. Oft sehen wir Menschen, die so viel an Reichtum und Gütern zur Verfügung haben, dass sie sich auf diesem Gebiet eigentlich keine Sorgen machen müssten. Dennoch sind sie voller Probleme, voll von inneren Sorgen und Bedrängnis. Das kann man immer wieder ganz deutlich beobachten. Und es heißt, diese innere Bedrängnis kann nur durch innere Faktoren beeinflusst und in positiver Weise verändert werden. Nicht durch irgendwelche äußeren Dinge, sondern nur von innen her durch konstruktive, korrekte, der Wirklichkeit entsprechende innere Einstellungen oder Sichtweisen.

Wir kennen also einmal Glück und Leiden auf der materiellen Ebene. Das ist das, was wir hauptsächlich mit unseren fünf Sinnen aufnehmen. Und dann kennen wir Glück und Leiden auf der geistigen Ebene, also das, was mit unserem Denken, mit unserer inneren Einstellung zusammenhängt. Ich glaube, es ist ganz deutlich, dass dieses Zweite in unserem Leben dominiert. Wenn wir uns nämlich geistig unglücklich fühlen, wenn wir sorgenvoll sind, können auch materielle Reichtümer kein wirklicher Trost sein. Denn sie können das Leiden auf der geistigen Ebene nicht überlagern. Wenn wir jedoch umgekehrt gewisse materielle Probleme und Schwierigkeiten haben aber eine gefestigte innere Einstellung, zum Beispiel Zufriedenheit, Genügsamkeit und ähnliche Eigenschaften, dann können wir mit dieser Situation leichter fertig werden. Das heißt, geistiges Glück, geistige Freude kann Schwierigkeiten auf der materiellen, körperlichen Ebene überstrahlen. Wir können oft beobachten, dass Menschen, die ein Ziel vor Augen haben, das sie nur unter großen Strapazen erreichen können, aus der inneren Entschlossenheit heraus bereit sind, diese körperlichen Mühen auf sich zu nehmen, um das Ziel zu erreichen.

Auch in der religiösen Praxis können wir das sehen. Menschen, die im Laufe ihrer religiösen Praxis gewisse Entbehrungen auf sich nehmen und Schwierigkeiten erleben, können aufgrund ihrer inneren Einstellung ausgeglichen bleiben. Sie wissen nämlich, dass sie durch ihre religiöse Praxis Ziele erreichen können, die über diese materielle Ebene hinausgehen und daher von wichtigerer und langfristiger Natur sind. Aus diesem Grund sind sie bereit und in der Lage, körperliche Schwierigkeiten auf sich zu nehmen. Umgekehrt ist das nicht möglich: Wenn man geistige

Schwierigkeiten und Probleme hat oder deprimiert ist, können die materiellen Umstände einem auch nicht viel weiterhelfen. Deshalb denke ich, dass in unserem Leben das Glück und Leid, welches mit unserem Denken zusammenhängt, sehr viel wichtiger ist als das Glück und Leid, das mit unserem Körper, unseren fünf Sinnen zusammenhängt.

## Zuneigung und Mitgefühl

Die Probleme, die wir im Inneren, auf einer geistigen Ebene erleben, können wir also nicht mit materiellen Mitteln überwinden. Dazu brauchen wir Methoden, die auch von innen kommen, aus unserem Denken. Das ist ein ganz wichtiges Prinzip. Und ich bin überzeugt, dass wir alle von Natur aus positive Eigenschaften in uns tragen, ebenso wie wir positive menschliche Eigenschaften wertschätzen können. Das liegt einfach in der Natur unseres Lebens.

Was unsere Gemeinschaft angeht, das Zusammenleben, so sind wir aufeinander angewiesen. Und auch was unser individuelles Leben angeht, sind wir auf die Zuneigung anderer angewiesen. Von unserer Geburt an, als Kinder und schließlich in der Jugend sind wir bereits auf der grundlegenden Ebene des Weiterlebens sehr auf den Schutz angewiesen, den uns unsere Eltern oder andere Menschen gewähren. Das heißt, die Zuneigung, die wir von unserer Mutter, von unseren Eltern und anderen erleben, ist sogar für unser körperliches Wohlergehen sehr wichtig, um wie viel mehr erst für unsere geistigen Bedürfnisse. Wir haben also, denke ich, als Menschen ein ganz natürliches Bedürfnis nach Nähe, nach Mitgefühl, nach Zuneigung, nach diesen grundlegenden menschlichen Eigenschaften.

Ich ziehe manchmal einen Vergleich zu anderen Lebewesen, zum Beispiel der Schildkröte oder dem Schmetterling. Das sind Lebewesen, die direkt nach ihrer Geburt, beziehungsweise wenn das Ei abgelegt ist, ausschlüpfen und ohne Mutter aufwachsen. Die Eier werden irgendwo abgelegt, dann stirbt die Mutter, und die Nachkommen wachsen allein auf. Schildkröten zum Beispiel schlüpfen aus den Eiern aus, die irgendwo am Strand abgelegt wurden, laufen ins Meer und leben allein weiter. Ich glaube, dass da einfach kein natürliches Gefühl entstehen kann, ohne die Nähe zu einer Mutter. Und wenn diese Schildkröte oder der Schmetterling oder andere solche Tiere später mit ihrer Mutter zusammenkämen, wäre wahrscheinlich überhaupt kein Gefühl von Nähe und Zuneigung vorhanden.

Aber bei uns Menschen ist es anders. Die Natur unseres Lebens ist so, dass wir ganz auf die Zuneigung anderer angewiesen sind, von Anfang an schon. So hat das Kind von Geburt an das Bedürfnis, die Nähe der Mutter zu spüren. Und auch die Mutter hat von Natur aus ein Gefühl der Nähe und der Zuneigung ihrem Kind gegenüber, was dazu führt, dass sie sich um dieses Kind sorgt. Wenn zum Beispiel der Säugling von der Mutter trinkt, dann ist ein beiderseitiges Gefühl der Nähe und der engen Verbundenheit vorhanden. In dieser Atmosphäre wachsen wir auf, und nur so können wir gut aufwachsen. Und auch später im Leben wissen wir: Je mehr Zuneigung und Freundlichkeit wir von anderen erfahren, desto glücklicher fühlen wir uns. Dann empfinden wir andere Menschen von Natur aus als Freunde und Nahestehende. Auch in der Stunde des Todes wird deutlich, dass Menschen, die in einer ruhigen und friedvollen Atmosphäre sterben, Zuneigung und Hilfe von anderen erfahren, die sie beruhigen. Ob wir nun am Anfang, in der Mitte oder am Ende unseres Lebens stehen, menschliche Gefühle wie Zuneigung und Mitgefühl werden von uns allen geschätzt und sind für uns alle sehr wichtig.

Wenn wir erwachsen sind, kommt allerdings oft noch etwas anderes ins Spiel. Unsere Intelligenz sagt uns irgendwie: »Jetzt bist du groß, jetzt bist du auf dich selbst gestellt, jetzt kannst du dein Leben selbst führen und bist nicht mehr so sehr auf andere angewiesen.« Dann kommen wir auf den Gedanken, dass wir Ziele in unserem Leben verwirklichen können, indem wir andere betrügen oder irgendwie schädigen. Aber das ist eine Erwartung, die nicht erfüllt werden kann. Allerdings gaukelt uns unsere Intelligenz vor, wir könnten in unserem Leben auf diese Art Glück erreichen.

Wenn wir jedoch mit einer solchen Einstellung versuchen, unsere eigenen Interessen durchzusetzen, indem wir andere betrügen oder ausbeuten und ähnliches, dann ist es doch eigentlich so, dass wir uns selber unglücklich machen. Wenn wir uns nach links wenden, sehen wir Feinde, wenn wir nach rechts schauen, haben wir auch Feinde. Hinter uns sind welche, die uns irgendwie schaden wollen und bei denen wir misstrauisch sein sollten. Und selbst Menschen, die uns von vorn begegnen, kommen nicht als unsere Freunde, auch sie empfinden wir als feindselig und sind auf der Hut, ob sie uns vielleicht etwas antun wollen. An einem solchem Leben hat man doch keine Freude mehr. Und letztlich kann man nicht sagen, dass ein solches Leben erfüllt gewesen ist. Es kommt vielleicht sogar vor, dass jemand denkt: »Die anderen hätten wahrscheinlich lieber, dass ich tot bin«, und das stimmt womöglich auch. Wenn derjenige dann tatsächlich stirbt, ist keiner da, der das Gefühl des Verlustes hat, sondern die anderen denken wahrscheinlich: »Gut dass wir den endlich los sind.« Das sind dann die Auswirkungen davon, dass man das innere Bedürfnis nach Zuneigung und Mitgefühl in seinem eigenen Leben nicht zum Ausdruck bringt und nutzt. Das bedeutet für uns: Wenn wir andere schädigen, betrügen und ausbeuten und so weiter, erleben wir eine endlose Kette von schlechten Resultaten. Und dann macht es letztlich keinen Sinn, dass wir hier gewesen sind. Dann hat unser Leben keinen Nutzen und keinen Sinn gehabt. Das liegt nur daran, dass wir die wirklichen inneren Bedürfnisse nicht erkennen und die natürlich in uns angelegten menschlichen Tugenden und Eigenschaften nicht anerkennen und nutzen.

Unser Ziel sollte deshalb sein zu erkennen, welches natürliche Potenzial in uns steckt, welche wirklichen natürlichen Bedürfnisse wir haben, die mit Zuneigung und Mitgefühl verbunden sind, mit der Sorge um andere und ähnliches. Und wir sollten versuchen, diese in uns natürlich angelegten Eigenschaften mit intelligenten Methoden zu verstärken und in unserem Leben zur Auswirkung zu bringen. Dann können wir sagen, dass wir ein kluger Mensch sind und unser Leben auf intelligente Art und Weise geführt haben. Gerade dieses Potenzial zeichnet uns Menschen ja besonders aus. Die Tiere haben dieses Potenzial nicht. Zum Beispiel wäre es Tieren nie möglich, grenzenloses Mitgefühl zu entwickeln. Aber wir als Menschen können das, wenn wir dieses innere Potenzial mit unserer Intelligenz paaren. Und deshalb sollten wir uns bemühen, diese inneren, natürlich angelegten Eigenschaften weiterzuentwickeln, uns mehr um andere zu sorgen und Mitgefühl zu entwickeln. Das ist sicher das beste Mittel, um auf der geistigen Ebene gegen Leiden, Schwierigkeiten und Bedrängnis vorzugehen.

## Theistische und nicht-theistische Religionen

In den verschiedenen Religionen geht es vor allem darum, solche inneren menschlichen Werte zu stärken. Es handelt sich um Werte wie Mitgefühl, Toleranz, Vergebung. Es geht um Genügsamkeit und Zufriedenheit, um Selbstdisziplin und Freigebigkeit. Und was nun die Ausübung einer Religion und ihre Inhalte betrifft, so denke ich, dass man zwei Dinge unterscheiden kann. Einerseits die philosophische Sichtweise, die dieser Religion zugrunde liegt, ein bestimmter Glaube, und andererseits die Praxis, die praktische Ausübung dieser Religion. Ziel der Praxis ist es, Eigenschaften wie die gerade genannten im täglichen Leben zu stärken und zur Anwendung zu bringen. Und was die philosophische Sichtweise angeht, die Theologie, so dient sie dazu, diese menschlichen Werte auf der praktischen Ebene entwickeln zu können.

Wenn wir die verschiedenen Religionen nun von ihrer theoretischen oder philosophischen Seite her betrachten, kann man zwei Arten unterscheiden: erstens Religionen, die auf dem Glauben an einen Schöpfergott basieren, theistische Religionen, und zweitens nicht-theistische Religionen, also Religionen, die keinen Schöpfergott kennen. Bei den theistischen Religionen ist zu beobachten, dass der Glaube an einen Schöpfergott ein starker Beweggrund ist, um die genannten menschlichen Eigenschaften zu entwickeln. Als Anhänger einer theistischen Religion ist man sich bewusst, dass man selbst ein Geschöpf Gottes ist, und sieht die enge Verbindung, die zwischen dem Gott als Schöpfer und einem selbst als seinem Geschöpf besteht. Je stärker dieses Bewusstsein ist, desto stärker wird man engagiert sein, den Ratschlägen, den Anweisungen dieses Gottes zu folgen. Und welchen Rat gibt der Schöpfergott seinen Anhängern? Sein Rat lautet doch, den Nächsten zu lieben, sich um die anderen Menschen zu kümmern, Zuneigung, Mitgefühl und all diese menschlichen Werte zu entwickeln. Also hat dieser Glaube an den Schöpfergott eine sehr starke Wirkung auf den eigenen Geist, wenn es darum geht, diese Tugenden in der Praxis zu entwickeln. Im Buddhismus ist das ähnlich. Je größer unser Vertrauen in den Buddha, desto stärker ist unsere Bereitschaft, seinen Rat im Leben zu befolgen und die Übungen von Zuneigung und Mitgefühl zu praktizieren. Der Glaube an einen Schöpfergott in den theistischen Religionen kann eine so starke Wirkung haben, dass Menschen sich bemühen, diese inneren Werte in der Praxis konkret zu entwickeln. Die theistische Philosophie beinhaltet somit eine starke Kraft.

Von allen Lebewesen verfügen Menschen über besondere Intelligenz, besondere Unterscheidungsfähigkeit. Und durch diese menschliche Intelligenz sind im Laufe der Geschichte verschiedene Religionen entstanden, die viele verschiedene Philosophien und Weltanschauungen hervorgebracht haben. Meiner Meinung nach geht es in der Praxis immer um dieselben Werte: Mitgefühl, Zuneigung, Toleranz, Vergebung und so weiter. Allerdings gibt es in der philosophischen Grundlage der Praxis viele Unterschiede. Ich denke, dass das einfach den unterschiedlichen Veranlagungen der Menschen entspricht. Einigen hilft vor allem der Glaube an einen Schöpfergott, diese Werte auf der praktischen Ebene zu entwickeln, anderen mehr die Weltanschauung, die sich aus einer nicht-theistischen Sichtweise ergibt. Daraus entsteht auch ein großer Nutzen für die Menschen. Aufgrund der vielfältigen Veranlagungen kann jeder die spirituelle Tradition und die spirituellen Methoden finden, die für die eigene Person am besten geeignet sind, die den eigenen Veranlagungen am ehesten entsprechen und die für ihn selbst am nützlichsten sind.

Es gibt eine Reihe von Religionen, die nicht auf dem Glauben an einen Schöpfergott beruhen, etwa der Jainismus in Indien. Innerhalb der alten indischen Sānkhya-Tradition gibt es ebenfalls zwei Untergruppen, eine so genannte theistische Sānkhya-Religion und eine nicht-theistische Sānkhya-Religion. In dem Fall beziehe ich mich auf die zweite Art. Und auch der Buddhismus kennt keinen Schöpfergott.

## Die Grundlagen des Buddhismus

Dem Buddhismus liegt natürlich auch eine bestimmte Philosophie oder Weltanschauung zugrunde. Wenn wir uns die Erklärungen anschauen, die der Buddha gab, so hielt er nach seiner Erleuchtung zuerst die Lehrrede von den Vier Wahrheiten. Die Vier Edlen Wahrheiten beziehen sich auf unser Glück und unser Leiden und darauf, wie diese zu Stande kommen. Deshalb kennen wir die Wahrheit vom Leiden, die Wahrheit von den Ursachen des Leidens, die Wahrheit von der Beendigung des Leidens und die Wahrheit vom Pfad zur Beendigung des Leidens. Und wie ich schon zuvor ausgeführt habe, sind wir bestrebt, Glück zu erreichen und Leiden zu überwinden.

Glück und Leiden entstehen aber aus entsprechenden Ursachen und Bedingungen. Was die Ursachen betrifft, so gibt es zwei Arten: Ursachen für Glück und Ursachen für Leiden. Deshalb erklärte der Buddha zunächst die Zustände, die wir als Wirkungen erfahren, das heißt das Leiden, und anschließend das, was wir anstreben, nämlich Leidfreiheit beziehungsweise dauerhaftes Glück. Und er erklärte die Ursachen dafür: für das Leiden die Wahrheit vom Ursprung des Leidens und für das Glück oder die Befreiung die Wahrheit vom Pfad. Wir können also zwei Arten von Ursachen unterscheiden: Ursachen, die zu Leid führen, wie wir es jetzt erleben, und Ursachen, die zu einer Befreiung vom Leiden führen. Deshalb unterteilt man im Buddhismus die Kausalitätsketten in zwei Arten: eine, die auf die Seite des Leidens gehört, wodurch sich das Leiden entwickelt, und eine andere, die auf die Seite der Befreiung gehört, die also dazu führt, dass die Beendigung des Leidens durch entsprechende Methoden erreicht wird.

Die genauen Zusammenhänge erklärte der Buddha dann in der Lehre über die zwölf Glieder des Abhängigen Entstehens. Und zwar einmal unter dem Aspekt des Leidens und einmal unter dem Aspekt der Befreiung. In beiden Fällen kann das sowohl in einer chronologischen Reihenfolge als auch in der umgekehrten Reihenfolge gesehen werden. Wenn wir es chronologisch betrachten, steht am Anfang des Leidens die Unwissenheit, eine bestimmte falsche Vorstellung von der Welt und von der Wirklichkeit. Daraus entstehen bestimmte Handlungen, so genannte gestaltende Handlungen, die wiederum den Keim für künftiges Leiden in sich tragen. Und daraus entsteht eine weitere Leidenskette. Es kommt zu Geburt, Alter, Krankheit und Tod. Wenn wir das aber aus der Perspektive der Befreiung betrachten, können wir diese grundlegende Unwissenheit mit entsprechenden Gegenmitteln, nämlich mit Erkenntnis überwinden. Und wenn wir dadurch die Unwissenheit überwinden, kommen keine gestaltenden Handlungen mehr zu Stande, die zu späteren Leiden führen. Es kommt weder zur Geburt im Daseinskreislauf noch zu Alter und Tod.

Hier wird also deutlich, dass alles nur durch bestimmte Ursachen und Bedingungen entsteht. Deshalb wird, was die Kausalität angeht, sowohl bei der Leidens- als auch bei der Glücksentstehung, oder Entstehung der Befreiung, erklärt, dass nichts ohne Ursachen entsteht, dass aber auch nichts aus Ursachen entsteht, die dem Resultat nicht entsprechen. Daraus folgt dann allerdings auch, dass die Ursachen selbst nicht unveränderlich oder beständig sein können, sondern veränderlicher Natur sind. Und aus diesem Grund glaubt der Buddhismus nicht an einen Schöpfergott oder ein Schöpferprinzip, das irgendeine statische, ewige Größe wäre. Denn nach dem Kausalitätsprinzip gilt, dass die Ursachen, sobald sie ihre Wirkung hervorbringen, auch selbst verändert werden. Ebenso muss die Wirkungskraft, die diese Wirkung hervorbringt, ihrerseits von früheren Ursachen herrühren. Ein Prinzip, das selbst völlig unveränderlich ist, kann daher keine Wirkung hervorrufen. Das ist eine weitere Überlegung, warum nach buddhistischer Vorstellung das Entstehen von Glück und Leiden nicht dem Willen eines Schöpfergottes oder Schöpferprinzips unterliegt. Da Glück und Leiden veränderlich sind, können sie, wie gesagt, nicht aus einem unveränderlichen Schöpferprinzip entstanden, beziehungsweise durch seinen Willen hervorgebracht worden sein. Deshalb entstehen Glück und Leiden immer mit Ursachen, sie entstehen aus ihnen entsprechenden Ursachen, und sie entstehen eben nur aus veränderlichen Ursachen und Bedingungen ohne den Willen eines Schöpfergottes.

Daher sagt auch Asanga, dass die Ursachen für eine bestimmte Wirkung erstens nicht in einem Schöpferprinzip zu suchen sind, dass diese Ursachen zweitens immer unbeständig sein müssen, und dass sie drittens die Kraft haben müssen, diese bestimmte Wirkung hervorrufen zu können. Was das Entstehen von Leiden und die Überwindung des Leidens angeht, wird im Buddhismus also ganz auf das Ursache-Wirkungsprinzip zurückgegriffen.

## Die Ursprünge der tibetischen Traditionen

Was die Überlieferung der Schrift betrifft, zu der wir jetzt kommen wollen, dem mittleren Teil von Kamalashīlas Text *Die Stufen der Meditation*, so lesen wir am Anfang den Titel in Sanskrit, *Bhāvanākrama*, und dann auf Tibetisch, *Gom rim bar pa (sgom rim bar pa)*. Anschließend heißt es:

> Gepriesen sei der jugendliche Mañjushrī. Ich werde kurz die Stufen der Meditation für diejenigen erläutern, die dem System des Mahāyāna-Sūtra anhängen.

Der Autor dieser Schrift war Āchārya Kamalashīla, ein Schüler von Shāntirakshita. Es heißt, dass alle drei Teile dieses Zyklus *Stufen der Meditation* von Kamalashīla in Tibet verfasst wurden. Normalerweise erkläre ich diesen mittleren Teil, weil er alle wichtigen Punkte sehr gut zusammenfasst und deshalb besonders geeignet ist, die Grundprinzipien des Buddha-Dharma zu erläutern.

Obwohl der Text selbst in Tibet verfasst wurde, ist der

Titel auch auf Sanskrit genannt, um auf den authentischen Ursprung dieser Schrift hinzuweisen. Authentisch in dem Sinne, dass sie eine verlässliche Quelle ist, wobei es für uns Tibeter eine große Rolle spielt, dass diese Quelle im indischen Buddhismus liegt.

Wenn wir die Geschichte des Buddhismus in Tibet betrachten, so entwickelte sich der Buddhismus zur Zeit von König Trisong Detsen. Eine besondere Rolle spielte dabei Shāntirakshita, der zunächst sieben Tibeter zu Mönchen ordinierte, sozusagen als eine Art Test, ob die Tibeter diese Lehre aufnehmen würden und bewahren könnten. Dann brachte Shāntirakshita die ersten Schriften nach Tibet und gab Erklärungen dazu. Sein Verdienst besteht hauptsächlich in der Übertragung indischer Texte nach Tibet und deren Erläuterung. Eine weitere wichtige Persönlichkeit war Padmasambhava. Er übernahm die Aufgabe, negative Kräfte, vielleicht in Form von Geistwesen, Dämonen und ähnlichem, zu binden, so dass sie die Entwicklung des Buddhismus in Tibet nicht gefährden konnten. Auch führte er einige besondere Schüler in den tantrischen Buddhismus ein, unter ihnen Trisong Detsen. Ein weiterer Meister dieser Zeit war Kamalashīla. Dadurch war die erste Übertragung der Lehre nach Tibet geprägt.

Später gab es dann eine zweite Übertragung durch den indischen Meister Atīsha, der nach Tibet kam, und durch weitere große Meister und Übersetzer, wie Rinchen Zangpo. Zur Zeit dieser zweiten oder neueren Überlieferung wurde der Buddhismus in Tibet gefestigt und verbreitet.

Ich sage immer, dass diese tibetische Tradition eine Fortführung der indischen Nālandā-Tradition ist. Das kann man daran sehen, dass in allen vier Traditionen des tibetischen Buddhismus, sei es nun Nyingma oder Sakya, Kagyü oder Gelug, die wesentlichen Schriften diejenigen sind, die von Gelehrten aus Nālandā verfasst wurden, also von Meistern aus diesem großen indischen Kloster. Dort finden wir einmal Schriften und Lehrinhalte, wie sie auch im Pali-Buddhismus überliefert sind, zum Beispiel das *Prātimoksha-Sūtra*, und dann Sūtras und Erklärungen zu den verschiedenen Versenkungsstufen. Darüber hinaus finden wir in dieser Nālandā-Tradition die Inhalte des Mahāyāna-Buddhismus, besonders der Prajñāpāramitā-Literatur, und schließlich auch das Tantra, die tantrischen Unterweisungen. So können wir diese Nālandā-Tradition als eine vollständige Tradition des Buddhismus bezeichnen, sowohl im Sinne des Verfassens und der Erklärung von Schriften als auch im Sinne der philosophischen Sichtweise, der philosophischen Debatten, oder im Sinne der Meditation und des ethischen Verhaltens. Diese Tradition wurde dann nach Tibet überliefert.

Zur Entstehungszeit der Nyingma-Tradition war es hauptsächlich Shāntirakshita, der diese Überlieferung begründete. Der späteren Tradition der zweiten Überlieferung zufolge war Atīsha zwar Mönch und sogar Abt im Kloster Vikramalashīla, einem anderen großen indischen Kloster, aber es war wohl eher so, dass er dort erst in seinen späteren Jahren als Lehrer auftrat. Seine eigentliche Ausbildung hatte er in Nālandā erhalten. So kann auch er auf jeden Fall als Glied der Nālandā-Tradition gelten. Wenn wir in die Sakya-Tradition schauen, basieren dort die wichtigsten Unterweisungen hauptsächlich auf dem indischen Meister Virūpa, ebenfalls aus der Nālandā-Tradition. Da gibt es zum Beispiel die Tradition von *lam dre*, Pfad und Ergebnis, die auch von Meistern der indischen Nālandā-Tradition abstammt. In der Kagyü-Tradition finden wir große Meister wie Marpa, Milarepa, dessen Schüler Gampopa und andere. Und diese Kagyü-Tradition des tibetischen Buddhismus stammt hauptsächlich von dem indischen Meister Naropa, der wiederum ein großer Gelehrter in Nālandā war. Wir können also sagen, dass alle diese vier Traditionen Tibets auf der indischen Nālandā-Tradition basieren und sie fortsetzen. Wenn wir noch einmal in die so genannte Neue Kadam-Tradition oder Gelug-Tradition schauen, so ist sie eine Art Fortführung der alten Kadam-Tradition, die auf Atīsha gründet. Die Neue Kadam-Tradition wurde noch durch wichtige tantrische Überlieferungen und Unterweisungen ergänzt. Aus diesem Grund bezeichne ich alle tibetischen Traditionen als eine Tradition Nālandās und sage oft, dass der tibetische Buddhismus sozusagen eine makellose Nālandā-Tradition ist.

Wir sehen, dass sich die tibetische Tradition, wann immer es um die philosophische Sichtweise oder die Praxis geht, ganz auf authentische indische Quellen stützt. In Tibet gilt eine Art Regel: Wenn man irgendeine Lehre erklärt oder begründet, muss man auch zeigen, wie sie auf authentische indische Quellen zurückzuführen ist.

Meister Shāntirakshita, der Lehrer von Kamalashīla, kam nach Tibet, als er 75 Jahre alt war. Es heißt, er habe dort noch etwa 25 Jahre lang gelebt und sei somit ungefähr einhundert Jahre alt geworden. Einige Tibeter glauben sogar, er sei 900 Jahre alt geworden. Ein indischer Gelehrter, ein Freund von mir, meint jedoch, dass es eher 90 Jahre waren, nicht 900. Auf jeden Fall hat die tibetische Tradition diesem Shāntirakshita sehr viel zu verdanken. Wenn wir allein daran denken, welche körperlichen Mühen er auf sich genommen haben muss! Zu der Zeit gab es keine Autos und keine Flugzeuge. Dieser große Gelehrte musste zu Pferd und vielleicht mit Eseln über die tibetischen Berge, über den Himalaja. Sonst gab es keine Hilfsmittel, die diese Reise irgendwie hätten erleichtern können. Und dann verbrachte er sogar noch den Rest seines Lebens in Tibet. Es heißt, dass Shāntirakshita später seinen Schüler Kamalashīla herbeirief und dass Kamalashīla auf seinen Wunsch hin nach Tibet kam.

Darüber, wie Kamalashīla nach Tibet kam, gibt es zwei Geschichten oder Erklärungen. Der einen zufolge hat

Kamalashīla Tibet besucht und ist dort später als großer Siddhi Padampa Sangye bekannt geworden. Die andere berichtet, er sei von Shāntirakshita eingeladen worden. In jedem Fall kam er nach Tibet und verfasste dort diese Schrift.

Die tibetische Tradition hat den Meistern Shāntirakshita und Kamalashīla also sehr viel zu verdanken, und das ist auch der Grund, warum der Titel am Anfang in Sanskrit aufgeführt ist. Wenn wir Tibeter Sanskrit sprechen, hört sich das nicht wirklich so an, wie es ausgesprochen werden müsste. Wenn wir heute in Indien mit indischen Gelehrten zusammenkommen, die Sanskrit richtig aussprechen, dann ist es irgendwie peinlich für uns Tibeter, wie wir das aussprechen. Das ist wahrscheinlich so ähnlich, wie wenn die Mongolen Tibetisch sprechen. Das hört sich auch ein wenig merkwürdig an. Aber das macht nichts, denn es geht hier weniger um die Worte als um den Inhalt. So lautet auch eine wichtige Aussage, ein Prinzip im Buddhismus: »Stütze dich nicht auf die Worte, sondern auf das, was sie aussagen.« Und man kann wirklich sagen, dass wir Tibeter die Inhalte dieser Schriften, die von Nāgārjuna, Asanga und anderen großen Meistern Indiens kommen, bewahren und rein halten. Das ist also die Tradition, in der diese Schrift steht.

## Ursachen und Bedingungen

Zu Beginn spricht Kamalashīla von dem Ziel, das wir auf dem spirituellen Pfad anstreben, nämlich der Buddhaschaft. Sie ist dadurch gekennzeichnet, dass alle Hindernisse und Fehler überwunden und alle Tugenden vollständig entwickelt sind. Kamalashīla macht deutlich, dass ein solcher Zustand von entsprechenden Ursachen und Bedingungen abhängig ist und nicht irgendwie anders zu Stande kommt. Er sagt, wenn man beobachtet, dass etwas zu einer bestimmten Zeit existiert und zu einer anderen Zeit nicht, wenn es also in seinem Bestehen wechselhaft ist, dann ist das ein sicheres Anzeichen dafür, dass dieser Zustand von Ursachen und Bedingungen abhängt. Wir sprechen in diesem Zusammenhang von so genannten Produkten, also von Dingen, die zusammengesetzt, die entstanden sind. Solche Produkte haben eine bestimmte Wirkungskraft. Sie können Nutzen oder Schaden bewirken. Dass sie eine solche Wirkungskraft haben, hat wiederum mit ihren eigenen besonderen Ursachen und Bedingungen zu tun. In diesem Zusammenhang darf man nicht vergessen, dass die Dinge auf einer subtilen, momentanen Ebene abhängig sind und sich von Augenblick zu Augenblick verändern.

Als der Buddha die Vier Edlen Wahrheiten lehrte, legte er in Bezug auf jede von ihnen noch vier Aspekte oder Eigenschaften dar. In Bezug auf die Wahren Leiden legte er dar, dass sie veränderlich, leidhaft, leer und ohne Selbst sind. Der Buddha bezeichnete Veränderlichkeit oder Unbeständigkeit als die erste Eigenschaft des Wahren Leidens. Er meinte damit aber nicht die gröbere Ebene der Vergänglichkeit, die wir sehen und direkt erleben können, wenn ein bestimmtes Ding nach einer bestimmten Zeit zu Ende geht, wenn es zu existieren aufhört oder wenn wir beobachten können, dass etwas altert oder sich verändert. Der Buddha sprach von einer subtileren Ebene der Veränderlichkeit, die wir mit den Sinnen nicht direkt wahrnehmen können. Aber die gröbere Veränderlichkeit, die wir alle im Sinne von Altern erleben, oder wenn etwas zu Ende geht, kann ja nur dadurch geschehen, dass Veränderung in jedem Augenblick stattfindet. Wie sonst könnte über einen längeren Zeitraum eine sichtbare Veränderung zu Stande kommen, wenn nicht durch einzelne Schritte in jedem noch so kurzen Augenblick? Das heißt also, dass Veränderung, die in jedem Augenblick geschieht, davon abhängig ist, dass etwas durch Ursachen erzeugt wurde. Auf dieser subtileren Ebene der

Vergänglichkeit trifft es nicht zu, dass etwas zuerst durch bestimmte Ursachen erzeugt wird und später dann andere Ursachen hinzukommen, die dieses Ding wieder zerstören. Nein, das gilt nur auf der gröberen Ebene. Dort können wir beobachten, dass etwas irgendwie entsteht und dann durch andere Umstände wieder zerstört wird. Auf der subtileren Ebene ist allein das Entstehen durch eine Ursache der Grund dafür, dass dieses Ding auf einer momentanen Ebene veränderlich ist. In diesem Sinne heißt es in der Lehre des Buddha, dass alles Erzeugte augenblicklich ist. Die Ursachen, die etwas zu Stande bringen, sind also selbst dafür verantwortlich, dass das Entstandene in seiner Natur veränderlich ist. Das ist einfach die natürlichen Beschaffenheit all dessen, was durch Ursachen und Bedingungen zu Stande kommt. Hier gilt also das Prinzip des Abhängigen Entstehens im Sinne des Gesetzes von Ursache und Wirkung, im Sinne der Kausalität. Oft wird dieser Ausdruck für die Tatsache benutzt, dass etwas durch die bloßen Umstände zu Stande kommt, dass also Glück und Leiden nicht durch irgendein unveränderliches Prinzip zu Stande kommen, sondern durch bestimmte, sich ständig wandelnde Ursachen und Bedingungen.

Deshalb heißt es auch, dass der Erlebende von Glück und Leid, die Person selbst, nicht von einem beständigen Selbst oder *Ātman* durchzogen ist, wie es in anderen Traditionen angenommen wird. Die Person ist im Kern nichts Beständiges, kein unveränderliches Selbst oder *Ātman*. Denn so wie die verschiedenen äußeren Objekte, die man als Glück oder Leiden erlebt, veränderlicher Natur sind, genau so ist auch die Person, der Erlebende von Glück und Leid, der Erlebende dieser Objekte veränderlicher Natur.

Wir sehen, dass in der äußeren Welt, in der Natur, zum Beispiel bei den Pflanzen, die Dinge aus ihren bestimmten Ursachen und Bedingungen entstehen. Das gleiche gilt für unseren Körper. Auch er entsteht durch bestimmte Ursachen und Bedingungen. Das gleiche Prinzip gilt auch für unseren Geist, also für unsere Bewusstseinszustände. Auch die verschiedenen Bewusstseinszustände, Gedanken und so weiter, entstehen durch viele Ursachen und Bedingungen. Das gilt besonders für die einzelnen positiven und negativen Bewusstseinszustände. Wenn Mitgefühl, liebevolle Zuneigung und andere positive Eigenschaften in uns entstehen, so geschieht das durch entsprechende Ursachen. Genauso ist es, wenn Hass, Missgunst, Feindseligkeit und andere fehlerhafte Bewusstseinszustände in uns aufkommen, also Emotionen, die unseren Geist sofort in einen Zustand der Unausgeglichenheit und Unruhe, also in einen undisziplinierten Zustand versetzen. Auch dies geschieht durch die Kraft bestimmter Ursachen und Bedingungen.

Wir können auch feststellen, dass sich sowohl die nützlichen als auch die schädlichen Eigenschaften in unserem Geist verändern. Sie bleiben nicht immer wie sie sind. Daraus folgt aber, dass sie durch entsprechende Bedingungen verstärkt oder abgeschwächt werden können. Nehmen wir zum Beispiel gute Eigenschaften wie liebevolle Zuneigung, Mitgefühl und dergleichen. Gerade weil sie von Ursachen und Bedingungen abhängig sind, haben wir die Möglichkeit, sie willentlich mit bestimmten Techniken und Methoden zu verstärken. Wenn wir andererseits voller Hass oder Feindseligkeit sind, wenn Wut und Hass in uns aufsteigen, können wir auch in diesem Zustand versuchen, Distanz zu bewahren und unseren Geist nicht ganz unter den Einfluss dieser Gefühle geraten zu lassen. Wir können Gegenmittel anwenden und merken, wie Hass und Wut dadurch reduziert werden. Wir haben also die Möglichkeit, unseren Geist zu führen und positiv zu entwickeln, indem wir uns dieses Prinzip des Abhängigen Entstehens zu Nutze machen: das Prinzip von Ursache und Wirkung.

Kamalashīla sagt weiter, man solle die Ursachen und

Bedingungen für das spirituelle Ziel richtig, also ohne Irrtum, und vollständig kultivieren. Dazu brauchen wir einmal Methoden, die schon von ihrem Wesen her geeignet sind, das gewünschte spirituelle Resultat hervorzubringen, und dann müssen alle notwendigen Ursachen und Bedingungen vollständig vorhanden sein. Aber die Vollständigkeit allein reicht noch nicht aus. Darüber hinaus müssen diese Mittel in geeigneter Reihenfolge zum Einsatz gebracht werden. Das sehen wir auch in äußeren Dingen. Wenn wir zum Beispiel irgendein landwirtschaftliches Produkt erzeugen wollen, bestimmte Früchte vielleicht, dann brauchen wir auch zuerst eine Ursache, die sich von ihrem Wesen her gut eignet, das heißt den richtigen Samen für diese Pflanze. Dann brauchen wir vollständige Wachstumsbedingungen, was den Erdboden angeht, Dünger, Licht, Feuchtigkeit und so weiter. Und dann müssen wir all dies auch noch in der richtigen Reihenfolge anwenden, das heißt, bestimmte Dinge müssen wir vor der Aussaat machen, andere direkt nach der Aussaat und weitere im Wachstumsverlauf bis hin zur Ernte. An bestimmten Punkten gilt es, die richtigen Mittel einzusetzen. Wenn wir diesen Gesetzen folgen, können wir das entsprechende Produkt auch verwirklichen. Das Gleiche gilt auch für die geistige Entwicklung.

Was nun die vollständigen und fehlerlosen Ursachen für die Allwissenheit angeht, zitiert Kamalashīla hier aus einem Sūtra, wo der Buddha zum Bodhisattva Vajrapāni sagt:

> Herr der Geheimnisse, die transzendente Weisheit der Allwissenheit wurzelt im Mitgefühl und entsteht aus einer Ursache, dem altruistischen Denken, dem erweckenden Geist des Bodhichitta und der Vollkommenheit geschickter Mittel.

Und er führt zu diesem Zitat weiter aus:

Von Mitgefühl bewegt, legen Bodhisattvas das Gelübde ab, alle fühlenden Wesen zu befreien. Und dann befassen sie sich durch Überwindung ihrer auf sich selbst bezogenen Anschauung fleißig und ausdauernd mit den sehr schwierigen Übungen, Verdienst und Erkenntnisse anzusammeln.

Was hier als die wesentliche Ursache für den Weg zur Allwissenheit eines Buddha genannt wird, ist das Mitgefühl. Der gesamte Pfad zur Buddhaschaft wurzelt im Mitgefühl. Und aus diesem großen Mitgefühl mit allen Wesen entsteht Bodhichitta, der so genannte Erleuchtungsgeist oder Erwachende Geist, der aus einem zweifachen Streben besteht: Man strebt damit nach dem höchsten Wohlergehen aller fühlenden Wesen, und um das erreichen zu können, strebt man als persönliches Ziel die Buddhaschaft an. Diese Geisteshaltung eines nach Buddhaschaft Strebenden, dieser Erleuchtungsgeist, äußert sich in der Praxis durch das Üben der sechs Vollkommenheiten, der sechs transzendierenden Tugenden, von der Freigebigkeit bis hin zur Weisheit. Die sechste Vollkommenheit, die Weisheit, hat dabei noch einmal eine ganz besondere Bedeutung und muss mit den übrigen kombiniert werden. So kann man sagen, dass der Pfad zur Buddhaschaft aus einer Einheit besteht, aus einer Kombination von altruistischer Methode und Weisheit.

## Begründung der Lehraussagen

Auf einen Punkt, den Kamalashīla hier zum Ausdruck bringt, möchte ich etwas näher eingehen. Es heißt an einer Stelle:

Fragt ihr: »Welches sind die Ursachen und Bedingungen der endgültigen Frucht der Allwissenheit?«, dann bin ich, der ich einem Blinden gleiche, vielleicht nicht in der Lage, das selbst zu erklären. Doch werde ich Buddhas eigene Worte benutzen, die er nach seiner Erleuchtung zu seinen Jüngern sprach.

Dann folgt das angekündigte Zitat. Natürlich ist nichts Falsches daran, dass Kamalashīla hier den Buddha zitiert. Es ist vielmehr ein Ausdruck seiner Demut, dass er nicht mit seiner eigenen Erklärung und Begründung vorprescht, sondern die Aussagen des Buddha als Begründung für seine Erklärung heranzieht. Aber daraus sollte man nicht schließen, dass die schriftliche Begründung, also die Begründung durch Worte des Buddha, die wesentliche Lehre im Buddhismus ausmacht. Es kommt vielmehr hauptsächlich auf logische Begründung an. Zum Beispiel gibt Dharmakīrti im *Pramānavarttika* ganz klare Erklärungen, mit denen er nachweist, dass die Befreiung möglich ist und dass der Buddha mit seiner Lehre von den Vier Wahrheiten verlässliche Erklärungen gegeben hat, die, wenn sie angewandt werden, tatsächlich zur Befreiung führen. Das wird nicht durch Aussagen des Buddha belegt, sondern durch logische Begründung.

Wenn aber zum Beispiel die Tugenden auf dem Pfad und die Tugenden, die man als Resultat des spirituellen Weges erreicht, dargelegt werden, so sind einige davon sehr subtil und gehören zu den so genannten »sehr verborgenen Erkenntnisobjekten«, die wir mit direkten logischen Begründungen zunächst nicht erschließen können. In so einem Fall sind wir dann in der Tat auf Aussagen des Buddha angewiesen. Aber um die Aussagen einer anderen Person, und sei sie der Buddha selbst, annehmen zu können, muss man zunächst die Glaubwürdigkeit dieser Person selbst nachweisen. Und dazu braucht man wiederum logische Begründungen.

Das heißt, wenn der Buddha bestimmte Aussagen macht,

müssen diese Aussagen überprüft werden. Es gibt darin Anteile, die sich auf wahrnehmbare Phänomene beziehen. Diese dürfen der direkten Wahrnehmung nicht widersprechen. Dann gibt es Anteile, die sich auf leicht verborgene Erkenntnisgegenstände beziehen. Sie dürfen keiner logischen Begründung widersprechen, die man die Begründung durch die Kraft der Wirklichkeit nennt. Erst dann kommen wir zu einer dritten Ebene von Inhalten einer Aussage des Buddha, die durch direkte Schlussfolgerung nicht zu ergründen sind. Hier sind wir auf die Aussage selbst angewiesen. Allerdings muss auch diese darauf überprüft werden, ob sie sich selbst nicht widerspricht. Sie darf aber auch nicht im Widerspruch zu früheren oder späteren Aussagen stehen, die der Buddha oder der jeweilige Meister gemacht hat. Wenn man eine bestimmte Aussage überprüfen will, kann man also nicht einfach auf eine andere Aussage zurückgreifen. Das ist nicht möglich. Die Vaibhāshika- und Sautrāntika-Schulen im Buddhismus nehmen allerdings tatsächlich an, dass alle Aussagen des Buddha wörtlich zu nehmen sind und als endgültig gelten. Demgegenüber hat sich besonders im Mahāyāna eine Tradition der Exegese herausgebildet, nach der man klar unterscheidet zwischen Aussagen des Buddha, die letztgültig sind, die also wörtlich genommen werden können, und Aussagen, die in einem anderen als dem wörtlichen Sinne interpretiert werden müssen.

Wenn man eine bestimmte Aussage vor sich hat, die offensichtlich zu interpretieren ist, weil sie nicht wörtlich verstanden werden kann, und man zu ihrer Erklärung eine weitere Aussage heranzieht, so könnte diese ja auch wieder interpretierbar sein, und eine weitere dazu ebenfalls. Würde man sich also immer nur auf weitere Aussagen verlassen, verfinge man sich schließlich in einer endlosen Kette von Argumenten. Man muss also an einem Punkt die eigene Begründung, die Logik zu Hilfe nehmen, um damit herauszufinden, was eine bestimmte Aussage bedeutet. Deshalb sagt man im Buddhismus, das Hauptprinzip sei die logische Begründung. Begründungen, die durch logische Schlussfolgerungen aus der Wirklichkeit abgeleitet sind, müssen letztlich auch wieder auf direkte Wahrnehmung, auf direkte Beobachtung zurückgehen. Das ist die Art, wie die Gelehrten Nālandās an die Schriften, an die Aussagen des Buddha herangehen. Auf diese Weise müssen wir mit den Mitteln der Logik herausfinden, ob eine bestimmte Aussage annehmbar ist oder nicht, ob sie fehlerfrei ist oder Fehler enthält. Das ist auch die Methode, mit der wir in Tibet an die Schriften herangehen.

Wenn also Kamalashīla hier sagt, dass er sich auf die Schriften des Buddha verlässt, so unterstreicht er damit, dass es richtig ist, bei der Übertragung dieser kostbaren Lehre nach Tibet dem Buddha große Verehrung entgegenzubringen und seine eigene Demut zum Ausdruck zu bringen. Aber eigentlich ist es wichtiger, die logische Analyse anzuwenden.

## Mitgefühl

Ich möchte zu einem anderen Punkt kommen. Kamalashīla spricht davon, dass das Mitgefühl die Wurzel des spirituellen Pfades ist, besonders wenn es im Mahāyāna-Pfad um das Erlangen der Buddhaschaft geht:

> Da Mitgefühl die einzige Quelle von Allwissenheit ist, sollte man sich von Anfang an mit diesen Übungen vertraut machen.

Mitgefühl ist eine Haltung, die wir in der einen oder anderen Form und in unterschiedlich starker Ausprägung natürlich auch in uns kennen. Wenn wir jemanden leiden sehen, der uns nahe steht, empfinden wir von Natur aus Mitgefühl. Wir wünschen dem Betroffenen, dass er von diesem Leiden freikommt. Wir sind mit dieser Situation weder zufrieden noch glücklich. Diese Haltung können wir aber auch ausweiten, auf andere Menschen und alle Wesen. Und man kann den Wunsch, dass andere von Leiden frei sein mögen, noch verstärken mit dem, was man im Tibetischen *lhaksam (lhag bsam)* nennt, also mit einem besonderen Verantwortungsgefühl, mit einer Verantwortung, die man bereit ist auf sich zu nehmen, um den anderen vom Leiden und aus seinen Schwierigkeiten zu befreien. Es ist eine ganz besonders starke Form von Mitgefühl. Wir sehen also, es gibt viele Ebenen und Stufen, und mit entsprechenden Methoden der Geistesschulung können wir diese Haltung verstärken und sogar grenzenlos ausweiten. Wenn wir das Mitgefühl verstärken wollen, so gibt es verschiedene Elemente, die wir entwickeln müssen. Das bringt auch Kamalashīla zum Ausdruck, wenn er sagt:

> Der mitfühlende Geist wünscht von Natur aus, dass alle leidenden Wesen vom Leiden frei sein mögen. Meditiere über das Mitgefühl für alle fühlenden Wesen, weil die Wesen in den drei Bereichen der Existenz intensiv von den drei Arten des Leidens in verschiedenen Formen gequält werden.

Einerseits ist es also wichtig, dass wir ein Gefühl der Nähe und Verbundenheit mit den anderen Wesen entwickeln, dass uns die anderen Wesen sehr teuer, lieb und kostbar sind. Zusätzlich müssen wir uns die leidhafte Situation der anderen vor Augen führen. Wenn dies beides zusammenkommt, wird das Mitgefühl verstärkt. Dabei ist es auch wichtig, sich die Leiden vor Augen zu führen, denen die Wesen unterworfen sind. Diese werden von Kamalashīla in den folgenden Passagen genannt. Und wenn man sich dann vorstellt, wie die anderen diese verschiedenen Arten von Leiden erleben, und gleichzeitig das Gefühl der Nähe verspürt, erlebt man dies als etwas Unerträgliches und will etwas dagegen tun.

Es gibt verschiedene Methoden, um das Gefühl der Nähe zu den Wesen zu erzeugen, zum Beispiel die Anweisung, daran zu denken, dass alle Wesen irgendwann einmal die eigenen Mütter waren. Man führt sich viele Male vor Augen, welche Freundlichkeiten man von anderen Wesen erfährt, und erzeugt dadurch den Wunsch, ihnen diese Freundlichkeit zu erwidern. Man entwickelt eine Haltung der liebevollen Zuneigung zu den anderen und darauf aufbauend Mitgefühl. Eine andere Methode beschreibt Shāntideva im *Bodhicharyāvatāra*, die das »Gleichsetzen und Austauschen von einem selbst mit den anderen« genannt wird. Dabei macht man sich die fundamentale Gleichheit zwischen einem selbst und allen anderen Wesen bewusst und entwickelt darüber hinaus noch die Haltung, die eigenen Interessen gegenüber dem Wohlergehen der anderen zurückzustellen. Dadurch kann man ein sehr starkes Gefühl des Altruismus, der Verbundenheit mit allen anderen Wesen, erzeugen, wobei es vor allem darum geht, eine solche Haltung der Freundlichkeit und des Mitgefühls seinen Feinden gegenüber zu entwickeln.

Um nun das Leiden zu identifizieren, um zu erkennen, woran die Wesen leiden und warum sie in Not sind, werden im Buddhismus drei Arten des Leidens unterschieden, die auch Kamalashīla hier erklärt. Das erste ist das so genannte Leiden des Schmerzes. Das entspricht dem, was die Wesen in den niederen Daseinsbereichen erleben. Kamalashīla erwähnt hier auch die Höllenexistenzen. Dann gibt es das Leid des Wandels. Kamalashīla spricht darüber, dass das auch Wesen erleben, denen es offensichtlich sehr gut geht, zum Beispiel die Götter, und zwar aufgrund der Tatsache, dass ihr angenehmer Zustand nicht dauerhaft ist, dass er dem Wandel unterworfen ist. Und drittens gibt es das allumfassende Leid, das alle Gestaltungen des Daseinskreislaufs durchdringt. Kamalashīla beschreibt es so:

> Allgegenwärtiges Elend entsteht durch die Macht der Ursachen, die durch Handeln und störende Gefühle charakterisiert sind. Es hat die Natur und die Eigenschaften augenblicklichen Zerfalls und betrifft alle (durch den Kreislauf der Existenzen) wandernden Wesen.

Man muss sich vor Augen führen, dass alles, was wir im Daseinskreislauf erleben, letztlich von befleckten Handlungen oder Karma und Leidenschaften oder verblendeten Bewusstseinszuständen abhängig und deshalb im Kern mit Leiden verbunden ist. Was immer wir jetzt erleben, hängt mit beflecktem Karma zusammen, mit Handlungen, die wiederum aus Leidenschaften entstanden sind. Es wurde bereits gesagt, dass sowohl die Dinge, die wir erleben, als auch wir selbst veränderlicher Natur sind, und diese Veränderungen geschehen unter dem Einfluss von Karma und verblendeten Bewusstseinszuständen oder Leidenschaften. Dadurch wurde der gegenwärtige Zustand verursacht und wird jetzt als Leiden weiter genährt und durch Karma und Leidenschaften gefördert. Aus diesem Zustand heraus entwickeln wir neue verblendete Bewusstseinszustände. Diese wiederum bewegen uns zu Handlungen, die uns in der Zukunft erneut Leiden einbringen werden. Unsere Natur ist also veränderlich, diese Veränderung kommt durch bestimmte Ursachen und Bedingungen zu Stande, und diese Bedingungen sind im Wesentlichen von befleckter Natur, also Karma und Leidenschaften. Das machte der Buddha gerade in den zwölf Gliedern des Abhängigen Entstehens sehr deutlich. Er zeigte, dass das, was wir jetzt erleben, Geburt und schließlich Alter und Tod, durch früheres Karma hervorgerufen wurde. Dieses Karma entstand durch befleckte Bewusstseinszustände, hauptsächlich Begierde, so dass wir in diese Existenz hineingeworfen wurden. Und diese Faktoren, diese befleckten Handlungen oder das Karma, entstehen durch Unwissenheit.

Es gibt in den Schriften verschiedene Arten, die Unwissenheit zu erklären. Aber alle sind sich darin einig, dass es sich um falsche Sichtweisen handelt, dass wir also die Wirklichkeit verzerren, sie auf eine falsche Weise sehen und dann aus dieser Unwissenheit heraus Handlungen begehen, die später zu unfreiwilligen Wiedergeburten führen. Man sieht also, der Kern unserer Existenz, die Ursache unserer samsarischen Existenz, ist die Unwissenheit. Und solange etwas von Unwissenheit bestimmt ist und von weiteren Ursachen und Wirkungen in dieser Kette, kann es nur von leidhafter Natur sein. Das also ist die eigentliche Ursache aller Probleme.

Nun macht man sich bewusst, dass die Wesen diese Arten des Leidens erleben, von dem offensichtlichen bis hin zu dem alles durchdringenden oder allem zugrunde liegenden Leiden. Und verbunden mit dem vorher genannten Gefühl der Nähe und der Vertrautheit mit den Wesen entsteht echtes Mitgefühl. Es ist also wichtig, dass wir uns zunächst einmal bemühen, dieses Gefühl der Nähe zu den Wesen zu entwickeln, und dann daran arbeiten, ihre leidvolle Situation und besonders deren Ursachen zu erkennen und zu verstehen, warum diese Situation leidhaft ist. Dann entsteht der Wunsch, dass die Wesen von diesem Leiden frei sein mögen. Sowohl von den Hindernissen, die ihre Befreiung aus dem Daseinskreislauf erschweren, als auch von den noch subtileren Hindernissen, welche die Allwissenheit eines Buddha vereiteln, nämlich von den Anlagen, die auf Unwissenheit beruhen.

Wenn man nun praktisch daran geht, diese beiden Aspekte im Geist zu entwickeln, dieses Gefühl der Nähe oder Verbundenheit mit den Wesen und das Sehen des Leidens, dann ist es günstig, mit dem Leiden zu beginnen, und zwar in Bezug auf die eigene Person. Zum Beispiel sagt Shāntideva im *Bodhicharyāvatāra,* wenn jemand nicht einmal in Bezug auf sich selbst das Gefühl hat, dass er sich in einer problematischen Situation befindet, die gelöst werden sollte, und nicht einmal in Bezug auf sich selbst den Wunsch nach Befreiung daraus entwickelt, wie soll er dann echtes Mitgefühl entwickeln und den Wunsch, die anderen aus dieser Situation zu befreien?

Es ist also richtig, dass man die leidhafte Situation des Daseinskreislaufs, wie sie gerade erklärt wurde, erst einmal auf sich selbst bezieht, an sich selbst erkennt, sie unannehmbar und unbefriedigend findet und diese Erkenntnis dann auf die Situation der anderen überträgt. Dann entsteht wahres Mitgefühl. Wir haben hier zwei Geisteshaltungen, die mehr oder weniger gleich sind, aber von der jeweiligen Perspektive abhängen. Wenn man Leiden an sich selbst erkennt und sich daraus befreien will, nennt man das Entsagung. Wenn man das gleiche Leiden an den anderen erkennt und daraus den Wunsch entwickelt, sie mögen von diesem Leiden frei sein, dann entsteht daraus Mitgefühl. Es ist also gut, bei sich selbst zu beginnen und die Erfahrung der Leidhaftigkeit des Samsāra dann auf die anderen zu übertragen. Dann kann man in Verbindung mit dem Gefühl der Nähe zu den anderen echtes Mitgefühl entwickeln.

## Die Stufen auf dem Pfad

Nun kommen wir zu der zweiten Schrift, die ich erklären möchte, nämlich zur *Lampe auf dem Pfad zur Erleuchtung* von Atīsha. Da lesen wir gleich nach dem Titel die Ehrerbietung:

Ehre sei dem Bodhisattva, dem jugendlichen Mañjushrī.
Ich erweise Ehre mit großem Respekt
Den Überwindern der drei Zeiten,
Ihren Lehren und denen, die nach Tugend streben.
Gedrängt vom guten Schüler Djang chup Ö,
Werde ich die Lampe entzünden
Für den Pfad zur Erleuchtung.

Dann sagt Atīsha, dass es drei Arten von spirituell Strebenden gibt:

Verstehe, dass es drei Arten von Personen gibt,
Aufgrund geringer, mittlerer und hoher Befähigung.
Ich werde ihre unterschiedlichen Eigenschaften
Im Einzelnen deutlich beschreiben.

Vorher wies ja schon Kamalashīla darauf hin, dass eine korrekte Reihenfolge bei der Übung sehr wichtig ist. Wenn wir zum Beispiel verschiedene Meditationsinhalte betrachten, sind die ersten vielleicht gröberer oder oberflächlicherer Art, relativ gesehen natürlich. Erst wenn wir diese durchdrungen haben, sind wir in der Lage, auch feinere Ebenen zu erfassen. Und wenn wir auch diese durchdrungen haben, sind wir in der Lage, die subtilen Ebenen zu erkennen. Wenn jemand, ohne die Erkenntnis in diesem Punkt überhaupt geschult zu haben, sofort mit den schwierigsten und subtilsten Punkten beginnen würde, könnte der Fehler auftreten, dass diese gar nicht klar sind. Wie will man sie dann einüben und meditieren? Deshalb sollte man schrittweise vorgehen und die verschiedenen Stufen der Pfade sowie die Techniken aufeinander aufbauend anwenden. Hier wird das Gesetz von Ursache und Wirkung berücksichtigt, was mit verschiedenen Arten der Begründung und mit logischen Untersuchungen noch erhärtet wird. Zum Beispiel gibt es eine Begründung, in der die Abhängigkeit der Phänomene besonders berücksichtigt wird. Oder eine andere Begründung, bei der man besonders die spezielle Wirkungsweise einzelner Phänomene berücksichtigt. Diese werden auch in die Techniken auf dem Pfad eingebracht. Aus diesem Grund werden die spirituellen Bemühungen in die Schulungen eines anfänglichen, eines mittleren, und eines höchsten Praktizierenden eingeteilt.

Über den anfänglichen oder so genannten kleinen, geringen Praktizierenden sagt Atīsha im dritten Vers:

Erkenne, dass die, die mit allen Mitteln
Nicht mehr als nur
Die Freuden von Samsāra erstreben,
Die Personen von geringster Befähigung sind.

Das sind diejenigen, die spirituelle Mittel anwenden, um die Freuden des Samsāra oder des Glücks innerhalb der samsarischen Existenz zu erreichen. Hier werden oft noch einmal zwei Typen unterschieden, die gewöhnlichen und die echten spirituell Strebenden. Die gewöhnlichen sind diejenigen, die das Glück des Samsāra nur in diesem Leben anstreben. Unter den geringeren Praktizierenden sind sie also sozusagen noch einmal die kleineren oder geringeren. Damit man von einer echten spirituellen Praxis sprechen kann, sollte man sich zumindest längerfristige Ziele setzen, die über dieses Leben hinausgehen. Deshalb sagt man, der echte geringere oder anfängliche Praktizierende, sei der, welcher das Glück höherer Existenzen in künftigen Leben anstrebt und zu diesem Zweck die entsprechenden Ursachen einübt. Das bringt Atīsha hier zum Ausdruck.

Dann gibt es die Praktizierenden auf der mittleren Stufe oder mit mittleren Fähigkeiten. Über sie heißt es:

Die, welche Frieden nur für sich allein suchen,
Sich abkehrend von weltlichen Freuden,

Und schädliche Handlungen meidend,
Von denen sagt man, dass sie von mittlerer Befähigung sind.

Hier geht es also darum, dass man die Leiden sieht, auch die Leidhaftigkeit des Glücks im Daseinskreislauf. Man nimmt nicht nur die direkten Leiden wahr, wie in den niederen Daseinsbereichen das Leid des Schmerzes, sondern erkennt selbst die Glückszustände, die samsarischer Natur sind, als leidhaft, zunächst in Bezug auf die eigene Person. Daher sucht man einen Weg, sich ganz aus dieser samsarischen Situation zu befreien. Dazu lehrte der Buddha die drei höheren Schulungen, wobei die wesentliche die Weisheit ist. Im Kern geht es um die Entwicklung von Erkenntnis, um damit die Unwissenheit als eigentliche Ursache des Daseinskreislaufs zu überwinden. Aber diese Schulung der Weisheit kann nur im Rahmen eines sehr stabilen Geistes stattfinden. Deshalb übt man als Voraussetzung dafür die meditative Konzentration. Diese wiederum ist abhängig von einer disziplinierten, heilsamen Lebensführung, weshalb der Schulung der konzentrativen Meditation die Schulung der Ethik zugrunde liegt. Dieser Weg, der zum Ziel der persönlichen Befreiung führen soll, ist der Pfad eines Praktizierenden von mittleren Fähigkeiten.

Wenn man schließlich erkennt, wie die leidhafte Situation in Bezug auf einen selbst beschaffen ist, und diese Erkenntnis auf die Situation der anderen ausweitet, entwickelt sich echtes Mitgefühl mit den anderen, der Wunsch, auch die anderen von ihren Leiden zu befreien. Das führt schließlich auf die Stufe des höchsten Praktizierenden, über den es im fünften Vers heißt:

Die, welche aufgrund ihres eigenen Leidens
Wahrhaft alles Leid von anderen
Völlig überwinden wollen,
Sind Personen mit der größten Befähigung.

Die konkreten Übungen, besonders die eines anfänglichen und eines mittleren Praktizierenden, möchte ich morgen anhand der *37 Übungen der Bodhisattvas* von Ngulchu Thogme Zangpo näher erklären.

# Zweiter Tag

## Zusammenfassung des ersten Tages

Gestern wurde in Zusammenhang mit den ersten Passagen des Kamalashīla-Textes *Stufen der Meditation* über das Abhängige Entstehen gesprochen, das allen buddhistischen Lehrmeinungen zugrunde liegt. Bezüglich des Abhängigen Entstehens gibt es viele verschiedene Ebenen, gröbere und subtilere. Die Ebene, die alle buddhistischen Lehrmeinungen gleichermaßen akzeptieren, betrifft den Zusammenhang von Ursache und Wirkung. Das heißt vor allem, dass sowohl das Glück als auch das Leiden, das wir erleben, durch bestimmte Ursachen und Bedingungen erzeugt wird. Dabei haben positive Ursachen positive Wirkungen und negative Ursachen negative Wirkungen. Das ist ein allgemeines Gesetz des Abhängigen Entstehens. In diesem Zusammenhang ist von spezieller Bedeutung, dass wir fühlende Wesen sind, mit Geist oder Bewusstsein versehen, von denen willentliche Handlungen ausgehen. Und diese Handlungen fühlender oder bewusster Wesen schaffen besondere Ursachen für späteres Glück oder Leiden, die man Handlungen oder *Karma* nennt. Diese Karmas bringen später entsprechende Wirkungen hervor.

Alle Produkte unterliegen also einem Prozess von Ursache und Wirkung. Speziell in Verbindung mit dem Geist betrachtet geht es bei diesem Prozess darum, dass wir, veranlasst durch bestimmte Motivationen, bestimmte Handlungen ausführen. Diese Handlungen nennen wir Karma, und sie bringen später entsprechend ihrer Natur Glück oder Leiden als Wirkung hervor. Da wir alle nach Glück und Leidfreiheit streben, sollten wir wissen, wie unser Glück und unser Leiden von solchen Karmas oder Handlungen abhängig sind. Dann können wir Handlungen oder Ursachen fördern, die zu Glück beitragen, und Handlungen oder Ursachen abwenden, die Leiden hervorrufen.

Es wurde auch schon erklärt, dass für unser Glück und Leiden das Geistige eine besonders wichtige Rolle spielt. Unser Wohlergehen oder unser Leiden hängt vor allem vom Zustand unseres Geistes ab. In diesem Zusammenhang sind besonders jene Geistesfaktoren wichtig, die unseren Geist in Aufruhr, also in einen unausgeglichenen, undisziplinierten Zustand versetzen. Solche Geisteszustände und Emotionen nennen wir Leidenschaften oder *Klesha* auf Sanskrit. Sobald diese Leidenschaften im Geist auftauchen, machen sie ihn undiszipliniert, führen zu Fehlhandlungen und ähnlichem und richten eine Menge Schaden an. Das heißt, Leidenschaften oder negative, verblendete Geisteszustände und Emotionen lösen Handlungen aus. Und diese Handlungen, *Karmas,* haben dann ihre speziellen Wirkungen. Wenn unsere Handlungen von positiven Geisteszuständen motiviert und förderlicher Natur sind, führen sie zu Glück. Wenn unser Geist und die Handlungen, die daraus hervorgehen, hingegen von negativen Emotionen oder Leidenschaften bestimmt sind, dann sind diese Handlungen negativ und führen zu Leiden. Deshalb ist klar, dass alles Glück aus einem gezähmten Geist hervorgeht und alles Leiden aus einem ungezähmten Geist.

Wenn man den Geist zähmen will, muss man schrittweise vorgehen. Das heißt, man muss zuerst die gröberen und dann die subtileren Fehler oder Hindernisse des Geistes überwinden. Wir können nicht mit den subtileren oder schwierigeren und feineren Ebenen beginnen, wir müssen uns erst einmal mit den gröberen Ebenen beschäftigen. Das ist der Grund, warum der Pfad in die Stufen des anfänglichen, des mittleren und des höchsten Praktizierenden eingeteilt wird.

Wenn wir einen solchen Pfad schrittweise verfolgen, sind unsere Übung und die Resultate, die wir erreichen, stabiler und verlässlicher. Deshalb sollten wir auf diese Weise vorgehen. Natürlich sind die weiter fortgeschrittenen Praktiken, die der höheren Ebenen, schwieriger zu üben. Wenn man jedoch zunächst die vorherigen Stufen praktiziert und gut eingeübt hat, fallen auch diese an sich schwierigeren Übungen leichter, weil man eben eine gute Grundlage hat. Außerdem wird die Geistesentwicklung vollständiger, wenn man schrittweise vorgeht, und auch, wie schon gesagt, stabiler und verlässlicher. Man muss immer erst ein gutes Fundament legen und kann dann darauf aufbauend weitere Schritte tun. Deshalb ist es sehr wichtig, die Praxis anhand der drei Stufen von Praktizierenden zu erklären, wie Atīsha es hier tut und wie es auch in anderen Schriften behandelt wird. Ursprünglich stammt diese Einteilung in drei Arten von Praktizierenden von dem indischen Meister Asanga. Wenn wir also stufenweise vorgehen, können wir sagen, dass wir eine verlässliche, stabile, positive Geistesentwicklung erreichen.

## Vertrauen und Weisheit

Was nun die Ziele der geistigen Entwicklung angeht, die spirituellen Ziele, so gibt es davon grundsätzlich zwei: erstens ein höheres Dasein im Daseinskreislauf und zweitens die endgültige Befreiung. Das ist wichtig zu verstehen, weil wir zunächst eine stabile körperliche Basis brauchen, um die eigentlichen Ziele der spirituellen Entwicklung erreichen zu können. Wir brauchen eine Existenz, zum Beispiel unsere jetzige, in der wir die körperlichen und anderen Bedingungen haben, die nötig sind, um überhaupt einen spirituellen Pfad gehen zu können. Deshalb ist es wichtig, erst einmal ein höheres Dasein anzustreben und dann die endgültige Befreiung zu erreichen. Es gibt also eine ganz bestimmte Reihenfolge. Nāgārjuna spricht im *Ratnāvalī* davon, dass das erste Ziel – ein höheres Dasein – hauptsächlich durch Vertrauen erreicht wird und das zweite – die endgültige Befreiung – hauptsächlich durch Weisheit –, wobei diese Weisheit im Wesentlichen die Erkenntnis der Selbst-Losigkeit ist. Grundsätzlich ist es wichtig, dass alle Formen der Praxis, alle Aspekte der Praxis, die man zur Methode rechnet, wie Vertrauen oder Mitgefühl, Entsagung und ähnliche Eigenschaften, mit Weisheit gepaart werden. Sie müssen von Weisheit ergänzt werden. So auch das Vertrauen, von dem Nāgārjuna hier spricht.

In diesem Zusammenhang spricht man auch von zwei Arten von Schülern: solchen mit höheren geistigen und intellektuellen Begabungen und solchen mit weniger hohen geistigen oder intellektuellen Begabungen. Diejenigen, die weniger hohe intellektuelle Begabungen haben, stützen sich hauptsächlich auf Vertrauen, diejenigen mit höheren geistigen Begabungen hauptsächlich auf Weisheit. Das bedeutet aber auch, dass das Vertrauen am stabilsten und besten fundiert ist, wenn es auf Wissen basiert. Jemand, der nicht sofort alles glaubt, sondern zuerst analysiert und überprüft und dann zu der Erkenntnis gelangt, dass bestimmte Aussagen oder Lehren verlässlich und korrekt sind, wird ein tieferes und stabileres Vertrauen fassen. Nāgārjuna sagt hier, dass das erste Ziel, ein höheres Dasein, hauptsächlich durch Vertrauen entwickelt wird, durch Vertrauen in die Lehre des Buddha, vor allem in die Lehre über das Gesetz des Karma. Das zweite Ziel, die endgültige Befreiung, wird durch die Erkenntnis der Wirklichkeit erreicht.

## Stufenweise Praxis

Auch nach Āryadeva gibt es mehrere Stufen der Praxis. In seinen *400 Versen* sagt er, man solle zuerst das abwenden, was nicht verdienstvoll ist, das heißt, unheilsames Handeln unterlassen. Es gibt sehr viele Arten von unheilsamen Handlungen. Aber alle diese unheilsamen Handlungen, wie überhaupt der ganze Samsāra, kommen von *Klesha,* also von verblendeten Geisteszuständen und Emotionen. Deshalb muss man auf der zweiten Stufe diese Leidenschaften überwinden. Dadurch wird eine endgültige Befreiung von Leidenschaften erreicht und verhindert, dass weitere unheilsame Handlungen entstehen können.

Es gibt zwei Arten der endgültigen Befreiung: zunächst ein persönliches Nirvāna, das in der Überwindung des Leidens durch Überwindung der Leidensursachen wie Unwissenheit und Leidenschaften besteht. Dagegen zeichnet sich das Nirvāna eines Buddha dadurch aus, dass dieser weder im Extrem des Samsāra verweilt noch im Extrem seines rein persönlichen Friedens oder der rein persönlichen Leidfreiheit. In beiden Fällen ist Unwissenheit die eigentliche Ursache dafür, dass man diese Ziele nicht erreicht. Wenn man die Unwissenheit abwendet, die Leidenschaften wie Begierde, Hass und so weiter direkt hervorbringt, erreicht man die persönliche Befreiung, das persönliche Nirvāna. Das ist das zweite spirituelle Ziel oder die zweite Stufe der Praxis, die Āryadeva in seinen *400 Versen* beschreibt.

Die dritte Stufe der Praxis besteht darin, dass man auch die letzten Spuren überwindet, welche die Unwissenheit im Geist hinterlassen hat. Damit überwindet man das, was als Hindernis für die Allwissenheit bezeichnet wird. Das kommt dadurch zu Stande, dass man die Weisheit, welche die Selbst-Losigkeit oder endgültige Realität erkennt, auf eine besonders intensive Weise entwickelt, indem man die Selbst-Losigkeit mit unendlich vielen Begründungen untersucht und analysiert, statt nur mit einigen wenigen Begründungen. Zusätzlich wird die Weisheit auf dieser dritten Stufe mit sehr effektiven Praktiken der Methode verbunden, mit einem sehr starken Altruismus und großem Mitgefühl. Dadurch ergibt es sich, dass nicht nur die Unwissenheit selbst, sondern auch die subtilen Anlagen oder Nachwirkungen der Unwissenheit überwunden werden. So wird schließlich die höchste Form der Befreiung erreicht: die Allwissenheit. Bei der Weisheit, von der hier die Rede ist, handelt es sich um die Weisheit in Bezug auf die Selbst-Losigkeit, die so genannte Erkenntnis der Selbst-Losigkeit aller Phänomene.

Man soll also dem stufenweisen Weg folgen, den Āryadeva beschreibt: zuerst auf einer gröberen Ebene unheilsame Handlungen vermeiden, anschließend die Unwissenheit und die daraus entstehenden Leidenschaften überwinden, um die Befreiung der eigenen Person zu erreichen, und dann auf der dritten Ebene alle Anlagen und Spuren der Unwissenheit abwenden, um die Allwissenheit zu erreichen. Das ist das geschickte Vorgehen, wie Āryadeva es darlegt.

Genauso beschreibt auch Atīsha diese drei Stufen in der *Lampe auf dem Pfad*. In Atīshas Text wird als erstes Ziel wiederum das hohe Dasein beschrieben. Um das zu erreichen, ist es, wie schon gesagt, notwendig, unheilsames Karma abzuwenden und unheilsame Handlungen zu unterlassen. Davon gibt es sehr viele, aber die wichtigsten werden als die Zehn Unheilsamen Handlungen bezeichnet. Daher besteht die grundlegende Praxis darin, die Zehn Unheilsamen Handlungen zu unterlassen. Und dazu brauchen wir Vertrauen in den Buddha und in seine Lehre vom Karma, die sehr schwer zu verstehen ist. Gerade deshalb ist auf dieser Stufe das Vertrauen in den Buddha und die Drei Juwelen von großer Bedeutung, und auch die Zufluchtnahme ist in diesem Zusammenhang sehr wichtig. Dann folgt die zweite Stufe mit dem Ziel, eine definitive, endgültige Befreiung der eigenen Person zu erreichen, auf der man die Hindernisse für die Befreiung überwindet. Dazu braucht man dann die drei höheren Schulungen, vor allem die Weisheit der Selbst-Losigkeit, gepaart mit der Schulung von Konzentration und Ethik.

Wie nun diese einzelnen Stufen geübt werden, die Stufen des anfänglichen und des mittleren Praktizierenden, wird in den *37 Übungen der Bodhisattvas* von Thogme Zangpo genauer dargelegt. Nach dem einleitenden Vers der Ehrerbietung folgt ein Vers, in dem Thogme Zangpo das Versprechen gibt, diese Übungen zu erklären. Der dritte Vers, mit Nummer 1 bezeichnet, beschreibt in der ersten Übung, welche Kontemplation man auf der anfänglichen Ebene ausführt. Dann wird auf die besondere Bedeutung dieses Menschenlebens eingegangen, das sich durch bestimmte Freiheiten und positive Umstände auszeichnet, die es uns möglich machen, jetzt in einer vollständigen Weise einen spirituellen Pfad zu gehen. Und es wird darauf hingewiesen, welche große Bedeutung einer solchen Situation, einem solchen Zusammentreffen von guten Umständen und Freiheiten beigemessen werden muss und welche hohen Ziele damit erreicht werden können. Gleichzeitig wird betont, wie schwer ein solches Zusammentreffen überhaupt zu bewerkstelligen ist, wenn man es von den Ursachen her betrachtet. Es ist sehr selten zu erreichen. Ein weiterer Punkt ist, dass diese kostbare Gelegenheit auch sehr schnell wieder vergeht und man sich deren Vergänglichkeit vor Augen führen muss. Daraus folgt, dass man, wie es heißt, die »Essenz dieses Lebens ergreifen« sollte. Dass man also versucht, diesen besonderen Umständen für einen spirituellen Weg jetzt einen Sinn zu verleihen und diese Möglichkeit gut zu nutzen. Das kann, wie der Text sagt, in vollkommener Weise geschehen, wenn man den Dharma durch Lernen, durch Reflexion und dann durch Einüben in der Meditation praktiziert. Dazu ist eine gewisse Abgeschiedenheit vom üblichen weltlichen Getriebe sehr förderlich, und daher wird in der dritten Übung auf die Vorzüge der Abgeschiedenheit eingegangen.

## Die Bedeutung des Lehrers

Anschließend wird erklärt, wie wichtig es ist, einen qualifizierten Lehrer zu haben. Diese Übungen, Meditationen und so weiter müssen alle auf der Grundlage einer guten Kenntnis und Führung auf einem spirituellen Pfad ausgeführt werden. Besonders wichtig ist, dass ein geistiger Lehrer oder Lama die nötige Qualifikation besitzt, um den Schüler auf dem Weg führen zu können. Deshalb legte der Buddha die wichtigen und notwendigen Eigenschaften eines qualifizierten Lehrers in Zusammenhang mit einer bestimmten Praxis sehr genau dar: von den Qualitäten eines Lehrers im Vinaya, in Bezug auf die Klosterdisziplin, bis hin zu den Qualitäten eines Vajrameisters, eines tantrischen Meisters.

Wenn wir als Schüler qualifizierte Führung durch einen Lehrer suchen, ist es für uns sehr wichtig zu überprüfen, ob diese Person die entsprechenden Qualifikationen aufweist. Wir müssen also zuerst die erforderlichen Qualitäten kennen, um die betreffende Person überprüfen zu können. Vorher ist es besser, wenn man einen Lehrer eher als einen Dharmafreund ansieht und nicht gleich eine Lehrer-Schüler-Beziehung aufnimmt. Denn wenn man eine Lehrer-Schüler-Beziehung vorschnell eingeht, ohne geprüft zu haben, ob diese Person die Qualifikation besitzt und ob man zu ihr auch auf Dauer ein gutes Verhältnis bewahren kann, können später große Probleme in der Beziehung auftreten. Deshalb ist es besser und sicherer, diese Person zunächst wie einen Dharmafreund zu betrachten und nicht gleich als persönlichen Lehrer. Einen potenziellen Lehrer sollte man zunächst genau daraufhin überprüfen, ob diese Person, wie es heißt, von innen und außen sauber und verlässlich ist. Wenn man davon überzeugt ist, kann sich ein wirklich dauerhaftes, sehr fruchtbares und stabiles Verhältnis zu diesem Lehrer entwickeln.

## Die Zufluchtnahme

Der nächste Punkt, den Thogme Zangpo anspricht, betrifft die Bedeutung der Zufluchtnahme. Als Buddhisten nehmen wir Zuflucht zu drei Zufluchtsobjekten: Buddha, Dharma und Sangha. Das wesentliche Zufluchtsobjekt ist der Dharma oder die Lehre des Buddha. Das kann man in der 7. Übung eines Bodhisattva im Text der *37 Übungen* nachlesen. Von der Etymologie her hat das Wort *Dharma* mit »halten« zu tun, hier im Sinne von »beschützen«. Nicht einfach »halten« in dem Sinne, wie alle Dinge, die auch als *Dharma* bezeichnet werden, ihr eigenes Wesen tragen oder halten, sondern im Sinne von Schutz gewähren: Schutz vor Gefahren, Schutz vor Furcht, Schutz vor Leiden des Daseinskreislaufs. Der Dharma besteht im Wesentlichen aus zwei Aspekten, nämlich den Wahren Beendigungen und den Wahren Pfaden, also den letzten beiden der Vier Edlen Wahrheiten.

Was ist nun die Wahre Beendigung? Worum geht es da? Wahre Beendigung bedeutet, dass man Hindernisse oder Leidensursachen im Geist durch das Anwenden spezifischer Gegenmittel aufgegeben beziehungsweise überwunden hat. Fehler im Geist, Leidenschaften, Begierde, Hass und so weiter, können dann nicht mehr entstehen, weil die Samen dafür nicht mehr vorhanden sind. Selbst wenn man in Situationen kommt, in denen solche negativen oder verblendeten Geisteszustände normalerweise entstehen, können sie dann nicht mehr aufkeimen. Das ist das Zeichen dafür, dass man eine echte Beendigung erreicht hat. Es geht also nicht darum, dass bestimmte Geisteszustände einfach zu Ende gehen wie andere Dinge auch, die sich irgendwann auflösen, sondern vielmehr darum, dass sie durch gezielte Gegenmittel vollständig überwunden sind, so dass sie, ganz gleich unter welchen Umständen, nicht mehr entstehen können. Ein solcher Zustand der Freiheit von verblendeten Geisteszuständen wird als Wahre Beendigung bezeichnet. Der Dharma, in diesem Sinne verstanden als Wahre Beendigung, ist also ein echter Schutz, weil man dadurch, dass die Ursachen überwunden wurden, dauerhaft vor Leiden geschützt oder von Leiden befreit ist.

Ein weiterer Aspekt des Dharma ist der Pfad, der zu einer solchen Beendigung führt. Nur dadurch, dass man die Mittel anwendet, die einem helfen, sich von bestimmten negativen oder verblendeten Geisteszuständen zu befreien, hat man ja noch nicht die Befreiung erlangt. Aber man wendet zusätzliche Mittel an, die irgendwann zu einer definitiven Beendigung dieser Leidenschaften führen werden. Und daher gehören auch diese Mittel oder Pfade zum Dharma und sind ein echtes Zufluchtsobjekt. Somit ist der Dharma, der uns wirklich schützt, die eigentliche Zuflucht.

Damit wir diesen Dharma anwenden können, brauchen wir jemanden, der ihn selbst verwirklicht hat und aus seiner eigenen Erfahrung heraus lehren kann. Diese Position hat der Buddha. Deshalb ist der Buddha ein Zufluchtsobjekt im Sinne eines besten und verlässlichen Lehrers, der uns die eigentliche Zuflucht aufzeigt.

Darüber hinaus brauchen wir aber auch andere Menschen, die diesen Pfad ebenfalls gehen, die durch ihre eigene Praxis, ihre eigene Verwirklichung, Zeugnis davon ablegen können, dass dieser Pfad zu den entsprechenden Resultaten führt. Sie können uns ein Vorbild sein. Das ist die Funktion des Sangha oder der geistigen Gemeinschaft. Auch der Sangha ist somit ein echtes Zufluchtsobjekt. Deshalb haben wir im Buddhismus drei Zufluchtsobjekte, die uns den notwendigen Schutz gewähren.

Der eigentliche Pfad, der zur Wahren Beendigung führt, besteht in der Weisheit, welche die Selbst-Losigkeit oder die Leerheit, also die endgültige Wirklichkeit erkennt. Dadurch, dass dies auf direkte und unmittelbare Art und Weise geschieht, kann der Geist dauerhaft von den verblendeten Geisteszuständen befreit werden.

## Karma

Ein weiterer Punkt, der in den *37 Übungen* behandelt wird, ist die Praxis in Bezug auf Karma. Man soll verstehen, dass positive Handlungen zu Glück und negative Handlungen zu Leiden führen, und sein Verhalten entsprechend ändern, indem man Heilsames praktiziert und Unheilsames aufgibt. Das gehört alles zu den Übungen eines anfänglichen Praktizierenden.

Die Praxis eines mittleren Praktizierenden ist auf die Befreiung aus dem gesamten Daseinskreislauf ausgerichtet. Dazu muss man die Leidhaftigkeit des gesamten Daseinskreislaufs auf all seinen Ebenen erkennen. Auch das wird in diesem Text dargelegt. Wenn man die Leiden des gesamten Daseinskreislaufs deutlich erkennt, entwickelt sich der Wunsch nach Befreiung. Man strebt nach Befreiung. Das wird zum Beispiel in der 9. Übung beschrieben. Diese Übungen der anfänglichen und der mittleren Stufe sind Praktiken, die auch ein Bodhisattva üben muss, selbst wenn er darüber hinaus noch höhere Ziele anstrebt. Deshalb sagt man auch, dies seien Praktiken, die ein Bodhisattva gemeinsam mit anderen übt, auch mit Praktizierenden, die keine weitere Ziele anstreben. Sie sind eine unabdingbare Voraussetzung dafür, dass ein Bodhisattva noch höhere Pfade üben kann, die zur Allwissenheit führen. Deshalb sagt Thogme

Zangpo, dass all diese Übungen, auch die der anfänglichen und mittleren Stufe, Übungen für Bodhisattvas sind.

## Die drei Geistesgifte

Die eigentlichen Leidensursachen des Daseinskreislaufs sind die drei Geistesgifte: Unwissenheit, Begierde und Hass. In den traditionellen Darstellungen des Daseinskreislaufs werden die Geistesgifte im Inneren abgebildet, wobei die Begierde von einem Hahn oder einer Taube, der Hass von einer Schlange und die Unwissenheit von einem Schwein symbolisiert wird. Nach einer bestimmten Ikonographie werden diese Tiere so dargestellt, dass das Schwein den Schwanz des Hahns und das Ende der Schlange im Maul hat. Das bedeutet, dass Begierde und Hass aus Unwissenheit hervorgehen und alles, was wir an Leiden im Daseinskreislauf erleben, letztlich unter dem Einfluss der grundlegenden Unwissenheit geschieht. Im Mittelpunkt dieser Darstellung des Daseinskreislaufs sind also diese drei Tiere abgebildet. Darum herum symbolisiert ein Kreis positives und negatives Karma, und dann kommt die Darstellung der Daseinsbereiche im Samsāra. Es heißt, dass der Buddha selbst den Auftrag gegeben hat, den Daseinskreislauf auf diese Art bildlich darzustellen. Im Vinaya, in der Klosterdisziplin, gibt es die Anweisung, so ein Bild vor dem Eingang zum Tempel aufzuhängen, damit man sich der Leiden des Daseinskreislaufs bewusst wird und eine Haltung der Entsagung entwickelt.

Unwissenheit ist gewiss nicht leicht zu identifizieren. Was uns besser bekannt ist, sind Emotionen wie Begierde und Hass. In der Tat ist es so, dass Begierde und Hass irgendwie natürlich in uns angelegt sind. Es sind Eigenschaften, die wir von Geburt an in uns tragen. Sobald entsprechende Umstände oder Objekte für Begierde oder Hass entstehen, kommen diese Emotionen automatisch, also ohne weiteres Zutun, in unserem Geist auf.

Natürlich kann man sich jetzt fragen, ob Hass und Begierde überhaupt überwunden werden können, ob es gut ist, sie zu überwinden, und ob sie überhaupt Nachteile haben. Wenn wir zum Beispiel den Hass betrachten, so leuchtet uns relativ leicht ein, dass Hass viele Nachteile hat. Wir wissen, sobald wir voll Hass sind, verlieren wir unsere Freude im Geist, unsere Ausgeglichenheit, wir fühlen uns schlecht, und das wirkt sich sogar auf unsere körperliche Gesundheit bis in den Schlaf hinein negativ aus. Bei Begierde ist das nicht so offensichtlich, weil Begierde vielleicht als ganz angenehmer Zustand wahrgenommen wird. Es gibt da ein Objekt, das uns attraktiv erscheint, und dadurch, dass wir mit diesem Objekt zusammen sein möchten, entsteht eine Anhaftung an dieses Objekt, die bewirkt, dass wir davon nicht loslassen wollen.

An diesem Punkt merken wir auch schon, welche Störungen damit verbunden sind. Denn sobald das Erreichen oder das Zusammensein mit diesem Objekt durch irgendwelche Umstände behindert wird, entsteht gegenüber solchen Umständen eine starke Abneigung, Ärger, Feindseligkeit und ähnliches. Wir sehen also, dass auch Begierde Störungen im Geist auslöst und nicht wirklich einen ausgeglichenen und glücklichen Geisteszustand schafft. Wir können feststellen, dass Begierde und Hass für Schwierigkeiten in unserem Leben sorgen – auf allen Ebenen, Tag und Nacht. Sie machen unseren Geist unausgeglichen und stören unser inneres Wohlergehen. Das sind die direkten Auswirkungen. Wenn wir dann noch die langfristigen Auswirkungen betrachten, hinterlassen diese Leidenschaften im Geist negative Anlagen, die uns auch in Zukunft Schwierigkeiten, Probleme und Leiden einbringen werden. Sie sind also sowohl gegenwärtig als auch auf Dauer sehr hinderlich. Solange wir Leidenschaften wie Begierde und Hass in unserem Bewusstsein haben, schaffen wir uns damit Probleme, jetzt und in der Zukunft.

Wenn diese Leidenschaften so nachteilig sind, wie kann man sie dann überwinden, wie kann man sie beseitigen? Natürlich ist es schwierig, Hass und Begierde vollständig zu überwinden. Wir können aber feststellen, dass sie einmal stärker und einmal schwächer auftreten und dass sie auch reduziert werden können. Da sie veränderlich sind, kann man grundsätzlich etwas dagegen tun. Die Wurzel von Begierde und Hass ist eigentlich die falsche Sichtweise. Es ist sehr wichtig, dass wir diesen Zusammenhang verstehen, wenn wir diese negativen Emotionen überwinden wollen. Sie entstehen aus einer bestimmten Wurzel, und diese Wurzel ist Unwissenheit.

Letztlich müssen wir uns also fragen, wie wir die Unwissenheit überwinden können. Dabei spielt das Prinzip der Gegensätze eine große Rolle. Wenn wir zum Beispiel auf der materiellen Ebene Kälte und Hitze betrachten, so stehen sie im Gegensatz zueinander. Das heißt, wenn die Kälte in einem Gegenstand dominiert, kann er nicht heiß sein. Umgekehrt verringert sich die Kälte, wenn die Hitze stärker ist. Hitze und Kälte können im selben Gegenstand nicht gleichzeitig gleich stark vorhanden sein. Bei Dingen oder Eigenschaften, die in einem direkten Gegensatz zueinander stehen, hat das Anwachsen des einen die Schwächung des anderen zur Folge und umgekehrt. Das ist ein Naturgesetz. Es gilt nicht nur auf der materiellen Ebene, sondern auch in unserem Geist. Das heißt, wir haben verschiedene Wahrnehmungsweisen, die einander widersprechen können.

Nehmen wir ein einfaches Beispiel: Zwei Wahrnehmungen desselben Gegenstandes, zum Beispiel eines Blattes Papier, als weiß und als schwarz können nicht beide richtig sein. Entweder ist das Papier weiß oder es ist schwarz. Wenn sich die eine Wahrnehmung als richtig herausstellt, ist die andere damit widerlegt und umgekehrt. Welche Wahrnehmung nun richtig ist, muss man durch Untersuchungen herausfinden. Man kann zum Beispiel eine andere Person fragen, deren Sicht ungetrübt ist, oder man untersucht selbst den Gegenstand genauer, bis man herausfindet, ob die Wahrnehmung von Weiß oder von Schwarz korrekt ist. Bei dieser Untersuchung wird sich schließlich die Erkenntnis als korrekt herausstellen, die der Wirklichkeit entspricht. Das heißt, wenn das Papier wirklich weiß ist, wird die Wahrnehmung des Papiers als eines weißen Gegenstands durch verlässliche Begründungen und gültige Erkenntnisse unterstützt werden. Dagegen wird die Wahrnehmung des Papiers als eines schwarzen Gegenstands nur aufgrund bestimmter Täuschungsursachen bestehen, aber nicht von gültigen Erkenntnissen unterstützt werden.

Ähnliches trifft auf unseren Geist zu. Bestimmte Wahrnehmungsweisen können gut begründet werden, andere beruhen auf Täuschung. Wenn man das Wahrgenommene genau untersucht und sich nicht einfach mit dem ersten Anschein zufrieden gibt, wird sich durch kontinuierliche Untersuchung die Sichtweise, die der Wirklichkeit entspricht, als richtig herausstellen, während die andere mit der Zeit schwächer wird und überwunden werden kann.

Das liegt auch der Geistesschulung auf dem buddhistischen Pfad zugrunde. Die Unwissenheit, aus der Leidenschaften wie Begierde und Hass und so weiter entstehen, ist die Unwissenheit, mit der wir den Dingen eine wahre Existenz, wie es heißt, also eine unabhängige Selbstexistenz zuschreiben. Die Dinge erscheinen uns, als hätten sie diese unabhängige Selbstexistenz. Das Gegenteil dieser Unwissenheit ist die Weisheit, die versteht, dass die Dinge keine solche unabhängige Selbstexistenz besitzen. Wenn man nun diese beiden vergleicht, dann basiert die Weisheit auf Begründungen und wird von der Realität selbst gestützt. Dagegen wird unsere ungeprüfte Vorstellung oder Wahrnehmung, die Dinge hätten eine Selbstexistenz, von keinen echten Begründungen unterstützt. Wir können einfach nur sagen, die Dinge erscheinen uns so, als hätten sie diese Selbstexistenz. Sie scheinen offensichtlich greifbare, aus sich bestehende Größen zu sein. Aber das ist auch die einzige Begründung. Wenn wir diesen Anschein allerdings hinterfragen, finden wir keine triftige Begründung mehr dafür, dass die Dinge eine ihnen innewohnende unabhängige Selbstexistenz besitzen. Im Gegenteil, sie sind plötzlich nicht mehr aufzufinden. Das zeigt uns, dass der Anschein nicht der eigentlichen Wirklichkeit entspricht. Es kommt sehr oft in unserem Leben vor, dass uns bestimmte Dinge auf eine gewisse Art erscheinen und ganz offensichtlich dies oder jenes zu sein scheinen. Aber wenn wir genauer nachfragen und überprüfen, können wir die Dinge so nicht mehr feststellen.

Wenn wir zum Beispiel Phänomene wie Vergangenheit, Zukunft, Gegenwart und so weiter betrachten, ist es ganz offensichtlich, dass es sie gibt. Aber wenn wir genau fragen, was Vergangenheit, Gegenwart, Zukunft jeweils sind, dann wird es sehr schwierig, sie tatsächlich zu identifizieren. Es gibt viel Veränderung, es gibt eben diese Nichtauffindbarkeit von Dingen, die scheinbar so offensichtlich bestehen. Das deutet darauf hin, dass vieles, was wahrhaft zu existieren scheint, in Wirklichkeit nicht so existiert. Bei näherem Hinsehen entdecken wir viele Widersprüche. Das ist der Punkt, um den es hier geht. Bei genauer Untersuchung verflüchtigt sich die Vorstellung, die Dinge hätten eine innewohnende, unabhängige Existenz. Man erkennt dann, dass in so einer Vorstellung viele Widersprüche liegen. Dagegen hat die Erkenntnis, dass die Dinge keine innewohnende Selbstexistenz haben, viele Begründungen, die durch entsprechende Analyse immer klarer werden. So kann sich die Gewissheit verstärken, dass unsere übliche Wahrnehmungsweise nicht der Wirklichkeit entspricht. Dadurch entwickelt sich diese Weisheit, die im direkten Gegensatz zu der Unwissenheit steht. Es gibt hier also das Prinzip, dass wir zwei Wahrnehmungsweisen der Wirklichkeit haben, die im direkten Gegensatz zueinander stehen. Die Vorstellung, dass den Dingen eine unabhängige Existenz innewohnt, und die Sichtweise, dass sie davon frei sind. Diese zweite Sichtweise, nach der die Dinge eben keine solche Eigenexistenz haben, wird von gültigen Erkenntnissen unterstützt. Wenn man diese Untersuchung kontinuierlich weiter übt, verringert sich mit der Zeit die Unwissenheit und verschwindet schließlich ganz. Das spricht dafür, dass es möglich ist, die Unwissenheit zu überwinden und damit auch die aus dieser Unwissenheit entstehenden negativen Emotionen wie Hass und Begierde und so weiter.

Es ist auch klar, dass Hass und Begierde nicht immer gleich stark sind, sondern veränderlich. Hass bedeutet, dass wir einem Gegenstand gegenüber eine Aversion haben. Wir möchten mit diesem Objekt nicht zusammen sein, wir möchten es los sein. Es entsteht eine aggressive Haltung diesem Objekt gegenüber. Das Gegenteil ist Begierde. Wir wollen ein bestimmtes Objekt für uns haben, wir möchten damit zusammenbleiben, möchten nicht davon getrennt sein. Schon diese beiden Emotionen stehen in einem direkten Widerspruch. Wir können denselben Gegenstand nicht gleichzeitig hassen und daran anhaften, also ihn gleichzeitig loswerden und haben wollen. Aber im täglichen Leben merken wir doch, wie diese Leidenschaften entstehen und vergehen. Vielleicht hassen wir etwas am Morgen, das wir am Abend schon wieder begehren. So etwas kommt vor. Das zeigt also, dass diese Leidenschaften von vielen sich verändernden Umständen abhängen. Einmal sind sie in unserem Geist manifest, dann schwächen sie sich wieder ab oder sind nur latent vorhanden und manifestieren sich wieder, wenn wir in Situationen kommen, in denen sie ausgelöst werden.

Das Gleiche gilt für die Unwissenheit. Manchmal ist die Vorstellung, dass ein Ding ganz aus sich heraus, also unabhängig besteht, sehr stark, manchmal ist sie nicht so stark. Das lässt uns erkennen, dass diese Geisteszustände nicht natürlich oder unabdingbar in unserem Bewusstsein vorhanden sein müssen, sondern durch momentane Umstände entstehen und wieder vergehen können.

Zuvor habe ich das Prinzip der Geistesschulung erklärt: Durch bestimmte Erkenntniszustände, die der Wahrnehmung der Leidenschaften und der Unwissenheit direkt widersprechen, kann man diese Unwissenheit überwinden. Wenn man genauer darüber nachdenkt, gelangt man im Einklang mit den Erklärungen aus den Schriften zu der Gewissheit, dass die Leidenschaften wirklich sehr nachteilig sind und man sich besser davon befreien sollte. Gleichzeitig erkennt man aber auch, dass dazu tatsächlich die Möglichkeit besteht. Wenn man sich von bestimmten Leidenschaften, und sei es nur einer bestimmten Ebene von Leidenschaften, dauerhaft befreit hat, bezeichnet man das als Wahre Beendigung. Eine Wahre Beendigung ist eine Qualität des eigenen Geistes, der sich durch die Anwendung der Gegenmittel dauerhaft von bestimmten Leidenschaften befreit hat. Besonders in der Prāsangika-Mādhyamaka-Schule wird betont, dass es sich hier um eine Qualität des eigenen Geistes handelt. Aber auch die anderen buddhistischen Schulen sehen es so.

Wenn man wiederholt sehr intensiv darüber nachdenkt, entsteht in der eigenen Erfahrung mehr und mehr die Gewissheit, dass Befreiung tatsächlich möglich ist. Befreiung würde dann wirklich die Beendigung aller Leidenschaften bedeuten, und zwar dadurch, dass man die grundlegende Unwissenheit durch Weisheit endgültig überwunden hat. Oft scheint es uns, als würden Hass und Begierde unser Leben irgendwie interessant machen. Aber wenn man länger darüber nachdenkt, wird einem klar, dass ein Leben ohne Hass und Begierde sehr viel glücklicher wäre.

Nāgārjuna vergleicht das im *Ratnāvalī* mit einer juckenden Wunde. Wenn man sich an der Wunde kratzt, so sagt er, vergeht das Jucken für kurze Zeit, und das ist dann angenehm, aber viel besser wäre es, gar keine Wunde zu haben. Das ist doch einleuchtend. Genau so scheinen Hass und Begierde manchmal unsere Freunde zu sein, aber in Wirklichkeit ginge es uns ohne diese so genannten Freunde viel besser. Wir alle wünschen Glück und möchten von Leiden frei sein. Echtes Glück und echte Freiheit von Leiden haben aber damit zu tun, dass wir uns von verblendeten Geisteszuständen wie Hass und Begierde und von der grundlegenden Unwissenheit befreien. Aus dieser Kontemplation, aus dieser Reflexion heraus, entsteht ein echtes Streben nach Befreiung. Deshalb gab der Buddha seine Lehre von den Vier Wahrheiten in dieser spezifischen Reihenfolge.

## Die Befreiung vom Leiden

Zuerst machte der Buddha deutlich, wie wir Leiden auf den verschiedenen Ebenen erleben, vom offensichtlichen Leiden des Schmerzes bis zum grundlegenden Leiden der Gestaltungen des Daseinskreislaufs. Dann zeigte er, welche bestimmten Ursachen dahinter stecken und dass diese in uns selbst liegen, nämlich Leidenschaften und die dadurch motivierten Handlungen, Karma. Dann erklärte er in der dritten Wahrheit, dass es die Möglichkeit der Beendigung gibt, wenn man sieht, dass diese Ursachen veränderlich sind, dass man sich davon befreien kann. Es entsteht eine tiefe Gewissheit, dass eine solche Befreiung von den Leidenschaften möglich ist. Und wenn man diese Gewissheit einmal hat, wird man natürlich auch nach Mitteln suchen, um sie zu erreichen. Das lehrte der Buddha dann in der vierten Wahrheit, wo er den Pfad aufzeigte, also die Mittel, mit denen man diese Befreiung erlangen kann.

Zuerst muss man erkennen, welche Nachteile Leidenschaften wie Hass und Begierde für einen selbst haben, wie sie entstehen, welche Auswirkungen sie haben und dass sie überwunden werden können. Es ist notwendig, sich das zunächst in Bezug auf die eigene Person ganz deutlich vor Augen zu führen. Dabei erkennen wir, wie sehr wir unter dem Einfluss solcher negativen Emotionen stehen. Wir wissen auch, dass wir unter dem Einfluss solcher Leidenschaften sehr negative Taten begehen können, weil unsere Handlungen der Vernunft entgleiten. Überall auf der Welt geschehen äußerst destruktive Handlungen, die im Grunde niemand möchte. Aber dennoch geschehen sie immer wieder, weil der Geist der Menschen unter dem Einfluss solcher verblendeten Geisteszustände steht. Und wenn diese einmal stark aufkommen, nehmen sie rasch überhand und kontrollieren die ganze Person. Alles Unglück entsteht dadurch, dass uns negative Emotionen und Geisteszustände kontrollieren. Zum Beispiel sprechen wir böse Worte, die uns nachher Leid tun, aber im Moment sind wir ganz engagiert und sprechen diese bösen Worte aus, weil wir unter dem Einfluss von Hass und so weiter stehen. Zuerst ist es also sehr wichtig, dass man sich deutlich vor Augen führt, was die Natur dieser Leidenschaften ist, und ihre Nachteile klar erkennt.

Nach der Lehre des Buddhismus gibt es zwei Arten von falschen Sichtweisen über die Wirklichkeit: eine, bei der man an etwas glaubt, das in Wirklichkeit gar nicht besteht, wo man die Dinge übertreibt, etwas hinzufügt. Die andere falsche Sichtweise ist das Gegenteil. Hier nimmt man sozusagen etwas weg, verneint etwas, das in Wirklichkeit existiert. Beide Sichtweisen schaden uns und verursachen viele Leiden und Probleme. Beide verzerren die Wirklichkeit, ob wir nun etwas projizieren, das es gar nicht gibt, oder Gesetzmäßigkeiten und Zusammenhänge verleugnen, die tatsächlich bestehen. Wenn wir zum Beispiel etwas hinzufügen, so verbinden wir damit vielleicht die Vorstellung, dass es uns sehr viel Glück bringt. Dann haben wir ganz hohe Erwartungen, und im Moment ist das vielleicht ganz angenehm. Aber wenn sich dann herausstellt, dass es nur eine Projektion war, eine Illusion, der wir nachgelaufen sind, folgt eine bittere Enttäuschung. Wir sehen also, dass es uns schadet, wenn wir etwas projizieren, das in Wirklichkeit gar nicht besteht. Das Gleiche gilt im anderen Fall, wenn wir die Zusammenhänge von Handlung und Wirkung negieren und viel Unheilsames tun. Dann handeln wir uns dadurch viel Negatives ein.

Wenn wir ganz allgemein über Fehler des Daseinskreislaufs meditieren, über Leiden und so weiter, ist es wichtig, dass wir über die Zusammenhänge genau Bescheid wissen und sie kennen lernen. Auch müssen wir die Probleme sehen, die sich aus Hass, Begierde und anderen negativen Geisteszuständen entwickeln, und zwar immer zuerst in Bezug auf uns selbst und dann in Bezug auf die anderen. Denn wenn man die eigene unbefriedigende Situation sieht und dann die anderen betrachtet, dann sieht man, dass diese anderen Wesen im Grunde an demselben Zustand leiden, der für sie ebenso unbefriedigend ist. Dann kann sich ein starker Wunsch entwickeln, dass sie doch davon frei sein mögen. Es gibt hier also zwei Aspekte, die gestern auch schon angeklungen sind. Der eine Punkt ist, dass man sehr deutlich die Leidhaftigkeit der Wesen sieht und dadurch den Wunsch entwickelt, sie mögen doch davon frei sein. Das nennt man Mitgefühl. Der andere Aspekt ist, dass man sieht, wie nah einem die anderen Wesen stehen, wie kostbar, wie teuer sie sind und dass sie das gleiche Recht haben, Glück zu erreichen, wie man selbst. Daraus entwickelt sich dann der Wunsch, die anderen mögen doch mit Glück versehen sein. Das nennt man liebevolle Zuneigung oder einfach Liebe.

Diesen Wunsch kann man tatsächlich auf alle Wesen ausdehnen, so weit wie der Raum. In vielen verschiedenen

Aspekten sind wir ihnen ja gleich. Wir alle möchten Glück erlangen und von Leiden frei sein. Wir haben auch alle die Möglichkeit, Glück zu erreichen und uns von Leiden zu befreien. Wir haben im Grunde das gleiche Potenzial. Also ist es wichtig, diesen Wunsch nach Leidfreiheit und den Wunsch nach Glück auf alle Wesen auszudehnen. Kamalashīla beschreibt das mit folgenden Worten:

> Betrachte daher alle wandernden Wesen als in ein großes Feuer des Elends versunken. Denke, dass sie dir alle darin gleichen, dass sie keinerlei Leid erfahren wollen: »Oh weh! Alle meine geliebten fühlenden Wesen empfinden derartigen Schmerz. Was kann ich tun, um sie zu befreien?«, und mache ihre Schmerzen zu deinen eigenen.

Wenn man sich auf das Leiden der anderen Wesen konzentriert und sieht, wie sie leiden, dann entsteht der Wunsch, dass sie von diesem Leiden frei sein mögen. Diesen Wunsch nennt man Mitgefühl. Wenn man sieht, dass es den Wesen an Glück mangelt, sie sich zwar nach Glück sehnen, es aber nicht erreichen, vor allem kein dauerhaftes Glück, dann entsteht der Wunsch: »Mögen sie doch damit zusammen sein, mögen sie es doch erreichen!« Diesen Wunsch nennt man liebevolle Zuneigung.

In der Tat ist es so, dass wir sehr eng mit den anderen Wesen verbunden sind und ihnen sehr viel zu verdanken haben. Das sollte man sich an diesem Punkt klar vor Augen führen, damit dieses Mitgefühl und diese Liebe entstehen können. So erklärt zum Beispiel Shāntideva im *Bodhicharyaavatāra* deutlich, dass unser eigenes Glück ganz und gar vom Glück der anderen abhängt. Das gilt generell für unser tägliches Leben, besonders in unserer heutigen Welt. Die Welt ist auf vielen Gebieten so eng zusammengewachsen, dass man nicht mehr losgelöst für sich allein Glück erreichen kann. Unsere eigene Situation ist sehr eng mit der Situation der anderen verknüpft. Und daraus folgt: Das, was anderen nützt, nützt auch mir, und das, was anderen schadet, schadet auch mir. Das ist einfach ein Naturgesetz und gerade in der heutigen Welt von Bedeutung. Deshalb ist, was man für andere tut, auch, was einem selbst hilft.

## Mitgefühl als Ausgangspunkt für den Bodhisattva-Pfad

Es heißt oft, die Grundlage für den Bodhisattva-Pfad sei das Mitgefühl, also dieser Wunsch, dass die anderen, die einem so nah stehen, denen man so viel zu verdanken hat, von Leiden frei sein mögen. Und die eigentliche Ursache für den Bodhisattva-Pfad ist der Erleuchtungsgeist, das Streben nach Buddhaschaft zum Wohle aller Wesen. Die eigentliche Methode, um die Buddhaschaft zu erreichen, besteht in den verschiedenen Bodhisattva-Handlungen, den Bodhisattva-Übungen, wie den Sechs Vollkommenheiten. Was hier als Mitgefühl bezeichnet wird, ist vor allem das Große Mitgefühl. Hier entsteht nicht mehr nur der Wunsch, alle anderen mögen vom Leiden befreit sein, sondern man übernimmt tatsächlich die Verantwortung für die anderen, damit diese vom Leid befreit werden können. Man sagt, wenn ein solches Großes Mitgefühl einmal entstanden ist, dann wurde die Veranlagung zu einem Bodhisattva und zu einem Buddha im eigenen Geist geweckt. Mitgefühl hat also eine zentrale Bedeutung auf dem Pfad, besonders auf dem Bodhisattva-Pfad. So preist zum Beispiel Chandrakīrti im *Madhyamakāvatāra* zu Beginn nicht etwa die Buddhas, wie es normalerweise in buddhistischen Schriften üblich ist, sondern ehrt das Mitgefühl, indem er darstellt, dass das Mitgefühl sowohl am Beginn des Pfades eines Bodhisattva als auch auf dem Pfad und an seinem Ende, also in der Buddhaschaft, die wichtigste Eigenschaft darstellt.

Wenn wir sehen, dass das Mitgefühl eine so große Bedeutung für den spirituellen Pfad hat, müssen wir uns doch fragen, wie dieses Mitgefühl entstehen kann oder worauf es sich bezieht. Es bezieht sich einzig und allein auf andere fühlende Wesen. Ohne die anderen Wesen als Objekt kann man kein Mitgefühl entwickeln, ohne sie kann eine solche positive Haltung nicht entstehen. Wenn wir dann die Praxis eines Bodhisattva betrachten, die ihn schließlich zur Allwissenheit und zur höchsten Vollkommenheit eines Buddha führt, so ist auch diese Praxis, die in Freigebigkeit, Geduld und so weiter besteht, auf andere fühlende Wesen gerichtet. Das heißt, ohne die anderen kann man diese Tugenden nicht üben. Daran sieht man, wie wichtig die anderen sind, damit man überhaupt Mitgefühl und die Tugenden auf dem Pfad entwickeln kann, die einen schließlich zur Allwissenheit führen. Auch unter diesem Aspekt hat man den anderen sehr viel zu verdanken. Also nicht nur auf der gewöhnlichen Ebene, in unserem normalen weltlichen Leben, sondern auch für den gesamten Pfad einschließlich des Resultats hat man allen anderen Wesen sehr, sehr viel zu verdanken. Diese Überlegung führt einen dazu, die Kostbarkeit der anderen Wesen zu sehen, und daraus entsteht dieses Gefühl der Nähe, der Verbundenheit mit den anderen, die Erkenntnis, wie teuer und wertvoll sie einem sind. Und daraus kann wiederum ein sehr starkes Mitgefühl mit den anderen entstehen.

Durch die Nähe zu den anderen Wesen und ihre Kostbarkeit entstehen also ein starkes Mitgefühl und die Bereitschaft, Verantwortung für das Wohl der anderen zu übernehmen. Daraus entwickelt sich dann die vollständige Bodhisattva-Haltung. Was die Übung dieser Bodhisattva-Geisteshaltung angeht, so wird sie in den *37 Übungen der Bodhisattvas* in der 10. Übung dargelegt:

> Seit anfangslosen Zeiten haben mich die mütterlichen Wesen mit Güte versehen, wenn sie leiden, wozu soll dann mein eigenes Glück dienlich sein? Deshalb sollte ich den Erleuchtungsgeist entfalten, um die unendlich vielen Wesen zu befreien.

Ähnliches wird auch in den folgenden Versen gesagt. Anschließend erklärt Kamalashīla die Einübung der Bodhisattva-Geisteshaltung, die man auch den konventionellen Erleuchtungsgeist nennt. Auf dieser Basis wird der endgültige Erleuchtungsgeist geübt, was im Text später noch beschrieben wird. Auch in den *Stufen der Meditation* behandelt Kamalashīla die Übung dieser Bodhisattva-Geisteshaltung sehr ausführlich und legt dar, dass sie aus einem zweifachen Bestreben besteht: dem Streben nach dem Wohl der anderen und dem Streben nach der persönlichen Buddhaschaft. Das ist so zu verstehen: Diese Bodhisattva-Geisteshaltung oder der Erleuchtungsgeist entsteht aus Mitgefühl mit allen Wesen, wie es schon dargelegt wurde. Dieses Mitgefühl – ein starker Wunsch, dass die Wesen von ihrem Leiden frei sein mögen – führt dazu, dass man die so genannte außergewöhnliche Geisteshaltung entwickelt. Das bedeutet die universelle Verantwortung, dass man selbst es auf sich nimmt, die anderen Wesen aus ihrem Leiden zu befreien.

Wenn man weiter überlegt, wie man die Wesen aus ihren Leiden befreien kann, denkt man vielleicht, dass man die Wesen von den Leiden der materiellen Ebene befreien will. Aber erstens wäre es unmöglich, das vollständig zu erreichen, und zweitens würde es auch kein dauerhaftes Wohlergehen bringen. Das höchste Wohlergehen ist, dass die anderen die endgültige Befreiung aus dem gesamten Leiden des Daseinskreislaufs erlangen. Wenn man also wirklich das höchste Wohl der anderen erreichen will, muss man als Ziel des spirituellen Pfades die vollkommene Buddhaschaft anstreben. Denn nur dann ist man wirklich in der Lage, das höchste Wohl der anderen zu bewirken, und zwar in dem Sinne, dass man sie zur endgültigen Befreiung führen kann. Hier ist der Wunsch, den anderen zu dienen und zu nutzen, die Ursache für das spirituelle Streben. Das Ziel des spirituellen Strebens ist dann die Buddhaschaft. Das ist das persönliche Ziel, das man erreichen will. Und wenn beides im Geist entwickelt ist, das zweifache Streben nach dem Wohl der anderen und nach dem persönlichen Ziel der Buddhaschaft, dann ist das der Erleuchtungsgeist oder die Bodhisattva-Geisteshaltung.

Kamalashīla erklärt in seinem Text auch die zwei Arten des Erleuchtungsgeistes. Über den so genannten wünschenden Erleuchtungsgeist sagt er:

> Es gibt zwei Arten von Bodhichitta: das konventionelle und das absolute. Konventionelles Bodhichitta ist das Kultivieren des anfänglichen Gedankens, der danach strebt, zum Wohle aller wandernden fühlenden Wesen unübertreffliche und vollkommen verwirklichte Buddhaschaft zu erlangen, nachdem man aus Mitgefühl gelobt hat, sie alle vom Leiden zu befreien. Dieses konventionelle Bodhichitta sollte im Rahmen eines Prozesses kultiviert werden, welcher dem ähnelt, der im Kapitel über moralische Ethik des Bodhisattvabhūmi beschrieben wird – also dadurch, dass man diesen Geist erzeugt, indem man das Bodhisattva-Gelübde vor einem Meister ablegt, der nach dem Bodhisattva-Gelübde lebt.

Hier kommt zum Ausdruck, dass es zwei Arten des Bodhisattva-Strebens gibt: den so genannten wünschenden Erleuchtungsgeist und den aktiven oder engagierten Erleuchtungsgeist. Der wünschende Erleuchtungsgeist ist die zuvor beschriebene Geisteshaltung, mit der man sich das Erreichen der vollkommenen Buddhaschaft als Ziel setzt, um das Wohl der anderen Wesen bewirken zu können. Man wünscht also, dieses Ziel zu erreichen. Der wirkende oder aktive Erleuchtungsgeist wird geweckt, indem man das Bodhisattva-Gelübde ablegt, also das Gelübde, wirklich all die Praktiken, die Bodhisattva-Übungen, auszuführen, die einen dem Ziel der Buddhaschaft zum Wohle aller Wesen nahe bringen. Man legt also das Gelübde ab, aktiv in das Verhalten eines Bodhisattva einzutreten.

Wie dieser Erleuchtungsgeist in einem Ritual entwickelt wird, mit welchem Zeremoniell, das beschreibt Atīsha ausführlich in seiner *Lampe auf dem Pfad* ab Vers 6:

> Für diese hervorragenden Wesen,
> Die die höchste Erleuchtung begehren,
> Werde ich die vollkommenen Methoden erläutern,
> Die von den spirituellen Lehrern gelehrt wurden.

Anschließend wird dargelegt, wie man einen Altar aufbaut, vor dem man dann das Ritual zur Erweckung des Erleuchtungsgeistes durchführt. Es wird auch erklärt, wie man zuerst den wünschenden Erleuchtungsgeist entwickelt und dann das Bodhisattva-Gelübde ablegt. Das folgt ab Vers 19. »Gelübde« bedeutet also immer, dass man nicht nur den Wunsch hat, zum Wohle aller Wesen die Buddhaschaft zu erreichen, sondern auch wirklich die Anstrengung auf sich nimmt und die entsprechenden Übungen eines Bodhisattva praktisch ausführt. Diese Übungen erklärt Atīsha anschließend. Dabei richtet er besonderes Augenmerk auf die beiden Aspekte der Meditation: das Erreichen von Geistiger Ruhe und von Besonderer Einsicht, vor allem auf das Erreichen einer Einheit dieser beiden Aspekte, also einer Einheit von Geistiger Ruhe und Besonderer Einsicht.

## Buddhaschaft als Ziel des Pfades

Wenn man den Erleuchtungsgeist entwickelt, also das Streben nach Buddhaschaft zum Wohle aller Wesen, und darauf basierend dann tatsächlich die Allwissenheit anstrebt, muss man bei den Übungen zwei Aspekte beachten. Der eine ist die Ansammlung von Weisheit, der andere die Ansammlung von Verdiensten. Das wird auch als Weisheit und Methode bezeichnet. Der Zweck, warum man überhaupt nach Buddhaschaft strebt, ist das Wohl der anderen. Man will das vollkommene Wohl der anderen bewirken und strebt deshalb die Buddhaschaft an. Man muss also die Buddhaschaft verwirklichen, um vollständige Mittel zur Verfügung zu haben, den anderen helfen zu können. Erst dann ist der Zweck dieses Bodhisattva-Pfades erfüllt. Das bedeutet, man muss schon auf dem Pfad, also während man den Bodhisattva-Pfad beschreitet, die entsprechenden Ursachen dafür schaffen, dass man dann in der Buddhaschaft alle vollkommenen Eigenschaften zur Verfügung hat.

Wenn man als Buddha anderen helfen will, geschieht das nicht dadurch, dass man sie irgendwie segnet und auf diese Weise von allen Leiden befreit. Das ist unmöglich. Es geschieht vielmehr dadurch, dass man ihnen entsprechende Lehren vermittelt, mit denen sie sich dann selbst befreien können. Das heißt, die wesentliche Heilsaktivität des Buddha ist die Heilsaktivität seiner Rede, das Lehren. Man sollte die Ratschläge des Buddha über die Gegenmittel, die man anwenden kann, aufnehmen und diese Gegenmittel dann tatsächlich im eigenen Geist entwickeln. Dadurch wird man sich befreien können. Es ist also sehr wichtig, dass der Buddha die Heilsaktivität des Lehrens ausführt, aber dazu muss er mit anderen kommunizieren können. Das heißt, der Buddha braucht eine körperliche Erscheinung. Deshalb sagt man: Der Formkörper des Buddha, oder der formhafte Aspekt des Buddha, ist der so genannte Körper zum Wohle der anderen. Das ist der Aspekt der Buddhaschaft, der dem Wohl der anderen direkt dient. Aber dieser Formkörper braucht eine Grundlage, eine geistige Grundlage, aus der er hervorgeht. Das ist der Geist des Buddha, der durch seine Tugenden, wie allumfassende Barmherzigkeit, großes Erbarmen mit allen Wesen oder allumfassende Erkenntnis, gekennzeichnet ist. Daraus entwickelt sich dann die Heilsaktivität des Buddha.

Besonders im Tantra wird darauf hingewiesen, dass es eine Einheit von körperlicher und geistiger Ebene gibt. Hier wird gesagt, dass die subtilsten Formen von Energie – wörtlich Winde – und Geist eine Einheit bilden. Man muss also beide Ebenen zur Vollkommenheit entwickeln, um dann alle Qualitäten eines Buddha zur Verfügung zu haben. Besonders im Tantra wird auch davon gesprochen, dass die drei Mysterien eins sind, dass sie ungeteilt sind. Die drei Mysterien oder Geheimnisse – das bezieht sich auf die drei Aspekte, die drei Körper der Buddhaschaft, den Nirmānakāya, den Sambhogakāya und den Dharmakāya, oder auf eine gröbere Erscheinung des Buddha, eine feinstoffliche körperliche Erscheinung des Buddha und dann auf den Geist des Buddha. Außerdem bezieht es sich auch auf Körper, Rede und Geist. Diese müssen eine Einheit bilden, denn sonst kann sich die Heilsaktivität, die zum Wohle der anderen daraus hervorgehen soll, nicht wirklich spontan, mühelos und direkt entwickeln. Entsprechend muss auf dem Pfad auch schon die Ursache dafür geübt werden. Das ist wohl der Grund, warum man sagen kann, dass sich nur im Tantra die kompletten Mittel auf dem Pfad finden, um diese Einheit von Körper, Rede und Geist auf der Ebene der Buddhaschaft zu verwirklichen. Allein nach dem nicht-tantrischen Bodhisattva-Pfad, nach dem so genannten Vollkommenheitsfahrzeug, dürfte das kaum möglich sein.

Wie dem auch sei, es ist auf jeden Fall wichtig, Ursachen für diese vollkommene körperliche Erscheinung des Buddha zu entwickeln, für den Formkörper, der direkt dem Wohl der anderen dient. Gleichzeitig muss man Ursachen entwickeln für den vollkommenen Geist des Buddha, aus dem diese Heilsaktivität des Formkörpers hervorgeht. Mit anderen Worten, man muss auch den so genannten Dharmakāya oder Wahrheitskörper des Buddha entwickeln. Der Dharmakāya, also der Geist des Buddha, muss entwickelt werden, um den Geist von allen Fehlern zu befreien. Das ist auch die Grundlage für die körperliche Erscheinung des Buddha. Deshalb bezeichnet man den Dharmakāya auch als die höchste Verwirklichung des eigenen Wohls oder als Körper des eigenen Wohls, während der den anderen erscheinende Formkörper die höchste Verwirklichung des Wohls der anderen genannt wird. Da dieser Dharmakāya nicht direkt von anderen wahrnehmbar ist, ist er das höchste eigene Wohl. Und der Formkörper, der mit den anderen kommuniziert, ist das höchste Wohl der anderen.

Es gibt zwei Aspekte der Buddhaschaft: einmal eine Art Vielfalt, das heißt, die körperliche Erscheinung des Buddha in vielfältiger Form zum Wohle der einzelnen Wesen und die vielfältige Heilsaktivität, die davon ausgeht. Andererseits gibt es aber auch eine Sphäre der Einheit. Das bezieht sich auf den Geist des Buddha, da der Geist des Buddha völlig versunken ist in die endgültige Realität, welche in der Freiheit von allen fälschlichen Fabrikationen, der Freiheit von allen begrifflichen Konzepten und ähnlichem besteht. Sie zeichnet sich allein durch diese Abwesenheit von allen Konzepten und Begriffen aus. Damit ist sie eine Sphäre der Einheit, in die der Buddha geistig eingetreten ist. Und entsprechend muss auch das auf dem Pfad geübt werden.

Die Buddhaschaft ist ein Ergebnis, ein Produkt. Daher ist sie abhängig von Ursachen und Bedingungen. Für beide Aspekte der Buddhaschaft müssen die Ursachen auf dem Pfad gesetzt werden. Das geschieht einerseits auf der Ebene der Vielfalt und der konventionellen Realität, wo es darum geht, zum Wohle der vielen Wesen vielfältige Handlungen zu erbringen und Übungen zu entwickeln, die ihnen dienen. Man bemüht sich, durch altruistische Übungen das Wohl der Wesen zu bewirken. Das ist die hauptsächliche Ursache für den Formkörper auf der Ebene der Buddhaschaft.

Der andere Aspekt zeigt sich darin, dass man eine Weisheit von der endgültigen Realität entwickelt. Dabei erkennt man, dass alle diese vielfältigen Objekte, mit denen man auf dem Pfad beschäftigt ist, in einem Punkt gleich und ohne Unterschied sind: Sie sind allesamt leer von einem innewohnenden, unabhängigen Eigenwesen. Ob es nun reine oder unreine Phänomene sind, was immer existiert und wahrgenommen wird, alles ist leer von einem unabhängigen Eigenwesen. Diese Weisheit, mit der man über die endgültige Realität meditiert, also über dieses Leersein aller Phänomene von einem inneren Eigenwesen, ist die Ursache, die dem Dharmakāya des Buddha entspricht. Dieser ist sozusagen auch in diese Sphäre der Einheit mit der Leerheit von inneren Eigenwesen der Dinge eingetaucht. Deshalb sind die zwei Arten der Übung, Ansammlung von Verdienst und Weisheit, die wesentlichen Ursachen für die Buddhaschaft, und die Grundlage dafür sind wiederum die zwei Wahrheiten: die konventionelle und die endgültige Wahrheit.

## Die zwei Aspekte der Wirklichkeit

Wir kennen den Aspekt der Wirklichkeit, der sich durch Vielfalt auszeichnet. Das heißt, es gibt vielfältige Wahrnehmungsobjekte, die wir als dies oder jenes, als bestimmte Objekte wahrnehmen. Wenn wir jetzt aber die Art und Weise, wie wir sie als dies oder jenes wahrnehmen, daraufhin untersuchen, ob das auch ihrer letztgültigen Bestehensweise entspricht, dann stellt sich heraus, dass dies nicht der Fall ist. Denn wenn die Art, wie uns ein Objekt erscheint, gleichzeitig dessen endgültige Natur wäre, dann müsste, wenn man es analytisch untersucht, diese Natur des Objektes auch wirklich auffindbar sein. In Wirklichkeit aber ist das Gegenteil der Fall. Bei einer genauen Analyse der Objekte kann man das, als was sie uns für gewöhnlich erscheinen, nicht mehr auffinden. Es verschwindet gewissermaßen. Das heißt, unsere Wahrnehmung spiegelt nicht die endgültige Bestehensweise der Dinge wider, sondern nur ihre vordergründige oder konventionelle Bestehensweise. So sind alle Phänomene – ganz gleich ob sie gut oder schlecht, rein oder unrein, dieses oder jenes sind – letztlich von einem Geschmack oder von einer Natur, insofern als sie allesamt leer davon sind, inhärent aus sich zu bestehen, für sich zu bestehen, so wie sie uns erscheinen. Das heißt, sie sind letztlich in ihrer endgültigen Bestehensweise leer von der konventionellen Natur, mit der sie uns gewöhnlich als dies oder jenes erscheinen. So gibt es diese zwei Aspekte der Wirklichkeit, den konventionellen und den endgültigen.

Wenn man ein Objekt daraufhin untersucht, wie es endgültig existiert, dann merkt man, dass seine vordergründige Erscheinungsweise nicht seiner endgültigen entspricht. Mittels solch einer Analyse entdeckt man, dass die Dinge nicht so sind, wie sie uns gewöhnlich erscheinen. Vielmehr findet man die Leerheit oder die Abwesenheit von einem inhärenten Eigenwesen und damit die endgültige Wahrheit dieses Objektes. Wenn man ein Objekt aber nur auf seine vordergründige Bestehensweise hin untersucht, sich also fragt, welchen Nutzen oder Schaden es in der konventionellen Welt bringt oder wie es zusammengesetzt ist, dann findet man die konventionelle Wahrheit heraus, die konventionelle Ebene der Wirklichkeit dieses Phänomens. So kann man die beiden Wahrheiten voneinander unterscheiden.

Die Wirklichkeit, die uns in einer Weise der Vielfalt erscheint – wo es Dualismus gibt, wo es Vielfalt gibt, wo es Unterschiede gibt –, entspricht der konventionellen Wirklichkeit. Die Wirklichkeit aber, die uns jenseits eines solchen Dualismus oder einer solchen Vielfalt erscheint, die sich in der Abwesenheit einer fälschlich vorgestellten Eigenexistenz der Dinge äußert, stellt die endgültige Wirklichkeit oder endgültige Wahrheit dar. Wir sehen also, dass die zwei Wahrheiten, die zwei Aspekte der Wirklichkeit, Erkenntnisobjekte sind, die auf unterschiedlichen Herangehensweisen oder Untersuchungsweisen der Wirklichkeit beruhen. Auf beiden Ebenen, in beiden Aspekten muss der Geist vervollkommnet werden, und dementsprechend müssen dann auch die Bodhisattva-Übungen ausgeführt werden. Deshalb kommt man zu diesen zwei Ansammlungen von Verdienst und Weisheit, beziehungsweise Methode und Weisheit.

Wenn man diese Bodhisattva-Übungen betrachtet, kann man sie als die Sechs Vollkommenheiten beschreiben. Die ersten fünf beschäftigen sich hauptsächlich mit eben dieser vielfältigen, konventionellen Realität. Es handelt sich dabei um Freigebigkeit, Ethik, Geduld, Tatkraft und zumindest teilweise auch um Sammlung, denn es gibt auch eine Art der Sammlung, die sich mit konventionellen Objekten beschäftigt. Eine andere Form der Sammlung beschäftigt sich mehr mit der endgültigen Realität. Diese gehört dann zur Übung der Weisheit, genauso wie die sechste Vollkommenheit, die Weisheit selbst.

Kamalashīla sagt in seinem Text *Stufen der Meditation*:

> Nachdem du den Konventionellen Erweckenden Geist des Bodhichitta erzeugt hast, sollst du dich bemühen, den Absoluten Erweckenden Geist des Bodhichitta zu kultivieren. Das Absolute Bodhichitta ist überweltlich und frei von Hinzufügungen. Es ist äußerst klar, Objekt

des Absoluten, makellos, unerschütterlich, wie Flamme einer vom Wind unberührten Butterlampe.

Es geht hier um den so genannten absoluten Erleuchtungsgeist, den man nach dem konventionellen Erleuchtungsgeist entwickeln soll. Der konventionelle Erleuchtungsgeist ist jener Geist, der zum Wohle der anderen nach Buddhaschaft strebt. Der endgültige Erleuchtungsgeist ist bei einem solchen Bodhisattva dann die direkte Einsicht in die endgültige Natur aller Erscheinungen. Wenn Kamalashīla sagt, dass dieser Geist »überweltlich« ist, ist hier als »Welt« die Sichtweise der gewöhnlichen Wesen zu verstehen, jener Wesen, die noch keine Bodhisattva-Heiligen sind. Das Überweltliche ist die Sicht der Bodhisattva-Heiligen, die direkte Einsicht in die endgültige Realität. Diese Einsicht befasst sich nicht mit der vordergründigen, vielfältigen Wirklichkeit, wie sie zuvor erklärt wurde, sondern einzig und allein mit der endgültigen Realität, die frei von allen Fabrikationen ist.

»Frei von Fabrikationen«, von »Hinzufügungen« bedeutet einmal, dass in dieser Meditation des Bodhisattva-Heiligen über die endgültige Realität nicht die geringste Vorstellung davon vorkommt, dass die Dinge eine wahre Eigenexistenz, eine unabhängige Eigenexistenz, besitzen. Davon ist der Geist völlig frei. Diese Wahre Existenz oder Eigenexistenz der Dinge hat es nie gegeben. Sie ist nur ein Produkt der Einbildung der gewöhnlichen, unwissenden Wesen. Was es aber natürlich gibt, ist der Glaube an die Existenz eines unabhängigen Eigenwesens der Dinge. Indem man so ein Eigenwesen nun mit Begründungen widerlegt, überwindet man gleichzeitig den Glauben daran. Beides, sowohl das Eigenwesen der Dinge, das fälschlich vorgestellt wird, als auch der Glaube daran oder das Erfassen dieses Eigenwesens, wird also durch geeignete Schlussfolgerungen und logische Überlegungen überwunden bis zu dem Punkt, an dem der Bodhisattva eine direkte Einsicht in diese Leerheit hat. In diesem Sinn ist der Geist, ist diese Meditation frei von allen Fabrikationen. Gewöhnliche Objekte erscheinen uns allerdings immer so, als hätten sie eine Eigenexistenz, die es aber in Wirklichkeit gar nicht gibt. Wenn nun der Bodhisattva über die Leerheit der Dinge von Eigenexistenz meditiert, dann ist er nur darauf gerichtet, und die gewöhnlichen Phänomene in ihrer Vielfalt erscheinen ihm nicht mehr. Auch in diesem Sinne ist seine Meditation frei von Fabrikationen. Sie ist auch insofern frei von Fabrikationen, als er sich überhaupt nicht mit irgendwelchen konventionellen Dingen in ihrer Vielfalt beschäftigt. Eine andere Fabrikation wäre, eine Art künstliche Unterscheidung zu machen, eine künstliche Trennung zwischen Objekt und Subjekt, so als seien diese völlig voneinander getrennt. Auch diese Art von dualistischer Erscheinung oder Fabrikation kommt in der Meditation des Bodhisattva nicht vor. Sein Geist ist in einer ganz direkten Weise in die Sphäre der endgültigen Realität versunken, ohne dass es eine solche Erscheinung von Dualismus zwischen Subjekt und Objekt gäbe. Das wird hier zum Ausdruck gebracht, wenn es heißt: Diese Meditation ist frei von Hinzufügungen.

Weiter ist sie »makellos«. Das bezieht sich darauf, dass der Bodhisattva frei von Leidenschaften ist. Diese Meditation ist also frei von Befleckungen und Trübungen durch die Leidenschaften. Das beginnt mit dem so genannten Pfad des Sehens. Selbst auf der Stufe, die man den Ungehinderten Pfad nennt, sind bestimmte Leidenschaften noch nicht endgültig aufgegeben, aber der Geist ist in diesem Zustand bereits frei von Leidenschaften. Er ist dann gerade dabei, diese endgültig zu überwinden. Von der ersten Stufe eines Bodhisattva-Heiligen an ist die tiefe Meditation allerdings immer frei von Leidenschaften, zum Beispiel von den so genannten Drei Fesselungen, die auf dem Pfad des Sehens aufgegeben werden. Die Makellosigkeit bezieht sich auf die völlige Freiheit von Leidenschaften in dieser tiefen Meditation. Darüber hinaus ist sie »unerschütterlich«, weil diese Meditation über die endgültige Realität nur zu Stande kommen kann, wenn man zuvor *Shamatha* oder Geistige Ruhe verwirklicht hat. Der Geist ist also nicht mehr abgelenkt. Das bezieht sich besonders darauf, dass der Bodhisattva in dieser Meditation niemals von der direkten Einsicht in die endgültige Realität abweicht. In diesem Sinne ist sein Geist klar und ruhig wie eine helle Butterlampe in die Sphäre der endgültigen Realität eingedrungen.

## Geistige Ruhe und Besondere Einsicht

Und weiter sagt Kamalashīla:

> Dies wird erreicht durch konstante und respektvolle Vertrautheit mit dem Yoga der Meditation des Ruhigen Verweilens und mit Spezieller Einsicht über längeren Zeitraum hinweg.

Um diese tiefe Erkenntnis der endgültigen Realität, wie sie ein Bodhisattva übt und wie sie als Absolutes Bodhichitta bezeichnet wird, zu erreichen, braucht man einen tiefen Meditationszustand, der eine Einheit von Geistiger Ruhe und Besonderer Einsicht, von *Shamatha* und *Vipashyanā*, darstellt. Ein bloßes intellektuelles Verständnis reicht hier nicht aus. Es genügt auch nicht, eine Erkenntnis auf der Ebene der Meditation zu erreichen, wie sie unterhalb der Ebene eines Heiligen erlangt wird. Vielmehr muss man auf der Basis der Einheit von Geistiger Ruhe und Besonderer Einsicht weiter mit diesen Mitteln die Einsicht in die endgültige Realität üben, bis sie zu einer spontanen, direkten Einsicht wird. Deshalb sagt Kamalashīla, dass man, um diese tiefe Meditation zu erreichen, zuerst Geistige Ruhe und

Besondere Einsicht als eine Einheit erreichen muss. Doch dazu muss man diese beiden Aspekte zunächst einzeln realisieren, und zwar zuerst Geistige Ruhe und dann Besondere Einsicht, in dieser Reihenfolge. Besondere Einsicht, *Vipashyanā*, zu verwirklichen, ohne vorher *Shamatha* erreicht zu haben, wäre nicht möglich.

Grundsätzlich sind Geistige Ruhe und Besondere Einsicht keine spezifischen Eigenschaften des buddhistischen Pfades, sondern allgemeine spirituelle Wege, die auch in anderen Traditionen geübt werden. Auch in anderen Traditionen werden tiefe Versenkungszustände erklärt, die dadurch erreicht werden, dass man Geistige Ruhe verwirklicht, also eine tiefe Konzentration. Im Zustand der tiefen Konzentration werden dann die Nachteile der gröberen Geistesebenen analysiert und die Vorteile der tieferen, versunkenen Geistesebenen, ihrer Ausgeglichenheit und so weiter, und dadurch wird die Analysefähigkeit des Geistes vervollkommnet. In dem Zusammenhang befreit man sich von den Leidenschaften des Geistes – zumindest solange man sich in diesem tiefen Meditationszustand befindet. Das ist also keine spezifisch buddhistische Angelegenheit. Hier aber geht es darum, den Geist wirklich dauerhaft von der Unwissenheit zu befreien, und dazu muss man auf der Basis der Geistigen Ruhe die Besondere Einsicht auf die endgültige Realität lenken. Um diesen Zustand der Einheit von Geistiger Ruhe und Besonderer Einsicht in Bezug auf die endgültige Realität zu erreichen, geht es erst einmal darum, die Mittel anzuwenden, um Geistige Ruhe zu verwirklichen.

Warum reicht Geistige Ruhe, *Shamatha*, allein nicht aus? Dazu sagt Kamalashīla weiter unten:

> Yogis können geistige Verdunkelungen nicht allein dadurch beseitigen, dass sie sich mit der Meditation des Ruhigen Verweilens vertraut machen. Das wird die Störenden Gefühle und Täuschungen nur vorübergehend

> unterdrücken. Ohne das Licht der Weisheit kann das latente Potenzial der Störenden Gefühle nicht gründlich zerstört werden, weshalb ihre vollständige Ausrottung nicht möglich sein wird.

Das bedeutet, dass man durch einen sehr konzentrierten Geist vorübergehend eine Ausgeglichenheit des Geistes erreichen kann, die sich durch die Abwesenheit zumindest gröberer Ebenen der Leidenschaften auszeichnet. Das ist ein Zustand, in dem der Geist sehr sanft und ausgeglichen ist. Doch Kamalashīla sagt, dass die latenten Samen der Leidenschaften dadurch nicht überwunden werden können. Dazu bedarf es des Lichtes der Weisheit und nicht nur eines ausgeglichenen, konzentrierten, meditierenden Geistes, in dem die Leidenschaften einfach nur unterdrückt sind.

In diesem Zusammenhang sollte klar erklärt werden, was die Begriffe »Samen« und »Anlagen« bedeuten und wie sie sich voneinander unterscheiden. Samen für Leidenschaften sind diejenigen inneren Kräfte im Geist, die dazu führen, dass Leidenschaften wieder manifest entstehen, sobald man mit den entsprechenden Objekten der Begierde, des Hasses und so weiter zusammenkommt. Das heißt, wenn die Samen der Leidenschaften überwunden sind, können Leidenschaften nicht mehr manifest entstehen. Der Geist ist davon endgültig befreit. Anlagen von Leidenschaften nennt man solche inneren Kräfte, die selbst nach dem Überwinden der Samen den Geist in gewisser Weise beeinträchtigen können, weil sie noch Spuren oder Nachwirkungen von früheren Leidenschaften sind. Aber sie haben nicht mehr die Kraft, erneut manifeste Leidenschaften entstehen zu lassen. Hier geht es also zunächst darum, den Geist von den latenten Samen der Leidenschaften zu befreien. Und wie Kamalashīla sagt, reicht dazu die tiefe Konzentration der Geistigen Ruhe allein nicht aus, weil das nur eine Unterdrückung der Leidenschaften wäre.

Dazu führt Kamalashīla ein Zitat aus dem *Sūtra über das Entwirren der Gedanken* an:

> Selbst wenn du mit einspitziger Konzentration meditierst,
> Wirst du die fälschliche Auffassung vom Selbst nicht zerstören,
> Und deine Störenden Gefühle werden dich erneut verstören.
> Das ist wie die einspitzige Meditation des Udrak.

Das heißt, selbst wenn man einen solchen Grad der Konzentration erreicht hat, dass der Geist auf den tieferen Versenkungsstufen ausgeglichen und frei von manifesten Leidenschaften ist, kann man die Unwissenheit, die den Leidenschaften zugrunde liegt, nicht überwinden. Sobald diese tiefe Versenkungsstufe zu Ende ist, sobald ihre Wirkung nachlässt, kommen die Emotionen wie von außen wieder zurück. Es ist so, als habe man sie während der Meditation nur weggeschoben – wie im Fall dieses Udrak, eines Meditierenden, der zwar diese tiefen Versenkungsstufen geübt, aber dann trotzdem wieder Leidenschaften entwickelt hat.

Wie kann man die Wurzel der Leidenschaften denn nun wirklich überwinden? Darüber heißt es in dem Sūtra weiter:

> Wird die Selbst-Losigkeit von Phänomenen spezifisch untersucht,
> Und werden auf der Basis jener Analyse Meditationen ausgeübt,
> Dann ist dies die Ursache der darauf folgenden Befreiung.

Es geht also darum, die Objekte genau daraufhin zu untersuchen, ob ihre Erscheinungsweise ihrer tatsächlichen Bestehensweise entspricht. Sie erscheinen ja so, als hätten sie dieses inhärente Eigenwesen, diese wahre Existenz. Wenn man sie aber näher untersucht, wird man feststellen, dass sich dieses Eigenwesen nicht begründen lässt. Im Gegenteil, es wird sich herausstellen, dass diese Objekte leer davon sind. Man richtet also den Geist bewusst auf die Leerheit von diesem Eigenwesen aus, darauf, dass die Dinge leer von diesem fälschlich vorgestellten Eigenwesen sind. Dadurch wird dann die Unwissenheit, die darin besteht, die Dinge für inhärent existent zu halten, tatsächlich überwunden. Sie wird endgültig ausgemerzt, so dass sie nicht mehr entstehen und auch keine Leidenschaften mehr hervorbringen kann. Das ist dann die tatsächliche Befreiung. Das Sūtra sagt weiter:

> Keine andere Ursache kann Frieden bringen.

Wenn man also meint, es gäbe vielleicht noch andere Möglichkeiten, die Befreiung zu erlangen, so ist das ein Irrtum. Es gibt in der Tat keine andere Ursache für den dauerhaften Frieden von Leidenschaften als diese Einsicht in die Leerheit.

Andererseits sagt Kamalashīla auch, dass Besondere Einsicht allein, ohne Geistige Ruhe, nicht ausreicht, um die Leidenschaften zu überwinden:

> Der Geist eines Yogi wird auf verschiedene Objekte abgelenkt, wenn er nur Spezielle Einsichten kultiviert, ohne einen ruhig verweilenden Geist zu entwickeln. Er wird instabil sein wie eine Butterlampe im Wind. Da die Klarheit unverfälschten Gewahrseins nicht vorhanden sein wird, sollten diese beiden (Spezielle Einsicht und ein ruhig verweilender Geist) gleichermaßen kultiviert werden. Deshalb heißt es im *Sūtra der großen und vollständigen Transzendenz des Leidens*: »Hörer können die

Buddha-Natur nicht sehen, weil ihre einspitzige Versenkung stärker und ihre Weisheit schwächer ist. Bodhisattvas können sie sehen, jedoch nicht klar, weil ihre Weisheit stärker und ihre einspitzige Sammlung schwächer ist. Dagegen können Tathāgatas alles sehen, weil sie einen ruhig verweilenden Geist und in gleichem Maße spezielle Einsicht besitzen.«

Besondere Einsicht hat mit analytischer Meditation zu tun. Es gibt ja auch viele Formen der analytischen Meditation, ohne dass man zuvor Geistige Ruhe erreicht hätte. Daher könnte man vielleicht meinen, das reiche aus, um die Leidenschaften zu überwinden. Aber dazu sagt der Text, auch das sei nicht ausreichend. In diesem Fall ist der Grund, dass diese Weisheit und Analyse nicht auf der punktförmigen Konzentration der Geistigen Ruhe basieren und ihnen daher einfach die Tiefe fehlt – die Kraft und die Tiefe, so weit in das Erkenntnisobjekt – also die Realität – einzudringen, um dadurch die Unwissenheit dauerhaft überwinden zu können.

Es ist also notwendig, zuerst Geistige Ruhe zu erreichen, jenen stabilen Geist, der sich unabgelenkt und klar, frei von Fehlern wie Dumpfheit und Sinken auf das Objekt ausrichten kann, wie man es möchte. In diesem Zustand der klaren und unabgelenkten Konzentration wendet man dann die Analyse über den Erkenntnisgegenstand an und erreicht Besondere Einsicht in die Natur der Wirklichkeit. In dem Sinne sind dann Geistige Ruhe und Besondere Einsicht vereint. Nur so ist es möglich, die Leidenschaften endgültig zu überwinden.

Im oben angeführten Zitat heißt es, dass den Hörern die Weisheit fehlt, die Bodhisattvas entwickeln, und sie deshalb die Allwissenheit nicht erreichen. Es handelt sich hier um die Hörer oder *Shrāvaka*, die hauptsächlich ihre eigene Befreiung anstreben. Diesen fehlt es an der Weisheit eines

Bodhisattva in dem Sinne, dass *Shrāvaka*-Praktizierende zwar auch die Leerheit oder endgültige Realität erkennen, aber nur mit einigen wenigen Begründungen, nicht mit unendlich vielen wie ein Bodhisattva. Überdies wird ihre Weisheit der endgültigen Realität nicht durch die altruistische Übung der Methode, der Verdienstansammlung, unterstützt und gefördert wie bei einem Bodhisattva. Deshalb können sie die Allwissenheit nicht erreichen.

Weiter heißt es, dass es selbst den Bodhisattvas noch an Konzentration mangelt, weshalb auch sie die Allwissenheit nicht erreichen. Diese Stelle ist schwierig zu erklären. Man kann sie so verstehen, dass die Bodhisattvas eben noch nicht die Qualität der Meditation erreicht haben wie ein Buddha. Allein ein Buddha ist nämlich in der Lage, die konventionelle Realität und die endgültige Realität mit einem Bewusstsein, also gleichzeitig, auf direkte Art und Weise wahrzunehmen. Deshalb gibt es beim Buddha auch keinen Unterschied mehr zwischen der Phase der tiefen Meditation über die endgültige Realität und der Phase außerhalb der Meditation, wenn er zum Wohle der anderen wirkt. Beim Buddha ist beides gleichzeitig vorhanden. Aber ein Bodhisattva hat diesen tiefen Versenkungszustand noch nicht erreicht. Deshalb wechseln die tiefe Meditation über die endgültige Realität und die Phase nach der Meditation, wenn er zum Wohle der anderen wirkt, bei ihm noch ab. Sie sind noch nicht ein Zustand geworden.

Nachdem Kamalashīla zeigte, dass Geistige Ruhe und Besondere Einsicht so wichtig sind, um den Geist vollständig von allen Hindernissen zu befreien, wird als Nächstes darüber gesprochen, wie man das erreicht. Zunächst wird auf die Bedeutung der guten Vorbedingungen für das Erreichen der Geistigen Ruhe und Besonderen Einsicht eingegangen. Dabei werden verschiedene Vorbedingungen für das Erreichen von Geistiger Ruhe genannt:

… in einem förderlichen Umfeld leben; die Begierden begrenzen und Zufriedenheit praktizieren; nicht in zu viele Tätigkeiten eingebunden sein; eine reine moralische Ethik bewahren; jedes Anhaften und alle anderen Arten des begrifflichen Denkens beseitigen.

Anschließend werden die Vorbedingungen, die guten Voraussetzungen, für das Erreichen von Besonderer Einsicht genannt. Diese sollen morgen erklärt werden.

# Dritter Tag

## Das Erzeugen des Erleuchtungsgeistes

Zuerst wollen wir ein gemeinsames Ritual durchführen, mit dem wir die Bodhisattva-Geisteshaltung in uns entwickeln, den so genannten wünschenden Erleuchtungsgeist. Dazu sollten wir uns zuerst die Vorzüge des Erleuchtungsgeistes vor Augen führen. Maitreya sagt in einer Schrift:

Was den Pfad zu negativen Daseinsformen beendet,
Was den Pfad zu höherem Glück aufzeigt,
Und was Alter und Tod überwindet,
Diesem Erleuchtungsgeist erweise ich die Ehre.

Dieser Erleuchtungsgeist ist die höchste Form einer heilsamen Geisteshaltung, denn es ist eine Geisteshaltung, welche die anderen Wesen noch mehr schätzt als die eigenen Interessen.

Wenn man diese Geisteshaltung entwickelt, werden sich auf ganz natürliche Weise viele heilsame Eigenschaften herausbilden. Dadurch wird auf eine natürliche Art und Weise das Nicht-Verdienstvolle – also unheilsame Gedanken, negative Gedanken und daraus entstehende Handlungen – abgewendet, so dass man auch kein entsprechendes negatives Karma mehr sammelt, das einem die Leiden der niedrigen Daseinsbereiche einbringen würde. Diese heilsame, altruistische Geisteshaltung eines Bodhisattva schützt uns also auf natürliche Weise vor den Leiden der niedrigen Daseinsbereiche, zum Beispiel der Höllenexistenzen.

Darüber hinaus fördert diese heilsame Geisteshaltung die günstigen Eigenschaften in unserem Geist sowie positive Handlungen. Dadurch wächst das Heilsame bei uns an, und als Ergebnis davon erfahren wir immer mehr Glück, echtes, dauerhaftes Glück. Maitreya macht das deutlich: Ein Bodhisattva, der eine solche Haltung hat, bleibt selbst willentlich im Daseinskreislauf. Er sieht zwar deutlich die Nachteile des Daseinskreislaufs, aber aus Mitgefühl mit den Wesen nimmt er diese Nachteile und die damit verbundenen Probleme auf sich, um den Wesen zu helfen. Wie es im Text der *Guru-Pūjā* heißt, ist diese Geisteshaltung dadurch gekennzeichnet, dass man, selbst wenn man, um nur ein einziges Wesen zu retten, viele Äonen unter größten Leiden in niedrigen Daseinsbereichen verbringen müsste, dies freiwillig und gern auf sich nähme. Dadurch kommt diese große Tatkraft zum Ausdruck. Diese Geisteshaltung ist frei von jeder Mutlosigkeit. Wie es heißt, wird aufgrund einer so starken, heilsamen Geisteshaltung die dauerhafte Befreiung und darüber hinaus die vollkommene Allwissenheit eines Buddha, die Freiheit von allen Hindernissen des Geistes, leicht erreicht. So stark ist diese heilsame Haltung.

Außerdem können wir beobachten, dass wir unser eigenes Wohl umso leichter erreichen, je mehr wir uns für die Interessen und das Wohl der anderen einsetzen. Das ist sozusagen ein Nebeneffekt, wenn auch nicht das vorrangige Ziel. Der Erleuchtungsgeist, diese altruistische Haltung, ist also auch das beste Mittel zur Erreichung der eigenen Ziele. Deshalb sollte man sich wirklich von ganzem Herzen bemühen, sich mit dieser Geisteshaltung eines Bodhisattva näher vertraut zu machen, sie zu verstehen, in sich zu entwickeln so gut man kann und wirklich daran zu arbeiten. Selbst wenn wir nur geringfügige Fortschritte in dieser

Richtung machen, werden wir feststellen, dass unser Leben immer glücklicher wird, dass unser ganzes Dasein einen glücklichen Verlauf nimmt. Daher sollten wir uns bewusst machen: Jetzt haben wir ein Menschenleben erlangt mit vielen positiven Umständen, die uns die Dharmapraxis ermöglichen, und mit viel Freiheit und Muße, einen solchen spirituellen Weg zu gehen. Wir sind in einer vollständigen Art und Weise auf die kostbare Lehre des Buddha getroffen und auf die tiefgründigen Aspekte der Buddhalehre, wie zum Beispiel die Darlegung der endgültigen Realität, der Leerheit. Also ist es jetzt wichtig, diese günstige Gelegenheit zu erkennen und sich darum zu bemühen, sie so zu nutzen, dass wir die positiven Eigenschaften im Hinblick auf die Bodhisattva-Geisteshaltung wirklich entwickeln.

Der Erleuchtungsgeist, diese äußerst heilsame Geisteshaltung ist zu entwickeln, indem man schrittweise seinen Geist schult. Dazu ist es wichtig, dass man zuerst versteht, was diese Geisteshaltung ist und was ihr Nutzen ist. Daraus entwickelt sich echte Wertschätzung, und mit dieser Wertschätzung kann man sich dann tatsächlich auf echte, unverfälschte Weise darum bemühen, die Allwissenheit zum Wohle aller fühlenden Wesen zu erreichen. Das wird uns möglicherweise nicht gleich gelingen. Wenn wir aber zumindest den Wunsch entwickeln, dieses Ziel längerfristig zu erreichen, wenn wir denken: »Wie schön wäre es, wenn ich diesen Weg gehen könnte«, dann ist das schon sehr gut.

Zumindest das wollen wir in dem folgenden Ritual tun, und dabei stellen wir uns vor, dass der Buddha tatsächlich anwesend ist: der Buddha in seiner vollständigen Gestalt, wie er als Höchster Nirmānakāya auf dieser Welt erschien und seine Lehre gab, mit all den Haupt- und Nebenmerkmalen des Körpers eines Erleuchteten. Dann stellen wir uns vor, dass er von großen Meistern Indiens umgeben ist. Wir sehen den Buddha Shākyamuni in der Mitte und von ihm aus gesehen links Nāgārjuna und seine Schüler, wie Āryadeva und andere. Und auf der rechten Seite stellen wir uns Asanga vor. Diese Aufteilung in rechts und links ist so, dass zur Rechten des Buddha die Überlieferung der altruistischen Methode dargestellt ist und zu seiner Linken die Überlieferung der tiefgründigen Ansicht der Leerheit.

Über dem Buddha auf der rechten Seite sehen wir Maitreya, von dem diese Überlieferung der altruistischen Methode ausging, und vom Buddha ausgehend auf der linken Seite oben Mañjushrī, der die Überlieferung der tiefgründigen Ansicht aufgenommen und weitergegeben hat. Und dann denken wir, dass viele weitere großen Meister Indiens da sind. Wir stellen uns vor, dass all diese großen Meister den Buddha umgeben. Dann denken wir auch an eine weitere Überlieferung, die »Überlieferung der Segensübertragung«, die von dem Mahāsiddha Saraha und anderen weitergegeben wurde. Auch diese vergegenwärtigen wir uns. Dann denken wir daran, wie sich der Buddha-Dharma in andere Länder ausgebreitet hat. Wir haben die Überlieferung in Pali, den Kanon in der Pali-Sprache in den entsprechenden Ländern; die Überlieferung in Sanskrit wurde zum Beispiel nach China übertragen und gelangte von dort in weitere Länder. Wir denken also auch an chinesische Meister, die Meister anderer Traditionen, die diese Überlieferungen halten. Und dann denken wir auch an Tibet. Nach Tibet wurde der Buddhismus in einer vollständigen Form übertragen. Wir haben Sūtras, die aus dem Pali kommen, ins Tibetische übersetzt, ebenso viele, viele Sūtras und auch Kommentarliteratur aus dem Sanskrit. Wir denken an die vier Haupt-Traditionen Tibets, Nyingma und Sakya, Kagyü und Gelug; in der alten Tradition der Nyingma an deren Meister Padmasambhava und andere, dann an die Kadampa-Meister, ausgehend von Atīsha und weiteren Kadampa-Geshes. Wir denken an die großen Meister der Sakya-Tradition, die zum Beispiel die »Pfad und Ergebnis« -Tradition, die *Lam dre*-Tradition, weitergegeben haben. Wir denken in der Kagyü-Tradition an die großen Meister Marpa, Milarepa, Gampopa und andere, und dann an die neue Kadampa-Tradition oder Gelug-Tradition, ausgehend von Tsongkhapa und seinen geistigen Schülern. Wir stellen uns vor, dass sie alle anwesend sind und dass sie diejenigen sind, die diese kostbare Geisteshaltung des Bodhichitta, die wir selbst auch entwickeln wollen, entweder schon entwickelt und sogar zur Vollendung gebracht haben oder noch zur Vollendung führen werden.

Warum sind diese Meister ein Vorbild für uns, warum sind sie uns eine Zuflucht? Weil sie diese kostbare Geisteshaltung in sich tragen! Daran sollten wir denken. Dann fragen wir uns, zu wessen Nutzen diese Geisteshaltung eigentlich entwickelt wird. Sie wird zum Nutzen all der anderen fühlenden Wesen entwickelt. Also denken wir uns umgeben von all den anderen fühlenden Wesen. Wir denken daran, dass sie nicht grundsätzlich von uns verschieden sind, dass sie alle Glück und Leidfreiheit erlangen möchten, genau wie wir, ohne jeden Unterschied. Deshalb wollen wir jetzt die Möglichkeit nutzen und die notwendigen Schritte gehen, so dass wir sie alle zur Buddhaschaft führen können, zur vollkommenen Glückseligkeit.

»Deshalb will ich selbst zunächst ein Buddha werden.« Diese Geisteshaltung, diesen Gedanken wollen wir in uns entstehen lassen und damit den Erleuchtungsgeist, zumindest in Form eines Wunsches, so stark entwickeln wie wir können. Diese Geisteshaltung ist in unserem eigenen Geisteskontinuum zu entwickeln, das heißt, wir müssen einen neuen Mut entwickeln, den wir bisher noch nicht hatten. Zumindest nicht in dem Maße. Und das hängt auch von den entsprechenden guten Umständen in uns selbst ab. Wir brauchen also einerseits viel heilsames Potenzial, so genannte Verdienste, denn sonst kann eine solche positive Haltung kaum in uns entstehen und wir werden immer wieder den Mut verlieren. Andererseits ist es wichtig, dass wir uns von dem vielen negativen Potenzial, von der Negativität in unserem Geist reinigen, das heißt, wir müssen Mittel anwenden, um Verdienste zu vermehren und unseren Geist zu läutern. Dazu werden traditionell die Sieben Zweige oder das Siebenteilige Gebet rezitiert. Das wollen wir jetzt nicht rezitieren, aber ich möchte die einzelnen Zweige erklären, und dann rufen wir die entsprechende Geisteshaltung in uns hervor.

Wir visualisieren vor uns die Zufluchtsobjekte und denken an ihre Qualitäten körperlicher, sprachlicher und geistiger Art. Wir denken dann an die positiven Eigenschaften, die wir auf dem Pfad anstreben und die diese Wesen schon verwirklicht haben. Daher erweisen wir ihnen großen Respekt mit dem Körper, das heißt durch körperliche Gesten wie Verbeugungen und ähnlichem, durch die Rede, indem wir denken, dass wir ihre Tugenden lobpreisen, und mit dem Geist, indem wir echtes tiefes Vertrauen zu ihnen entwickeln. Das wollen wir jetzt gemeinsam tun.

Nachdem wir nun entsprechenden Respekt erwiesen haben, denken wir als nächstes, dass wir den Zufluchtsobjekten Opfergaben darbringen. Wir stellen uns alle guten Dinge vor, sei es, dass sie in jemandes Besitz sind oder dass sie ohne Besitzer sind, einfach alles, was es an guten Dingen als Objekte der verschiedenen Sinne gibt. Wir stellen uns vor, dass wir diese den Zufluchtsobjekten darbringen.

Das Nächste ist dann, dass wir an das Unheilsame denken, das wir seit anfangsloser Zeit angehäuft haben – nicht nur in dieser Existenz, sondern auch in vielen zuvor, gleichgültig ob wir uns jetzt an die einzelnen Handlungen erinnern können oder nicht. Wir führen uns vor Augen: Unsere Situation ist so, dass es in unserem Geist sehr viele verblendete Geisteszustände und Emotionen gibt. Oft akzeptieren wir diese Leidenschaften wie Begierde, Hass und so weiter sogar, wenn sie in unserem Geist auftauchen. Wir sind womöglich sogar damit zufrieden und denken, dass es richtig ist, diese Geisteszustände zu haben. Wir stehen sozusagen dazu, und aus diesen Geisteszuständen heraus begehen wir dann Handlungen, die von schädlicher und negativer Natur sind. Deshalb haben wir in diesem Leben wie auch in vergangenen Leben viele unheilsame Handlungen begangen, die für uns und für andere schädlich waren, auch wenn wir uns nicht erinnern können. Also sollen wir denken: »Das war sehr falsch, dass ich immer wieder diesen Leidenschaften Raum gegeben und sie auch noch in Handlungen umgesetzt habe. Das ist etwas sehr Schädliches. Und weil es schädlich ist, will ich mich davon reinigen.« Deshalb bereuen wir diese unheilsamen Handlungen und entwickeln einen möglichst starken Entschluss, in Zukunft achtsamer zu sein und diese Leidenschaften und die daraus resultierenden Handlungen nicht immer wieder entstehen zu lassen. Auf diese Weise können wir uns davon reinigen.

Vor allem diejenigen, die eine Robe tragen, das heißt diejenigen, die als Mönch oder als Nonne in den Orden des Buddha eingetreten sind, müssen sich dessen sehr deutlich bewusst sein. Indem sie in den Orden eingetreten sind, sind sie ja in eine besondere Nachfolge des Buddha eingetreten, sie haben einen besonderen Namen angenommen, eine besondere Disziplin. Daher sollten sie alle Verfehlungen gegen diese Disziplin von Herzen bereuen. Manchmal scheint es so zu sein, dass ein Mönch oder eine Nonne, anstatt das Heilsame, das er oder sie angenommen hat, und die damit verbundene Disziplin zu üben, eher ständige Übertretungen dieser Disziplin begeht. Das ist sicher eine ganz falsche Lebensweise für einen Mönch oder eine Nonne. Und dann kann es geschehen, dass man als Mönch oder Nonne zwar irgendwie das äußerliche Abbild eines echten Nachfolgers des Buddha präsentiert, aber innerlich nicht wirklich danach lebt. Deshalb ist Selbsterkenntnis in diesem Zusammenhang sehr wichtig. Man muss sich ganz klar vor

Augen führen, was man angenommen hat, welche Disziplin, welchen Lebensweg, und muss auch wirklich ernsthaft versuchen, danach zu leben. In diesem Fall macht man sich jetzt bewusst, besonders als Ordinierter oder Ordinierte, was man alles gegen dieses Gelübde, gegen diese Disziplin getan hat. Man bereut es und will sich wirklich davon reinigen. Das ist die Bereinigungspraxis, die wir jetzt in unserem eigenen Geist hervorbringen.

Der nächste Punkt ist das Erfreuen am Heilsamen. »Erfreuen« heißt hier einfach, dass man denkt: »Wie wunderbar, dass Heilsames geschieht, dass Heilsames getan wird! Wie wunderbar ist es, dass es Menschen gibt, gegeben hat und weiter gibt, die den Erleuchtungsgeist in sich entwickeln, die daran arbeiten und die Bodhisattva-Übungen wie die sechs Vollkommenheiten üben und als Ergebnis davon sogar die Allwissenheit erreichen so wie die Zufluchtsobjekte, die wir vor uns visualisiert haben!« Darüber hinaus denken wir auch an die einfachen Wesen. Sie stehen unter dem starken Einfluss von Hindernissen ihres Geistes, Hindernissen für die Befreiung, Leidenschaften, Hindernissen für die Allwissenheit. Dennoch tun sie sehr viel Heilsames; und dass dies geschieht, ist auch etwas sehr Erstaunliches und Wunderbares. Es ist daher richtig, wenn wir ohne Neid, ohne Missgunst, ohne Rivalität einfach denken: »Wie wunderbar ist es, dass auch die anderen gewöhnlichen Wesen Heilsames tun.« Dann nehmen wir auch Bezug auf uns selbst. Oft denken wir vielleicht: »Ach, ich bin nichts wert, ich kann einfach nichts Heilsames tun!« Aber es ist eine Tatsache, dass wir nur durch entsprechend gutes Karma in dieses Leben gekommen sind. Wir sind also dazu in der Lage. Wir haben bereits Heilsames getan, auch in diesem Leben, und bemühen uns weiter darum. Und selbst wenn wir erkennen, dass wir nur hier und da ein bisschen versucht haben, unseren Geist zu schulen, ist das an sich schon etwas sehr Positives, woran wir uns wirklich erfreuen können. Also besteht jetzt dieser Punkt darin, dass wir uns in aufrichtiger Weise an dem Heilsamen erfreuen, das bei anderen oder uns selbst vorhanden ist.

Der nächste Zweig ist die Bitte um Dharma-Unterweisungen. Wir bitten die Buddhas und Bodhisattvas, Unterweisungen über den Dharma zu geben, vor allem die tiefgründigen Unterweisungen des Bodhisattva-Pfades, die in diesem Zusammenhang besonders wichtig sind. Wir bitten also von Herzen, dass sie diese Unterweisungen geben mögen.

Der sechste Zweig ist dann, dass wir die Buddhas bitten, nicht ins Nirvāna einzugehen. Wir denken also an diejenigen, die vielleicht die Absicht haben, diese Welt zu verlassen und endgültig ins Nirvāna einzugehen. Wir bitten sie, in dieser Welt aktiv zu bleiben und den Wesen mit ihrer Heilsaktivität zu helfen. Auch diesen Wunsch entwickeln wir jetzt in uns.

Als siebter Zweig folgt dann die Widmung. Wir denken: »Was soll mit diesem Heilsamen geschehen, das ich durch die vorhergehenden Zweige entwickelt habe und das ich sonst durch die Übung des Erleuchtungsgeistes entwickle?« Wir fassen den Entschluss: »Es soll nicht allein dazu dienen, dass ich selber ein höheres Dasein im Daseinskreislauf erreiche, noch soll es allein dazu dienen, dass ich selbst, nur für mich persönlich, die Befreiung aus dem Daseinskreislauf erreiche, sondern es möge wirklich allen Wesen zugute kommen. Es soll allen Wesen zu echtem Glück verhelfen.« Die Zufluchtsobjekte, an die wir denken, sind ja gerade deshalb zu den eigentlichen Zufluchtsobjekten und zu Objekten der Verehrung geworden, weil sie diese Bodhisattva-Geisteshaltung in sich hervorgebracht, entwickelt und vervollkommnet haben. Wenn wir also auch diesen Zustand, diese Fortschritte auf dem Pfad anstreben, müssen wir an derselben Geisteshaltung arbeiten und diese altruistische Haltung eines Bodhisattva in uns entwickeln. Selbst wenn wir nur ein wenig darüber nachdenken und nur unseren Wunsch, diesen Pfad anzustreben, in Worte fassen, hat das schon eine heilsame Kraft. Um wie viel mehr heilsame Kraft hat es, wenn wir uns wirklich bemühen, diese Geisteshaltung in uns hervorzubringen. Deshalb denken wir hier, dass all das Heilsame allen Wesen zugute kommen möge, und widmen so unser Heilsames all den anderen Wesen.

Um nun den Erleuchtungsgeist oder diese Bodhisattva-Geisteshaltung zu entwickeln, ist es wichtig, dass man die Gedanken, mit denen man diese Geisteshaltung einübt, entstehen lässt und kontempliert. Im *Bodhicharyāvatāra* sagt Shāntideva, dass all unser Leid und alle Probleme im Grunde aus einer selbstsüchtigen Haltung heraus entstehen, während alles Glück und alle Vorteile aus der Wertschätzung der anderen, aus der Nächstenliebe, aus einer altruistischen Haltung resultieren. Und er sagt weiter, dass man die Vorteile des Altruismus gegenüber den Nachteilen des Egoismus nicht lange erklären muss. Man solle einfach die Buddhas betrachten, die das Ergebnis eines vollständigen Altruismus sind, und erkennen, dass die Situation der weltlichen Menschen ein Ergebnis ihres Egoismus ist. Tatsächlich werden dann die Unterschiede sehr deutlich. Ein Mensch, der mehr an die anderen denkt, ist dadurch selbst sehr viel ausgeglichener, ruhiger und glücklicher als Menschen, die immer nur an sich selbst denken. Natürlich brauchen wir alle Glück. Das Bedürfnis danach ist vorhanden, aber die Frage ist: Haben wir denn bisher Glück erreicht? Und das müssen wir doch größtenteils verneinen, obwohl wir ständig unsere eigenen Interessen im Sinn haben und durchzusetzen versuchen. Aber wir haben bisher noch nichts vorzuweisen, wovon wir aus eigener Erfahrung sagen können: Das ist es, was ich wirklich will; das ist ein dauerhafter, ein echter Zustand des Wohlergehens, den ich erreicht habe. Betrachten wir dagegen die Buddhas! Obwohl sie ganz auf das Wohl der anderen ausgerichtet sind, genau wie die Bodhisattvas in ihrem Streben, haben sie vollständiges Glück erreicht und eine tiefe Zufriedenheit erlangt. Es ist doch sehr merkwürdig, dass es diese Unterschiede gibt, und das sollten wir uns vor Augen führen. Wenn wir an den Buddha denken, an die vielen Meister und Heiligen in der Tradition, an unseren eigenen Lama, an unsere eigenen Dharmafreunde, dann erkennen wir, dass diese Menschen umso ausgeglichener und glücklicher sind, je mehr sie Altruismus entwickelt und sich um das Wohlergehen der anderen gesorgt haben. Die Menschen aber, die immer nur an sich selbst und an ihre egoistischen Interessen denken, sind ständig in Hetze, unausgeglichen, mit Problemen und Sorgen beladen. Dieser Unterschied ist ganz offensichtlich, und wir sollten ihn uns wirklich gut einprägen. So können wir echte Wertschätzung dafür entwickeln, wie gut es ist, einen Weg zum Glück zu beschreiten, der darauf basiert, dass wir unsere Perspektive mehr auf das Wohl der anderen ausrichten. Bisher kann man sagen, dass im Zentrum unseres Herzens sozusagen die Selbstsucht wohnt und dass sie sehr fest dort verankert ist. Wir betrachten alles aus dem Blickwinkel unserer eigenen Interessen. Außerdem wird die Selbstsucht noch von Unwissenheit begleitet. Dabei handelt es sich besonders um die falsche Vorstellung vom Selbst in dem Sinne, dass wir uns und andere Dinge als unabhängig existierende Größen auffassen. Man kann auch sagen, dass wir die Dinge so nehmen, wie sie uns erscheinen. Wir halten sie so für wahr, wie sie uns erscheinen. Also ist die Unwissenheit vorhanden und zusätzlich mit der Selbstsucht gepaart, und diese beiden verursachen in Wirklichkeit alle Schwierigkeiten in unserem Geist. Wir sollten uns immer vor Augen führen, dass wir aufgrund dieser beiden Faktoren – Selbstsucht und Unwissenheit – eine schier endlose Kette von Leiden und Schwierigkeiten erleben. Also denken wir: »Das war die bisherige Situation, aber jetzt will ich mir die Buddhas und Bodhisattvas zum Vorbild nehmen.

Ich will den Egoismus und die Unwissenheit als meine eigentlichen Feinde erkennen und dagegen vorgehen.«

Wenn wir das machen, können wir sagen, dass wir den Namen *Purusha,* wie es auf Sanskrit für Individuum oder Person heißt, wirklich verdienen. Das bedeutet nämlich wörtlich: jemand der ein Potenzial hat, der Fähigkeiten besitzt. Dann können wir sagen, dass wir unser Potenzial an Intelligenz und Vernunft wirklich einsetzen und damit unserem Menschenleben einen Sinn gaben. Im *Bodhicharyāvatāra* von Shāntideva heißt es: »Egoismus ist der Kern aller unserer Probleme. Altruismus ist der Kern und der Ursprung allen Glücks.« Das sollten wir uns ganz fest einprägen, so dass wir innerlich wirklich davon bewegt sind und eine stabile Wertschätzung für die altruistische Haltung in uns entsteht.

Nun sind die Menschen ja ganz unterschiedlich. Einige praktizieren eine bestimmte Religion, sei es den Buddhismus oder auch eine andere. Wenn Sie zum Beispiel praktizierende oder gläubige Christen sind, spricht nichts dagegen, dass Sie sich die Heiligen vorstellen, die Sie in Ihrer Religion verehren, zum Beispiel Jesus oder Maria. Warum sind sie heilig? Jesus ist doch nicht heilig wegen seiner körperlichen Stärke oder Macht oder wegen seines Reichtums. Jesus ist heilig, er ist uns wichtig und kostbar wegen seiner menschlichen Eigenschaften des Mitgefühls und der echten Liebe zu anderen. Deshalb erfährt Jesus und erfahren auch andere Heilige im Christentum große Wertschätzung. Die zentrale Idee des Christentums kommt zum Ausdruck in der Liebe zu Gott und gleichzeitig in der Liebe zu den Nächsten als Mitgeschöpfen dieses Gottes. Auch im Zentrum aller anderen Religionen finden wir immer wieder diese gleichen Werte: Liebe und Mitgefühl. Also ist es richtig, dass wir diese Mittel auch in unserer Religion nutzen, dass wir in der jeweiligen Religion unseren Geist in diese Richtung lenken. Auch wenn jemand keinem bestimmten Glauben anhängt und kein spezifisch religiöser Mensch ist, können zum Beispiel der Buddha und andere Heilige ihm sehr viel geben und ihn in positiver Weise inspirieren. Wenn man sich vorstellt, wie Buddha den Weg der Gewaltlosigkeit selbst gegangen ist und andere gelehrt hat, kann man jetzt, in diesem 21. Jahrhundert sagen, dass der Buddha in gewisser Weise ein Symbol für Gewaltlosigkeit geworden ist. Und so können wir denken: Ganz gleich, welche Anschauung ich habe oder aus welcher Religion ich komme, ich will versuchen, mein Denken und mein Handeln in diese Richtung von Gewaltlosigkeit zu entwickeln und die Werte von Mitgefühl und Liebe in mir zu stärken. In dieser Weise sollten wir jetzt versuchen, unseren Geist auf eine altruistische Haltung auszurichten.

Wenn wir so eine Haltung entwickeln, werden wir von Natur aus glücklicher und ausgeglichener sein und sogar Feindseligkeiten abbauen können, wie zum Beispiel Tibeter gegenüber den Chinesen. Aufgrund einer solchen altruistischen Haltung muss ihnen gegenüber keine feindselige Haltung entstehen. Und wir werden einfach ausgeglichener und fröhlicher, wenn wir jetzt wirklich versuchen, so eine Haltung zu entwickeln. Wenn Sie dann hinausgehen, haben Sie schon ein freundlicheres Gesicht, weil Sie sich besser, froher und ausgeglichener fühlen. Und wenn Sie nach Hause kommen oder andere Menschen treffen, sagen die vielleicht: »Heute siehst du aber wirklich gut aus und so fröhlich. Was ist mit dir passiert?« Ansonsten sitzen wir vielleicht zu Hause in unseren vier Wänden und machen uns Sorgen um unsere eigenen Dinge. Wir sind missmutig, haben schlechte Laune und sehen ganz sorgenvoll aus. Vielleicht brauchen wir sogar einen Arzt oder eine Therapie. Wenn also eine heilsame Haltung Ihr Leben glücklicher und ausgeglichener machen kann – und dazu kann sie sicherlich beitragen –, lohnt es sich doch, sie zu üben. Deshalb versuchen wir jetzt, diese Haltung in uns zu stärken.

Dazu wollen wir jetzt gemeinsam drei Verse rezitieren. Im ersten Vers geht es um die Zufluchtnahme. In diesem Fall orientieren wir uns an den Zufluchtsobjekten, nicht aus Eigeninteresse, sondern wirklich zum Nutzen aller Wesen. Wir wollen damit für uns selbst etwas erreichen, das wir zum Nutzen aller Wesen anwenden können. Im zweiten Vers kommt der eigentliche Erleuchtungsgeist zum Ausdruck. Wir denken, dass wir Mitgefühl gepaart mit Weisheit entwickeln wollen. Auf der Basis dieses Mitgefühls, das von Weisheit unterstützt wird, entsteht die eigentliche altruistische Bodhisattva-Haltung, dass wir zum Wohle aller Wesen nach Buddhaschaft streben. Wir geben jetzt dieses Versprechen und fassen den Entschluss, diese Geisteshaltung in uns zu entwickeln und zu verstärken. Der letzte Vers ist eine Verstärkung und Stabilisierung dieser Geisteshaltung. Wir rezitieren alle drei Verse dreimal:

Mit dem Wunsch, alle Lebewesen zu befreien,
nehme ich allzeit, bis ich selbst die vollkommene Erleuchtung erreiche,
meine Zuflucht zum Buddha, zum Dharma und zum Sangha.

Mit der Tatkraft, die aus Weisheit und Mitgefühl entsteht,
erzeuge ich heute in der Gegenwart der Buddhas
das altruistische Streben nach vollkommener Erleuchtung,
um allen fühlenden Wesen zu nützen.

Solange der Raum besteht
Und solange es fühlende Wesen gibt, will auch ich unter ihnen bleiben
Und die Leiden der Welt beseitigen.

Es ist wichtig, dass wir die Gedanken, die wir gerade in den drei Versen zum Ausdruck gebracht haben, immer wieder hegen und uns die Kontemplation, die zur Entwicklung des Erleuchtungsgeistes führt, immer wieder vor Augen führen und uns mehr und mehr damit vertraut machen. Dazu kann es sehr hilfreich sein, dass wir diese Verse erneut aufsagen und darüber nachdenken. Wir sollten jetzt allerdings nicht denken: »Jetzt, durch das Ritual bin ich ein Bodhisattva geworden.« So einfach geht es leider nicht. Ein Bodhisattva zu werden, das dauert lange. Das kann wirklich Äonen dauern, sehr, sehr lange Zeit. Wenn wir uns jedoch konsequent mit diesem Gedanken vertraut machen, dann ist sicher, dass sich unser Geist tatsächlich positiv in diese Richtung verändern wird, auch wenn es seine Zeit dauert. Und so können wir sagen, dass wir zwar noch keine Bodhisattvas geworden sind, aber dass wir den Weg geebnet haben, auf dem wir dann weitergehen können, hin zur echten Entwicklung der Bodhisattva-Geisteshaltung, hin dazu, dass wir wirklich Bodhisattvas werden.

Manche bilden sich vielleicht ein: »Wenn ich so einen Vers dreimal gesprochen habe, bin ich ein Bodhisattva.« Oder: »Wenn ich drei Jahre und drei Monate im Retreat verbringe, bin ich erleuchtet.« Aber so einfach ist es leider nicht. So sagt zum Beispiel Atīsha, selbst wenn man diesen Erleuchtungsgeist, der wie Sonne und Mond ist, Äonen um Äonen übt, sei das angemessen, es sei wertvoll und lohne sich. Der »Erleuchtungsgeist, der wie eine Sonne ist« bezieht sich auf den absoluten Erleuchtungsgeist, »der wie der Mond ist« auf den konventionellen Erleuchtungsgeist. Wenn man also den Altruismus und die Weisheit eines Bodhisattva Äonen um Äonen übt, ist diese Zeit nicht zu lang. Es lohnt sich in jedem Fall. Bisher haben wir seit anfangsloser Zeit auch viele Äonen im Daseinskreislauf zugebracht und die Leiden des Daseinskreislaufs erlebt. Wenn wir von jetzt an unserem Leben eine Wende geben und für Äonen die Bodhisattva-Haltung üben, dann ist das durchaus in Ordnung. Es geht in eine positive Richtung und es lohnt sich. In dem Vers heißt es: »Solange der Raum besteht und solange es fühlende Wesen gibt, will auch ich unter ihnen bleiben und die Leiden der Welt beseitigen.« Wenn wir diese Geisteshaltung wirklich entwickeln und ihr entsprechend leben, dann ist jede Zeit sinnvoll verbracht. Wie lange es dann dauert, ist eigentlich sekundär. Deshalb ist es richtig, dass wir diese Haltung in uns entwickeln und lange, lange Zeit üben.

## Die Entwicklung von Besonderer Einsicht

Wir wollen jetzt auf Kamalashīlas Text zurückkommen. Was die Voraussetzungen für Geistige Ruhe und Besondere Einsicht betrifft, so sagt Kamalashīla, dass man einen gelehrten und verwirklichten Meister braucht, besonders im Hinblick auf die Besondere Einsicht. Damit ein Lehrer einen Schüler auf dem Pfad führen kann, ist es wichtig, dass er einerseits gelehrt ist, dass er also den Dharma kennt und entsprechend erklären kann, und andererseits über Erfahrungen in der Praxis verfügt. Es geht hier ja nicht um irgendwelche äußeren und weltlichen Dinge, die erklärt werden sollen, sondern um innere Erfahrungen, um einen spirituellen, inneren Weg. Und wenn ein Lehrer diesen adäquat erklären soll, ist es wichtig, dass er selbst Erfahrung in der Praxis dieses Weges hat.

Wenn ein Meister selbst nicht im Geist diszipliniert ist und entsprechende Erfahrungen hat, wie diese Lehren oder Mittel zur Geistesschulung anzuwenden sind, wie will er dann jemanden anderen anleiten? Und was die hohen Throne im tibetischen Buddhismus angeht, so ist das nur eine Frage der geistlichen Hierarchie. Es bedeutet nicht, dass die, die auf den höchsten Thron kommen, auch über die höchste Tugend der Gelehrsamkeit und Verwirklichung verfügen.

Wenn ich auf dem höchsten Thron sitze, dann liegt das daran, dass ich als Dalai Lama den höchsten sozialen Status innehabe. Die Höhe des Throns hat nichts mit dem Grad der Verwirklichung zu tun.

Ein mongolischer Lama sagte einmal, die tibetischen Lamas hätten ganz lange Namen und kurze Tugenden, während früher die alten Meister Indiens ganz kurze Namen hatten und ganz lange Tugenden. Mein Name zum Beispiel ist auch sehr lang: Jetsün Jamphel Ngawang Lobsang Yeshe Tenzin Gyatso.

Aber Spaß beiseite. Oft kommt es vor, dass der Name in Rezitationen, Mandaladarbringungen und so weiter mit vielen Attributen ausgeschmückt wird. Der Name wird also noch verlängert, und der Lama kommt auf einen hohen Thron. Wenn der Lama dann womöglich wie ein Schauspieler einen hohen Lama nur darstellt und alles mitmacht, was so an äußerlichem Luxus und ähnlichem im Namen seiner Person geschieht, obwohl er die entsprechenden Qualitäten selbst vielleicht gar nicht hat, dann besteht tatsächlich die Gefahr einer Täuschung der anderen. Und das ist ein sehr schwer wiegendes Vergehen. Das ist die gravierendste Lüge überhaupt, wenn man spirituelle Eigenschaften vortäuscht, obwohl man sie nicht besitzt. Dadurch besteht sogar die Gefahr, dass man sein Mönchsgelübde verliert. Es ist eine schwer wiegende Übertretung. Deshalb müssen diejenigen, die das betrifft, sehr vorsichtig mit diesen Dingen umgehen.

Weiter wird über die speziellen Voraussetzungen für die Entwicklung von Besonderer Einsicht gesagt, dass neben einem qualifizierten Lama ein gutes Wissen, eine gute Kenntnis des Dharma, notwendig ist. In dem Zusammenhang möchte ich noch erwähnen, dass es im Buddhismus zwei Arten von Schriften gibt: Schriften, die dem allgemeinen Verständnis der Buddha-Lehre dienen, und Schriften, die für ganz bestimmte Individuen gedacht sind.

Das ist eine wichtige Unterscheidung. Wir haben also

Schriften, die für die allgemeine Bewahrung des Buddha-Dharma gedacht sind und sich nicht nur an spezifische Personen richten. Dazu können wir unter anderem die von Nāgārjuna und Asanga, diesen großen indischen Meistern, zählen. Dann gibt es aber auch andere Schriften – zum Beispiel von dem Mahāsiddha Saraha –, die speziell für bestimmte Schüler verfasst wurden. In allen vier großen Traditionen des tibetischen Buddhismus finden wir beide Arten von Schriften: solche, die mehr allgemeiner Natur sind und dem allgemeinen Verständnis des Buddha-Dharma dienen, und solche, die an bestimmte Schüler in bestimmten Umständen gerichtet sind. Was die erste Art von Schriften angeht, so können wir durch sie ein gutes Verständnis der gesamten wichtigen Prinzipien des Buddha-Dharma erreichen. In der zweiten Kategorie ist das, außer vielleicht in Einzelfällen, nicht der Fall. Weil diese Schriften gewisse Aspekte der Lehre herausgreifen und ganz bestimmte, direkte Anweisungen für Schüler in einer besonderen Situation geben, können wir nicht unbedingt davon ausgehen, dass wir durch ihr Studium einen allgemeinen Überblick über die Prinzipien des Buddha-Dharma bekommen. Es ist aber wichtig, dass wir uns ein Verständnis der allgemeinen Prinzipien des Buddha-Dharma aneignen. Deshalb müssen wir uns mit den Schriften der großen indischen Meister wie Nāgārjuna und anderen auseinander setzen, die diese allgemeinen Prinzipien beschreiben, oder mit Schriften, wie wir sie auch hier studieren.

Über diese Gelehrsamkeit als Vorbedingung für die Entwicklung von Besonderer Einsicht sagt Kamalashīla:

> Was ist gemeint mit der Suche nach ausführlichen Unterweisungen? Das heißt, man soll ernsthaft und mit Respekt der definitiven und zu interpretierenden Bedeutung der zwölf Zweige der Lehren Buddhas lauschen.

Bei der Entwicklung von Besonderer Einsicht sind zwei Arten zu unterscheiden: Besondere Einsicht in Bezug auf die konventionelle Wirklichkeit und Besondere Einsicht in Bezug auf die endgültige Wirklichkeit. Bei der Weisheit eines Bodhisattva geht es hauptsächlich um die Besondere Einsicht in Bezug auf die endgültige Wirklichkeit. Man muss sich also mit dieser letztgültigen Wirklichkeit auseinander setzen, die der Buddha auf verschiedenen Ebenen gelehrt hat, und ihre subtilste Ebene erkennen und erfahren. Dafür muss man zu den Unterweisungen des Buddha vordringen, in denen er die endgültige Wirklichkeit in einer vollständigen Weise dargelegt hat. Deshalb sagt der Text hier, dass man zwischen zu interpretierenden Lehren und endgültigen Lehren unterscheiden können muss.

Was ist nun der Unterschied zwischen Aussagen des Buddha, die interpretiert werden müssen, und Aussagen, die endgültiger Natur sind? Wenn wir die verschiedenen Lehrmeinungen der Schulen betrachten, dann sagen die Vaibhāshika und Sautrāntika, dass alle Aussagen des Buddha wörtlich zu nehmen sind. Sie nehmen also diese Einteilung in zu interpretierende und endgültige Aussagen des Buddha gar nicht vor. Aber in den höheren Schulen des Mahāyāna, der Chittamātra-Schule und der Mādhyamaka-Schule, spielt das eine große Rolle. Die Chittamātra- oder Yogāchāra-Schule sagt: Solche Lehren des Buddha, die man wörtlich nehmen kann, das sind endgültige Aussagen. Solche Aussagen, die man nicht wörtlich nehmen kann, das sind zu interpretierende Aussagen. Die Mādhyamikas treffen diese Unterscheidung allerdings in einer anderen Weise. Sie sagen: Die Aussagen des Buddha, die sich mit der konventionellen Wirklichkeit beschäftigen, sind zu interpretierende Aussagen, und die Aussagen des Buddha, die als hauptsächlichen Inhalt die endgültige Wirklichkeit haben, sind endgültige Aussagen. Sie gehen also von dem Prinzip aus, dass die Aussagen des Buddha zweierlei Inhalte haben: die konventionelle Realität und die endgültige Realität. Das sei der Gesichtspunkt, nach dem man die Worte des Buddha in zu interpretierende und endgültige einteilen müsse. Nach dieser Auffassung können Aussagen, die nicht widersprüchlich sind, wenn man sie wörtlich nimmt, trotzdem zu den interpretierbaren Lehren des Buddha gehören, weil sie die konventionelle Wirklichkeit beschreiben und nicht die endgültige.

Worüber soll man meditieren? Kamalashīla sagt:

> Was ist mit angemessener Kontemplation gemeint? Das bedeutet, dass man sich über die definitiven und zu interpretierenden Sūtras klar wird.

Das heißt also, dass man letztlich über die endgültige Wirklichkeit meditiert. Was man erreichen will, ist eine Einheit von Geistiger Ruhe und Besonderer Einsicht in Bezug auf die endgültige Wirklichkeit. Dazu ist es nötig, dass man zuerst Geistige Ruhe entwickelt und den Geist anschließend in diesem Zustand auf die Leerheit konzentriert. Dann, im Zustand der Geistigen Ruhe und der Konzentration auf die Leerheit, analysiert man dieses Objekt weiter und verwirklicht auch die Besondere Einsicht in Bezug auf die Leerheit. Grundsätzlich kann man auf zwei Arten vorgehen: Die eine besteht darin, dass man zunächst die Leerheit analysiert – auch wenn es noch keine echte Besondere Einsicht ist. Anschließend, nachdem man das Objekt gefunden hat, richtet man den Geist konzentriert darauf aus und entwickelt Geistige Ruhe am Objekt der Leerheit. Das bezeichnet man als »durch die Ansicht – das heißt, die Sicht der Leerheit – die Meditation verwirklichen«. Der andere Weg ist der, dass man zuerst Geistige Ruhe, die Konzentration, auf ein Objekt lenkt, dann in diesem Zustand die Analyse anwendet und so zu einer tieferen Einsicht kommt. In dem Fall heißt es, dass man »durch die Meditation die Sichtweise verwirklicht«.

# Die Praxis der Meditation

Bezüglich der Meditationspraxis muss man zwischen Übungen oder Methoden unterscheiden, die man während der Meditationssitzung anwendet, und solchen, die man außerhalb oder zwischen den Meditationssitzungen ausführt. Was das Verhalten außerhalb der Meditationssitzungen angeht, so gibt es eine Reihe von Erklärungen und Ratschlägen bezüglich der richtigen Zeit des Schlafens und ähnlicher Dinge:

> Yogis sollten zu jeder Zeit Fisch, Fleisch und so weiter meiden. Sie sollten mit Mäßigung essen und Nahrungsmittel meiden, die nicht zur Gesundheit beitragen.

Was die eigentliche Meditationssitzung angeht, so ist es wichtig, dass man zuerst eine gute Motivation entwickelt, warum man die Meditation überhaupt durchführt. Ebenso wichtig ist es, Mittel anzuwenden, um den Geist zu reinigen und Verdienste und heilsames Potenzial zu vermehren. Dazu dient zum Beispiel das Siebenteilige Gebet, über das wir vorhin sprachen. Beim Sitzen achtet man auf seine Körperhaltung. Man spricht hier von der so genannten Vairochana-Körperhaltung. Das ist die vollständige Meditationshaltung in sieben Punkten. Manchmal wird der Atem noch als achter Punkt, der zu beachten ist, hinzugenommen. Auf jeden Fall nimmt man eine korrekte Meditationshaltung ein, und dann wird der Geist auf den eigentlichen Meditationsinhalt ausgerichtet.

Zunächst geht es um die Entwicklung von Geistiger Ruhe oder *Shamatha*. Dabei lernt man, den Geist auf ein bestimmtes Objekt zu konzentrieren und ihn ruhig und klar darauf verweilen zu lassen. Wenn es darum geht, Geistige Ruhe zu üben, gibt es zwei mögliche Arten von Meditationsobjekten: solche im konventionellen Bereich und die endgültige Realität selbst als Meditationsobjekt. Innerhalb der konventionellen Wirklichkeit gibt es auch wieder verschiedene Möglichkeiten für Meditationsobjekte. Zum Beispiel kann man sich einen äußeren Gegenstand im Geist vorstellen und den Geist darauf konzentrieren. Oder man nimmt die klare und erkennende Natur des Geistes selbst als Objekt und richtet seine Konzentration darauf. Es gibt aber auch eine Methode, bei der man sich bestimmte Tropfen vorstellt, Lichttropfen und ähnliches, auf die man den Geist dann konzentriert. Es heißt auch, wenn man die Inhalte der Schriften des Buddha, die in zwölf Abteilungen gegliedert sind, bis zu einem bestimmten Punkt zusammenfasst, könne man daran Konzentration üben. Wenn man die Inhalte der verschiedenen Schriften des Buddha dagegen ausweitet und ausbreitet, dann geht es mehr um die Übung von Besonderer Einsicht.

Wenn man also Geistige Ruhe übt, wählt man sich ein Objekt aus und lernt dann, den Geist konzentriert darauf zu richten, ohne dass er abgelenkt wird, ohne dass er sich zerstreut, ohne dass er von dem Objekt abschweift. Und schließlich lernt man, ganz ruhig und konzentriert, einspitzig oder punktförmig auf diesem Objekt zu verweilen. So kann man Geistige Ruhe oder ruhiges Verweilen verstehen.

Was uns dabei stört, dies zu erreichen, ist vor allem die Zerstreutheit unseres Geistes. Und unter den vielen Arten von Zerstreutheit oder Ablenkung gibt es spezielle, die mit Begierde zusammenhängen. Diese sind meist besonders dominant und werden hier deshalb extra hervorgehoben. Es handelt sich um ein Abdriften unseres Geistes zu Objekten, die wir für besonders attraktiv halten und daher mit Begierde betrachten. Diese Form der Ablenkung nennt man Erregung, ein wichtiges Hindernis auf dem Weg zur Geistigen Ruhe. Wenn man nun lernt, den Geist zu konzentrieren, so dass man unter dem Einfluss von Zerstreuung und Erregung nicht mehr völlig abdriftet, besteht im Allgemeinen noch ein anderer Fehler weiter, nämlich eine Art mangelnder Wachheit, mangelnder Klarheit des Geistes.

In diesem Fall halten wir zwar das Objekt im Geist, konzentrieren uns darauf, und es mag uns relativ klar erscheinen. Trotzdem kann es unserem eigenen Bewusstsein, das sich konzentriert, dabei an einer gewissen Klarheit und Wachheit mangeln. Diese mangelnde Wachheit beziehungsweise diese Art von Lethargie nennt man den Fehler des Sinkens. Dabei gibt es wieder viele gröbere und feinere Ebenen. In dem Fall ruht der Geist zwar auf dem Objekt, es fehlt ihm dabei aber die spezifische Klarheit, Aufgewecktheit und Wachheit. Hier besteht für Meditierende eine besondere Gefahr, denn wenn man bereits einen so konzentrierten Geist hat, der ruhig und auch mit einer gewissen Klarheit auf dem Objekt verweilt, dann ist das ein Zustand, den man bisher noch nicht erlebt hat. Da kann man leicht denken, man hätte jetzt echte Konzentration, echte Geistige Ruhe verwirklicht. In Wirklichkeit ist aber zumindest noch eine feine, subtile Ebene dieser Art von Lethargie, dieses Sinkens, dieser Unklarheit dabei. Daher wäre es jetzt schlecht, die Meditation immer so fortzusetzen und sich dieses feine Sinken mehr und mehr anzugewöhnen. Man muss sich dessen vielmehr genau bewusst sein und ihm gegensteuern.

Ganz allgemein gibt es zwei entgegengesetzte Arten von Fehlern: Erregung bedeutet, dass die Aktivität des Geistes zu hoch ist, dass er überaktiv ist. Dann muss man den Geist wieder ein wenig beruhigen. Im Fall des Sinkens ist es so, dass die Aktivität des Geistes zu niedrig ist und man ihn wieder wacher und aktiver machen, also wieder auf eine höhere Ebene bringen muss. So muss man also in der eigenen Erfahrung der Meditation diese Fehler von Erregung und Sinken erkennen lernen und dann jeweils mit den entsprechenden Mitteln gegensteuern.

Geistige Ruhe muss man nach und nach entwickeln.

Dazu muss man den Geist schrittweise schulen und dabei geschickt vorgehen, um diesen konzentrierten, ruhigen und klaren Zustand der Geistigen Ruhe entstehen zu lassen. Es heißt, dass man, wenn wirklich alle guten Bedingungen vorhanden sind, schon in einigen Monaten Geistige Ruhe verwirklichen kann. Was ist aber nun der Sinn davon, Geistige Ruhe anzustreben? Geistige Ruhe ist kein Selbstzweck. Gestern wurde schon gesagt, dass man durch Geistige Ruhe allein die Leidenschaften nicht vollständig überwinden kann. Man kann sie nur für eine bestimmte Zeit und bis zu einem gewissen Grad unterdrücken. Man braucht also darüber hinaus – und das sagt auch Kamalashīla – die Besondere Einsicht oder *Vipashyanā,* um den Geist wirklich dauerhaft von Unwissenheit und den daraus entstehenden Leidenschaften zu befreien.

## Die endgültige Wirklichkeit

Es geht also darum, wie man auf der Basis von Geistiger Ruhe in weiterer Folge Besondere Einsicht entwickelt. Dazu, sagt Kamalashīla, muss man sich mit der endgültigen Wirklichkeit beschäftigen, mit dem, was im Buddhismus als Selbst-Losigkeit oder Nicht-Selbst bezeichnet wird. Im Text werden davon zwei Arten genannt, nämlich die Selbst-Losigkeit der Person und die Selbst-Losigkeit der Phänomene. Diese soll man entsprechend den *Prajñāpāramitā-Sūtras,* den Sūtras über die Vollkommenheit der Weisheit, kennen lernen und deren Erkenntnis einüben.

Kamalashīla war ein Schüler von Shāntirakshita, und Shāntirakshita wiederum erklärte die Mādhyamaka-Sicht, also die Sicht der endgültigen Realität der Mādhyamaka-Schule im Sinne des Meisters Bhāvaviveka. Bhāvaviveka vertrat die Position, dass die Phänomene auf der konventionellen Ebene eine inhärente Existenz haben, dass sie also auf der konventionellen Ebene ein Eigenwesen besitzen. Diese Meinung akzeptiert auch Kamalashīla, wenn wir davon ausgehen, dass er zu dieser philosophischen Richtung gehört. Allerdings besteht ein Unterschied zu Bhāvaviveka, der die Existenz einer äußeren Welt annimmt. Kamalashīla aber gehört zu einer anderen Unterschule, die ähnlich wie die Yogāchāra-Schule eine äußere Wirklichkeit weder anerkennt noch bestätigt.

Wie dem auch sei, es gibt also zwei Arten der Selbst-Losigkeit: die der Person, deren Meditation oder Erkenntnis nach diesem System hauptsächlich dazu dient, den Geist von Leidenschaften zu befreien, also die Hindernisse für die Befreiung zu überwinden. Und dann gibt es die Selbst-Losigkeit der Phänomene, die nach diesem System als noch tiefgründiger gilt. Deren Erkenntnis dient dazu, den Geist von den Hindernissen für die Allwissenheit zu befreien. Diese beiden Formen der Selbst-Losigkeit der Person und der Phänomene werden in den *Prajñāpāramitā-Sūtras* gelehrt, und dementsprechend sollte man sie verstehen.

## Die Selbst-Losigkeit der Person

Kamalashīla sagt dazu:

> Yogis sollten auf folgende Weise analysieren: Eine Person wird nicht als von den mentalen und physischen Aggregaten, den Elementen und Sinneskräften getrennt beobachtet. Auch ist eine Person nicht von der Natur der Aggregate und so weiter, weil die Aggregate und so weiter viele und vergänglich sind. Andere haben die Person als beständig und einzig unterstellt. Die Person als ein Phänomen kann nicht existieren außer als eine oder viele, weil es keine andere Art von Existenz gibt. Daher müs-

sen wir schlussfolgern, dass die Behauptung des weltlichen »Ich« und »Mein« ganz und gar falsch ist.

Das nimmt Bezug auf die Vorstellung nicht-buddhistischer Schulen, die davon ausgehen, dass es ein beständiges, unveränderliches *Ātman* gibt. Sie geben dafür die folgende Begründung: Wenn wir zum Beispiel etwas sehen oder hören, haben wir das Konzept: »Ich sehe etwas« oder »Ich höre etwas«. Es findet ja nicht nur eine Sinneswahrnehmung des Sehens oder des Hörens statt, sondern damit ist immer eine Person verbunden, die sich bewusst ist: »Ich sehe« oder »Ich höre«. Oder sie sagen: Wenn wir das Konzept der Wiedergeburt betrachten, wenn es also eine Person gibt oder ein Ich, das aus einer vergangenen Existenz in eine nächste geht, dann muss es irgendetwas Dauerhaftes geben, sozusagen einen Kern, der sich nicht verändert. Aber unser Körper, unser Geist oder die fünf physischen und psychischen Aggregate, die verändern sich. Und so etwas Veränderliches kann man nicht mit der Person gleichsetzen, die von einem Leben zum nächsten geht. Das wäre ein Problem. Deshalb sagen nicht-buddhistische Schulen, dass es neben Körper und Geist, neben den fünf Aggregaten sozusagen ein separates Ich gibt, eine separate Person, ein *Ātman*, das von Leben zu Leben weitergeht.

Weiter sagen sie, dafür spräche zum Beispiel auch, dass wir immer das gleiche Gefühl eines Ich haben, aber in verschiedenen Zuständen. Wir sagen: »Ich war damals ein Kind, jetzt bin ich ein Erwachsener.« Oder, wenn man sich an vergangene Existenzen erinnern könnte: »Ich war das und das, jetzt bin ich dieses und jenes.« Das heißt also, in den verschiedenen Zuständen – Kindheit, Alter, dieses oder jenes Leben – besteht immer das gleiche Ich, nur in unterschiedlichen Zuständen der Aggregate, also von Körper und Geist. So akzeptieren sie ein Ich, sie postulieren ein *Ātman*, das drei Eigenschaften hat: Es ist nicht veränderlich, also beständig; es besteht nicht aus vielen Teilen sondern ist teilelos, etwas Einziges, und es ist nicht durch Ursachen hervorgerufen oder erzeugt worden, sondern in diesem Sinne unabhängig. Aber Kamalashīla sagt hier: Ein solches Selbst oder *Ātman* ist ein bloßes philosophisches Konzept, das nicht in Wirklichkeit existiert. Man kann überhaupt nicht begründen, dass es so etwas gibt. Er sagt, eine Person wird eben nicht als von den mentalen und physischen Aggregaten, den Elementen und Sinneskräften getrennt beobachtet:

> Auch ist eine Person nicht von der Natur der Aggregate und so weiter, weil die Aggregate und so weiter viele und vergänglich sind.

Nach dieser Argumentation Kamalashīlas müsste man die Person irgendwo innerhalb der Aggregate auffinden oder identifizieren können. Aber die Person kann doch nicht eins mit den Aggregaten sein. Wenn die Person mit den Aggregaten identisch wäre, müsste es so viele Personen geben wie es Aggregate gibt. Das wäre doch ein Widerspruch. Wir hätten eine Person, die mit dem Aggregat des Körpers eins ist, eine zweite Person, die mit dem Aggregat der Unterscheidungen eins ist, und so weiter. Bis zum Aggregat des Bewusstseins gäbe es fünf Personen. Die andere absurde Möglichkeit wäre: Es gibt nur ein Aggregat entsprechend einer Person und all die verschiedenen Teile von Körper und Geist würden zu Einem zusammenfallen. Auch das ist nicht haltbar, also kann es keine Person geben, die von einer Natur mit einem Aggregat oder mit allen ist, die mit ihnen identisch ist. Das wird hier zum Ausdruck gebracht. Weiter wird hier auch noch klargemacht: Wenn die anderen, nicht-buddhistischen Schulen ein Selbst vertreten oder ein *Ātman*, das sich nicht verändert, dann kann so ein Selbst nicht irgendwie mit den Aggregaten identisch sein. Ein solches unveränderliches Selbst wäre ja nicht vereinbar mit Körper und Geist, die in ständiger Veränderung sind. Auch mit diesem Argument lässt sich also nicht begründen, dass eine Person von einer Natur mit den Aggregaten wäre.

Die Person, sagt Kamalashīla, kann aber auch nicht außerhalb der Aggregate existieren, also völlig verschieden von ihnen. Auch das macht keinen Sinn. Allerdings, wie vorher gesagt, ist sie auch nicht eins mit den Aggregaten. Eine andere Möglichkeit gibt es aber nicht: Entweder muss eine Person verschieden von den Aggregaten oder als eins mit ihnen existieren. Einige vertreten deshalb die Vorstellung, es gäbe eine Person, die unaussprechlich ist, von der man weder sagen könne, sie sei mit den Aggregaten identisch noch von den Aggregaten verschieden. Aber Kamalashīla sagt, das macht auch keinen Sinn. Weder das eine noch das andere ist möglich. Deshalb sagt er:

> Daher müssen wir schlussfolgern, dass die Behauptung des weltlichen »Ich« und »Mein« ganz und gar falsch ist.

Das bedeutet, dass unsere Vorstellung von einem unabhängigen Ich, einem Ich als einer substanziellen Größe, nicht der Realität entspricht. Wir haben ja gewöhnlich den Eindruck, dieses Ich sei irgendwie der Besitzer unseres Körpers und unseres Geistes. Das macht die so genannte angeborene falsche Vorstellung vom Ich aus. Es geht darum, dass wir irgendwie diese Vorstellung haben, neben den Aggregaten gäbe es noch eine weitere substanzielle Größe, nämlich unsere Person als Besitzer von unseren Aggregaten oder von Körper und Geist. Wenn wir alt sind und es würde jemand fragen: »Möchtest du deinen Körper gegen den eines Jüngeren austauschen?«, würden wir das wahrscheinlich bejahen. Oder wenn unser Geist unklar ist und wir die Möglichkeit hätten, ihn gegen einen klareren Geist, einen klareren Verstand auszutauschen, würden wir auch das machen. Der Grund dafür ist unsere Annahme, dass das Ich tatsächlich irgendwie außerhalb von Körper und Geist besteht als der Besitzer von Körper und Geist, dass das Ich sozusagen weiter bestehen könnte, während man Körper und Geist auswechselt. Das ist diese uns angeborene, grundlegende Unwissenheit, unser Selbst als eine unabhängige Größe zu betrachten.

Dagegen ist die andere Vorstellung, die Postulierung eines *Ātman* als eine ewige, teilelose und unabhängige Größe, etwas, das wir nicht von Natur aus oder angeboren haben, sondern nur das Ergebnis einer philosophischen Spekulation. Aber dieses grundlegende Gefühl, das Ich sei mehr als Körper und Geist, sei Besitzer oder Herr von Körper und Geist, das ist die grundlegende, angeborene Unwissenheit. Diese besteht darin, dass wir das Ich so wahrnehmen, als würde es existieren, als würde es als Herr oder Besitzer von Körper und Geist bestehen. Eine weitere Form der Unwissenheit ist dann, dass wir diese Erscheinungen für real, für die Wirklichkeit halten, alle Dinge aus dieser Perspektive beurteilen und sicher sind, dass es tatsächlich so ist. Das ist die Unwissenheit, um die es hier geht. Kamalashīla sagt aber, dass wir aus den genannten Überlegungen folgern müssen, dass ein solches »Ich« und »Mein« eine Projektion unserer Unwissenheit und daher irrig oder falsch ist.

Als nächstes sagt Kamalashīla: Nachdem man, wie zuvor beschrieben, über die Selbst-Losigkeit der Person meditiert oder diese analysiert hat, soll man über die Selbst-Losigkeit von Phänomenen meditieren. Wir können ja bei der Meditation zwei Dinge unterscheiden: Einmal haben wir die Person, das Individuum, als den Erlebenden von Glück und Leiden, als den Benutzer von bestimmten Objekten, und dann haben wir diese Objekte des Erlebens selbst, also das, womit man als Person zu tun hat. Das sind vor allem die eigenen Aggregate, der eigene Körper und Geist, und darüber hinaus noch weitere Phänomene bis hin zu den äußeren Phänomenen.

Kamalashīla sagt, man solle auch über die Selbst-Losigkeit meditieren oder die fehlende Selbstexistenz der Objekte, mit denen die Person zu tun hat. Das ist wichtig, um die verschiedenen Hindernisse des Geistes vollständig aufgeben zu können. In den Schulen des Shrāvakayāna wird hauptsächlich die Selbst-Losigkeit der Person beschrieben und nicht die Selbst-Losigkeit der Phänomene. Nach diesen Schulen ist die falsche Sicht von einem Selbst der Person die Hauptursache für das Entstehen von Leidenschaften. Das beschreibt zum Beispiel Dharmakīrti im *Pramānavarttika,* wo er sagt: Zuerst entsteht dieses Konzept eines Ich als einer unabhängigen, aus sich bestehenden Größe, und wenn dieses Konzept eines unabhängigen Ich erst einmal da ist, dann gibt es auch das Konzept des unabhängigen Anderen. Das wäre dann sozusagen das Gegenteil des Ich, und damit ist auch schon eine grundlegende Einteilung in »Ich« und »das Andere« vorgenommen. Diese Einteilung in »das, was zu mir gehört« und »das, was nicht zu mir gehört« ist schon die Grundlage dafür, dass Anhaftung und Begierde entstehen in Bezug auf das, was man für zum »Ich« und zum »Mein« gehörig hält. Auf der anderen Seite entstehen Feindseligkeit, Hass und Aggression gegen das Andere, das man als für dieses Ich nicht zuträglich erachtet. So entstehen Begierde und Hass und in ihrer Folge eine Vielzahl weiterer Leidenschaften wie Missgunst, Stolz und Überheblichkeit, Konkurrenzkampf und ähnliches.

Der Ausgangspunkt ist dieses Ich-Bewusstsein. Deshalb muss man das genauer untersuchen. Natürlich existiert die Person, es existiert auch ein Ich. Wenn wir also einteilen in »Ich« und »andere«, »Ich bin diese Person, und die anderen sind jene Personen«, so ist daran nichts auszusetzen. Es entspricht einfach der (konventionellen) Realität. Aber es gibt auch bestimmte Abstufungen in der Auffassung des Ich. Das können wir beobachten, wenn jemand arrogant ist oder wenn wir selbst arrogant gegenüber jemand anderem sind, oder auch, wenn sich jemand vielleicht besonders schlecht fühlt oder sich selbst erniedrigt. Wir machen einen Unterschied zwischen dem Zustand, in dem wir arrogant oder überheblich sind, und dem Zustand, in dem wir bescheiden und demütig sind. So gibt es verschiedene Stärken, verschiedene Ausformungen eines Ich-Bewusstseins. Und oft gibt es eine Übertreibung des Ich-Bewusstseins, die dann zu den genannten Leidenschaften führt. Wenn dieses Ich-Bewusstsein, das von einem vermeintlich unabhängigen Ich ausgeht, sehr stark ist, treten gewisse Störungen und Hindernisse in unserem Leben auf. Starke Turbulenzen können entstehen. Wir werden aggressiv und so weiter, wir fühlen uns geschädigt.

Darüber gibt es sogar medizinische Untersuchungen. Menschen, die sehr häufig »Ich« denken oder auch häufig »Ich« sagen, neigen eher zu Herzanfällen oder Kreislaufstörungen. Ich finde, der Zusammenhang ist einleuchtend. Es besteht ein starkes Bewusstsein von einem unabhängigen Ich, für das man seine eigenen Interessen durchsetzen möchte. Sobald diesem kostbaren Ich etwas geschieht, weil irgendwelche Störungen im Leben auftauchen, kann man dies nicht ertragen, und es entstehen starke Turbulenzen. Das wirkt sich dann natürlich auch auf die körperliche Ebene aus.

Deshalb ist es günstig, Mittel anzuwenden, mit denen man diese falsche Sicht des Ich, die zu diesen Leidenschaften führt, reduzieren kann, und dazu dient die Betrachtung, wie das Ich denn eigentlich existiert oder nicht existiert. Ein solches Ich-Konzept, das Begierde und Hass entstehen lässt, ist ein Ich-Konzept, das mit der Wirklichkeit nicht übereinstimmt, das die Wirklichkeit verzerrt. Es wurde auch schon darüber gesprochen, dass es verschiedene falsche Auffassungen gibt: Auffassungen, die etwas projizieren, das als solches in Wirklichkeit gar nicht da ist, oder andere, die etwas verleugnen, das tatsächlich existiert. In diesem Fall geht es darum, dass man etwas hinzufügt, das in Wirklichkeit gar nicht da ist beziehungsweise der Wirklichkeit nicht entspricht. Wir haben eine bestimmte Form eines Konzeptes vom Ich. Um das zu verstehen, betrachten Sie irgendeinen Gegenstand, der Ihnen nicht gehört, und dann einen gleichen Gegenstand, der Ihnen gehört. Nehmen wir zum Beispiel den Rosenkranz, die Mālā. Wenn man eine Mālā sieht, die einem nicht gehört, denkt man sich vielleicht, dass es eine schöne Mālā ist, die gut aussieht. Wenn sie aber auf den Boden fällt, wird es einem nicht besonders viel ausmachen. Aber angenommen, Sie haben diese Mālā in Ihrem Besitz und haben ein starkes Gefühl, dass sie Ihnen gehört, dass sie zu Ihrem eigenen Ich gehört. Dann entsteht eine andere Wahrnehmungsweise. Wenn diese Mālā auf den Boden fällt, ist das etwas anderes, dann fühlt man sich selbst dadurch irgendwie geschädigt. Die Wahrnehmung ist anders, als wenn die Mālā eines anderen hinunterfällt, was einem vielleicht eher gleichgültig ist. Auf jeden Fall ist ein großer Unterschied festzustellen.

Wenn wir also Objekte erst einmal mit Begriffen »mein« belegt haben, wie »mein Freund«, »mein Besitz« und so weiter, nehmen diese eine andere Qualität an. Wenn dann irgendetwas mit diesen Dingen geschieht, kann das sehr starke Emotionen auslösen. Wir sehen also, dass es hier einen Unterschied gibt in der Wahrnehmungsweise von Objekten, die wir mit dem Begriff »Ich« belegt haben oder nicht, die mit diesem Konzept des Ich in Verbindung stehen oder nicht. Deshalb sind Untersuchungen darüber, inwieweit dieses Konzept überhaupt der Realität entspricht, sehr wichtig. Damit kann man nämlich herausfinden, dass die Vorstellung eines unabhängigen, substanziellen Ich als Besitzer von Körper und Geist und so weiter nicht der Realität entspricht.

## Die Selbst-Losigkeit der Phänomene

Darüber hinaus, sagt Kamalashīla, sollte man aber auch noch die Objekte des Erlebens untersuchen, die Objekte, mit denen man zu tun hat. Das ist dann die Untersuchung der Selbst-Losigkeit der Phänomene. Sie ist wichtig, denn wenn man die Objekte des Erlebens für aus sich bestehende Objekte hält, ist damit auch schon die Grundlage für Anhaftung oder Aversion gelegt. Im Moment der Begierde sieht man das entsprechende Objekt als von seiner Seite her völlig attraktiv an. Dagegen sieht ein Objekt, das man hasst – ein Mensch oder was immer – im Moment dieser Emotion von seiner Seite her völlig negativ aus. Man projiziert also auf das Objekt, dass es ganz von seiner Seite her diese oder jene Qualität hat. Das wird hier untersucht und als ein Fehler erklärt. Die Yogāchāra-Schule oder Chittamātra-Schule sagt, dass die Objekte tatsächlich keine äußere Realität haben, so wie wir sie auffassen. Wir bilden uns zwar ein, das attraktive Objekt existiere außerhalb unseres eigenen Bewusstseins für sich, so als attraktives Objekt. Die Yogāchārin sagen aber, diese Wahrnehmungsweise sei falsch. Nach ihrer Vorstellung entstehen ein bestimmtes Bewusstsein und das Objekt dieses Bewusstseins oder der Bewusstseinsinhalt aus einem einzigen Eindruck im Geist, aus einem karmischen Samen im Geist. Und somit gibt es keinen essenziellen Unterschied zwischen dem Objekt und dem wahrnehmenden Bewusstsein.

In diesem Sinne sagen sie, dass es keine wirklichen äußeren Objekte gibt als Objekte, die vom Bewusstsein getrennt sind. Wenn man sich darüber bewusst ist, dass die Objekte, an denen man anhaftet, keine vom Bewusstsein getrennten attraktiven Objekte sind, dann reduziert das die Anhaftung sehr stark oder, im gegenteiligen Fall, den Hass. Es geht also darum zu erkennen, dass die Objekte, mit denen man zu tun hat, nicht so existieren, wie sie uns erscheinen oder wie wir sie gewöhnlich wahrnehmen. Und weil eben diese falsche Wahrnehmung die Grundlage dafür ist, dass Hass und Begierde gegenüber den verschiedenen Objekten entstehen, ist es sehr wichtig, diese Objekte, diese Phänomene daraufhin zu untersuchen, ob sie eine Selbstexistenz besitzen, und zu erkennen, dass sie tatsächlich nicht so existieren, wie sie uns erscheinen. Um diese Untersuchung geht es hier. Dabei gibt es auch feine Unterschiede zwischen den verschiedenen Schulen, was die Schulen des Mahāyāna angeht. Die Yogāchāra-Schule wurde schon genannt. Dann gibt es die Mādhyamaka-Schule, und innerhalb der Mādhyamaka-Schule gibt es auch wieder Unterschulen. Es gibt die Svātantrika-Mādhyamikas, die wiederum unterschiedliche Strömungen haben. Innerhalb des Svātantrika-Mādhyamaka gibt es eine Richtung, die mehr der Yogāchāra-Schule zugeneigt ist, die also auch eine Existenz einer äußeren Welt verneint, und es gibt eine andere Richtung der Svātantrika-Mādhyamikas, die eine äußere Welt bestätigt und deshalb von diesem Aspekt her eine gewisse Übereinstimmung mit der Sautrāntika-Schule hat.

Anschließend sagt Kamalashīla über die Selbst-Losigkeit der Phänomene:

> Phänomene werden, kurz gesagt, zu den Fünf Aggregaten, den Zwölf Quellen der Wahrnehmung und den Achtzehn Elementen gezählt. Die physischen Aspekte der Aggregate, Quellen der Wahrnehmung und Elemente sind im letzten Sinne nichts anderes als Aspekte des Geistes. Das ist aus folgendem Grunde so: Werden sie in subtile Teilchen zerlegt und wird die Natur der Teile dieser subtilen Teilchen individuell untersucht, dann lässt sich keine definitive Identität finden.

Hier kommt zum Ausdruck, dass Kamalashīla einer Schulrichtung der Mādhyamikas angehört, die gewisse Ähnlichkeiten mit der Yogāchāra- oder Chittamātra-Schule aufweist, also der Nur-Geist-Schule. Ebenso wie diese akzeptiert sie keine wahre äußere Welt sondern sagt, dass die Phänomene, die uns als vom Bewusstsein völlig getrennte äußere Welt oder äußere Phänomene erscheinen, tatsächlich nichts anderes sind als Objekte, die von einer Entität mit dem wahrnehmenden Bewusstsein sind. Sie sind also bloße Erscheinungsobjekte des Bewusstseins und nicht vom Bewusstsein getrennte Objekte, denn durch die Kraft von inneren Anlagen oder Eindrücken der Vergangenheit kommt Wahrnehmung mit einem bestimmten Bewusstseinsinhalt und einem bestimmten Erscheinungsobjekt zu Stande. Und weil der Bewusstseinsinhalt und das Bewusstsein aus der gleichen Quelle kommen und deshalb nicht voneinander verschiedene Entitäten darstellen, spielen diese inneren Anlagen, aus denen die verschiedenen Wahrnehmungen und Konzepte entstehen, bei der Nur-Geist-Schule oder Yogāchāra-Schule eine große Rolle. Dazu zählen sie vierfache Anlagen auf: solche, die dazu führen, dass man gleichartige Objekte wiedererkennt; solche, die dazu führen, dass man Objekte mit bestimmten Konzepten belegt, außerdem Anlagen, die zu dieser falschen Vorstellung von Selbstexistenz führen; und dann gibt es noch so genannte Anlagen, die Teile des Daseinskreislaufs sind. Schließlich teilen sie diese Anlagen noch weiter auf, wodurch sie auf fünfzehn verschiedene Wahrnehmungskategorien kommen, wie Wahrnehmung von »Ich« und »anderen«, »Zeit« und so weiter.

Wenn wir einen Gegenstand haben – nehmen wir zum Beispiel wieder eine Mālā – und diese Mālā jetzt mit dem Auge sehen, ist das eine Sinneswahrnehmung des Auges. Dass man den Gegenstand mit dem Sehsinn als Mālā sieht, ist darauf zurückzuführen, dass man einen solchen Gegenstand in der Vergangenheit schon einmal gesehen und die entsprechenden Anlagen hat, um jetzt wieder einen gleichartigen Gegenstand zu sehen. Das sind also Anlagen für gleichartige Wahrnehmungen. Wenn man dieses Objekt dann mit einem Begriff belegt und als »Mālā« bezeichnet, kommt das daher, dass man an dieses Konzeptualisieren gewöhnt ist und Anlagen für Konzepte wie »Mālā« in sich hat. Dann gibt es noch weitere Anlagen, die dazu führen, dass man dieses Objekt als ein vom Bewusstsein verschiedenes äußeres Objekt wahrnimmt, aber das ist ja eine Unwissenheit oder falsche Wahrnehmung. Das liegt daran, dass man die Anlagen in sich trägt, die Dinge als selbstexistent aufzufassen. Wenn man nun die Mālā mit dem Begriff »Mālā« belegt, so sagt diese Schule, das sei schon in Ordnung, denn tatsächlich ist die Mālā ja das korrekte Objekt, das man so bezeichnen kann. Nach unserer Wahrnehmung aber scheint es, als sei dieses Objekt von sich aus, quasi unabhängig von allen Bedingungen der Gegenstand, den man mit dem Konzept »Mālā« belegt. In diesem Punkt gibt es eine Diskrepanz zwischen Existenz und Erscheinungsweise, denn in Wirklichkeit ist dieser Gegenstand nur aufgrund verschiedener Bedingungen, Gewohnheiten und so weiter das Objekt, das wir mit diesem Begriff belegen, und nicht von seinen eigenen Merkmalen her. Er könnte auch einen anderen Namen tragen. Die Vorstellung aber, das Objekt sei inhärent von sich aus das Objekt einer bestimmten Bezeichnung, wird hier als das so genannte »Selbst der Phänomene« für falsch erklärt. Ein solches »Selbst der Phänomene«, wie es die Chittamātra-Schule oder auch dieser Teil der Mādhyamaka-Schule bezeichnet, wird durch die Leerheit der Phänomene verneint.

Die Selbst-Losigkeit der Phänomene zu erkennen, bedeutet also zu erkennen, dass Objekte nicht von sich aus, nicht von ihren eigenen Merkmalen her, Gegenstand ihrer jeweiligen Bezeichnung sind. Darüber hinaus gibt es aber noch andere Formen von Unwissenheit, die man in dieser Schule auch als falsche Vorstellung von einem Selbst der Phänomene bezeichnet. Das ist, wie schon zuvor gesagt, dass wir denken, Objekte seien wahre, äußere Objekte, getrennt vom Bewusstsein, so wie sie uns erscheinen. Aber ich sagte schon, das ist nicht korrekt. Nach dieser Schule entstehen Wahrnehmungen also zusammen mit dem entsprechenden Bewusstseinsinhalt aus früheren Anlagen und nicht dadurch, dass vom Bewusstsein verschiedene getrennte Objekte dem Bewusstsein erscheinen. Mit dieser Darstellung berufen sich die Anhänger dieser Schule auf Aussagen des Buddha, der gesagt hat: »Alle drei Bereiche sind bloßer Geist.« Eine andere Stelle bei Nāgārjuna bringt ähnliches zum Ausdruck. Diese Aussagen nimmt diese Schule wörtlich, akzeptiert sie in dem Sinne und sagt: »Alle Phänomene der Wahrnehmung sind nur von der Natur des Geistes.«

Wenn wir das alles überlegen, hilft es uns in der Tat, Begierde und andere Leidenschaften zu reduzieren. Wenn ich ein Objekt wahrnehme, das mir so vorkommt, als sei es von seiner Seite her, unabhängig von meinem Bewusstsein attraktiv, so dass ich daran anhafte, und mir vor Augen führe, dass das nichts anderes ist als eine Erscheinung in meinem Bewusstsein, die aus eigenen inneren Anlagen entstanden ist, dann hilft das sehr, die Begierde zu reduzieren. Nun, die Mādhyamaka-Schule geht noch einen Schritt weiter. Sie sagt: Wenn ihr Yogāchārin sagt, dass die äußere Welt nicht wahrhaft existent ist, dann ist das in der Tat hilfreich, um Begierde und so weiter in Bezug auf äußere Objekte zu reduzieren. Aber wenn wir im Gegensatz zu den äußeren Objekten das Bewusstsein selbst für wahrhaft existent halten, besteht doch immer noch die Möglichkeit – und die ist tatsächlich gegeben –, dass man Anhaftung an innere Bewusstseinszustände entwickelt. Wir kennen ja Anhaftung nicht nur an äußere Objekte, sondern zum Beispiel auch an inneres Glück oder an Hass, in den Fällen, in denen wir innere Empfindungen von Leiden und Schmerzen verspüren.

Deshalb müssen wir auch genauer untersuchen, wie das Bewusstsein selbst existiert. Davon schreibt Kamalashīla weiter in dieser Passage:

> Im endgültigen Sinne kann auch der Geist nicht wirklich sein. Wie könnte der Geist, der nur die falsche Natur physischer Form und so weiter auffasst und in verschiedenen Aspekten in Erscheinung tritt, wirklich sein? Ebenso wie physische Formen und so weiter falsch sind – da der Geist nicht von physischer Form und so weiter, die falsch sind, getrennt existiert, ist auch er selbst falsch. Ebenso wie physische Formen und so weiter verschiedene Aspekte besitzen und ihre Identitäten weder eins noch viele sind, genauso ist seine Identität weder eins noch viele, da der Geist von ihnen nicht verschieden ist. Darum ist der Geist seiner Natur nach wie eine Illusion.

Die Argumentation ist also im Wesentlichen folgende: Wenn die Objekte eines Bewusstseins nicht so existieren, wie sie erscheinen, dann ist auch dieses Bewusstsein nicht wahrhaft so existent, wie es erscheint. Mit anderen Worten, nach dieser Mādhyamaka-Schule sind sowohl die Bewusstseinsobjekte, als auch das wahrnehmende Bewusstsein selbst gleichermaßen leer von einem wahren Eigenwesen. Kurz gesagt sind alle äußeren und inneren Phänomene leer von einem unabhängigen Eigenwesen. Hier gibt es natürlich noch gewisse subtilere Unterschiede. So sagt die Mādhyamaka-Schule, der Kamalashīla angehört, dass die Ablehnung einer äußeren Welt korrekt ist, wie es auch die Chittamātra-Schule macht. Zusätzlich wird aber auch die Leerheit des Bewusstseins beschrieben. Dagegen sagen andere Mādhyamaka-Schulen: Die Verneinung einer äußeren Welt ist nicht korrekt; man braucht die äußere Welt nicht zu verneinen, denn sowohl äußere Welt als auch Bewusstsein sind gleichermaßen leer. Da gibt es also gewisse Unterschiede.

## Die »Leerheit der Leerheit«

Nun, auf jeden Fall sagt die Mādhyamaka-Schule in Bezug auf alle Phänomene, innere wie äußere, dass sie leer sind von Eigenwesen. Die Phänomene existieren also nicht so, wie sie uns erscheinen. Das heißt, wenn etwas so existierte, wie es erscheint, hätte es eine wahre Existenz. Aber bei genauer Untersuchung ergeben sich viele Widersprüche, wenn man annimmt, dass die Dinge tatsächlich mit einem Eigenwesen existieren, so wie sie uns erscheinen. Aus diesem Grund sind sie leer von fälschlich vorgestellter Eigenexistenz. Weiter unten im Text wird das auch noch in Bezug auf viele Kategorien von Objekten dargelegt. Und dann greift Kamalashīla hier auch noch einen anderen wichtigen Punkt heraus: Nicht nur das Objekt der jeweiligen Untersuchung, also der konventionelle Gegenstand, zum Beispiel die Mālā oder was auch immer, ist leer von Eigenexistenz, sondern auch dessen endgültige Existenz, dessen endgültige Wirklichkeit, nämlich seine Leerheit. Die Begründung ist folgende: Wenn ein Gegenstand leer ist, dann ist auch seine Wirklichkeit leer, seine eigentliche Bestehensweise. Das ist im Mādhyamaka-System sehr wichtig und wird auch in den Schriften von Nāgārjuna deutlich betont. Wenn man nämlich einen bestimmten Gegenstand untersucht und herausfindet, dass seine endgültige Natur seine Leerheit ist, seine Leerheit von einem Eigenwesen, dann besteht eine gewisse Gefahr, dass man diese Leerheit, seine endgültige Wirklichkeit wiederum für etwas Absolutes hält, das aus sich heraus besteht. In dem Fall, so heißt es, wäre einem nicht mehr zu helfen. Diese Sicht wäre nicht mehr zu heilen. Denn dann hätte man etwas Absolutes, das man für aus sich heraus bestehend oder existierend hält. Deshalb hat der Buddha sehr viele Arten von Leerheit beschrieben, zum Beispiel eine Einteilung in sechzehn Leerheiten, in zwanzig Leerheiten und so weiter, auch die Leerheit des Inneren und des Äußeren. Da finden wir auch den Begriff der »Leerheit der Leerheit«, und dieser Begriff ist sehr wichtig. Denn wenn wir erkennen, dass ein Objekt leer von Eigenexistenz ist, und diese Leerheit von Eigenexistenz dann selber wieder zum Objekt der Untersuchung machen, werden wir herausfinden, dass auch diese nicht so existiert, wie sie erscheint. Die Leerheit erscheint zwar wiederum als etwas aus sich Bestehendes. Doch wenn wir sie untersuchen, finden wir, dass auch sie selber leer ist von Eigenexistenz.

Und das ist diese Leerheit der Leerheit, auf die besonders hingewiesen wird. So lehrt also der Buddha besonders in den Sūtras über die Vollkommenheit der Weisheit, den *Prajñāpāramitā-Sūtras*, dass die Phänomene, seien sie konventionell oder endgültig, allesamt leer von Eigenexistenz sind. Wenn man diese Aussagen des Buddha in den *Prajñāpāramitā-Sūtras* wörtlich nähme, wenn man also die wahre Existenz aller Phänomene ohne Unterschiede verneinen würde, dann wäre das nach der Yogāchāra-Schule oder Chittamātra-Schule Nihilismus. Deshalb sagen sie, der Buddha habe in einem weiteren Rad der Lehre, dem so genannten »Rad der guten Unterscheidung« differenziert und gesagt, dass die Leerheit von wahrer Existenz nicht ohne Unterschied anzunehmen ist, sondern differenziert verstanden werden muss. Und sie sagen: »Alle Phänomene haben die drei Naturen und diese sind in unterschiedlicher Weise leer.« So müsse man differenzieren.

## Die drei Naturen

Ein Phänomen oder ein Gegenstand hat einmal eine »begriffliche Natur«, das heißt, wir fügen ihm bestimmte Begriffe hinzu. Diese existieren aber nur von der Seite des begrifflichen Denkens her, nicht von der Seite des Objekts.

Deshalb sind diese begrifflich hinzugefügten Merkmale leer davon, von sich aus zu existieren, leer von eigenen Merkmalen. Dann hat ein solcher Gegenstand auch eine so genannte »abhängige Natur«. Weil er aus bestimmten Ursachen entstanden ist, hat er eine bestimmte Wirkungsfähigkeit. Diese abhängige Natur ist leer in einem anderen Sinne, nämlich leer davon, aus sich selbst heraus entstanden zu sein, weil sie aus anderen Ursachen entstanden ist. Schließlich hat ein solcher Gegenstand noch eine so genannte »vollständig erwiesene Natur«. Das ist seine endgültige Existenz. Sie besteht darin, dass er frei ist von jedem absoluten Sein oder von jeder Form einer unabhängigen Existenz.

So können wir also bei einem Gegenstand verschiedene Naturen feststellen, die in unterschiedlicher Weise leer sind von bestimmten, fälschlich vorgestellten Konzepten oder Bestehensweisen. Deshalb wird, wenn wir einen solchen Gegenstand betrachten, diese begrifflich hinzugefügte Natur oder das, was nur aus unseren Konzepten kommt, in Bezug auf diesen Gegenstand verneint. Der Gegenstand selbst jedoch in seinem abhängigen Entstehen, wie er aus Ursachen entstanden ist, bildet die Grundlage für solche begrifflichen Hinzufügungen, und diese Grundlage ist wahrhaft existent.

Der Gegenstand hat, wie gesagt, auch eine endgültige Natur. Das ist sein Leersein von falsch hinzugefügten Begriffen, wie »äußere Welt« und ähnlichen. So sagen die Chittamātrin, dass die *Prajñāpāramitā*-Sūtras in dieser Weise interpretiert werden müssen. Der Mādhyamaka-Schule zufolge sind diese *Prajñāpāramitā*-Sūtras allerdings wörtlich zu nehmen, und zwar insofern, als den Dingen wirklich in Bezug auf alle Phänomene und all ihre Aspekte ohne Unterschied ein Eigenwesen fehlt. Deshalb sagen die Mādhyamikas, diese Sūtras seien die endgültig zu nehmenden Sūtras, die endgültigen Aussagen des Buddha über die letztgültige Realität.

## Die Leerheit im Sinne des Prāsangika-Mādhyamaka

Wenn man die Leidenschaften reduzieren will, dann ist es gut, bei der Selbst-Losigkeit der Person zu beginnen. Obwohl die Ich-Wahrnehmung im Alltag brauchbar ist, ist sie eine falsche Sicht von einem Ich, die zur Entstehung von Leidenschaften führt. Deshalb sollte man erkennen, dass die Wahrnehmung eines Ich in bestimmten Punkten falsch ist, wie es gerade erklärt wurde. Dann geht man weiter zu den übrigen Phänomenen, erkennt, dass es bei ihnen als Objekten der Wahrnehmung dieses Ich ebenso eine Diskrepanz gibt zwischen der Art und Weise, wie sie erscheinen und wie sie existieren. Die Objekte erscheinen zwar in einer gewissen Weise, aber wenn man sie genauer untersucht, ist diese Erscheinungsweise nicht als ihre eigentliche Existenzweise zu begründen.

Das wurde ja schon zuvor deutlich gemacht. Jetzt kommen wir wieder zu dem Text von Atīsha, zur *Lampe auf dem Pfad.* Da erklärt Atīsha diese Untersuchung der Phänomene oder die Untersuchung der Wirklichkeit ab dem 47. Vers:

> Die Leerheit von inhärenter Existenz zu verstehen,
> Indem man erkennt, dass die Aggregate, Elemente
> Und Sinnesquellen nicht entstehen,
> Wird als Weisheit bezeichnet.

Das heißt, es gibt zwar die Phänomene, und sie haben konventionelle Existenz in dem Sinne, dass wir beobachten können, wie sie entstehen, bestehen und vergehen. Es gibt Nutzen und Schaden, gut und schlecht und all diese Dinge. Aber wenn man sie genau untersucht, findet man heraus, dass diese Bestehensweisen nicht als endgültige Wirklichkeit existieren, das heißt, die Dinge existieren nicht inhärent oder aus einem Eigenwesen heraus, als dieses oder jenes, als das wir sie auffassen. Dieses Verständnis, sagt Atīsha, ist die Weisheit in Bezug auf die endgültige Realität.

In den *Mūlamādhyamakakārikā* sagt Nāgārjuna zu Beginn im Vers der Verehrung:

> Was immer abhängig entstanden ist, besitzt weder Vergehen noch Entstehen, weder Andauern noch Vergänglichkeit, weder Kommen noch Gehen, ist weder verschieden noch eins. Vor dem Edlen, dem Verkünder, dem vollendeten Buddha, welcher den Frieden aufzeigt, in dem alle geistigen Konstrukte völlig beruhigt sind, verneige ich mich.

Hier macht Nāgārjuna deutlich, dass es vielfältige Phänomene gibt, die im Rahmen des Abhängigen Entstehens zu Stande kommen, wie das Entstehen eines Dinges und das Vergehen eines Dinges. Wir haben Begriffe wie Eins und Verschiedenheit und ähnliches. Wenn diese Phänomene tatsächlich so existierten, wie sie uns erscheinen, müssten wir sie bei genauer Untersuchung auch irgendwie auffinden können. Aber das Gegenteil ist der Fall. Wenn wir ein Objekt genau daraufhin untersuchen, was nun das Entstehen ist oder das Vergehen, das Eins-Sein oder die Verschiedenheit und so weiter, dann können wir nichts auffinden. Das bedeutet, dass die Dinge zwar diese Bestehensweisen im relativen oder konventionellen Sinn haben, diesen aber keine letztgültige oder absolute Existenz zukommt. Natürlich entstehen die Dinge, und wir sehen zum Beispiel, dass aus einem Samen eine Pflanze wächst oder die Mutter ein Kind zur Welt bringt. Es würde der direkten Wahrnehmung widersprechen, könnten wir das widerlegen. Wenn es also solche Aussagen in den Mādhyamaka-Schriften gibt, dass ein Ding weder aus sich besteht noch aus anderem, noch aus beiden noch ohne Ursachen, dann kann das nicht so gemeint sein, dass es nicht einmal auf der konventionellen Ebene Entstehen, Vergehen und so weiter gäbe.

Darum geht es hier nicht, sondern vielmehr darum, dass diese Bestehensweisen in Bezug auf ihre endgültige Natur widerlegt werden. Das heißt, wenn man von einem Ding meint, es würde so existieren, aus sich heraus, wie es uns erscheint, und dann dieses Ding zu begründen oder irgendwo aufzufinden versucht, dann kann man es nicht begründen oder auffinden. In diesem Sinne sind die Dinge leer von einer Eigenexistenz, und das betrifft sowohl ihr Sein als auch ihr Entstehen und Vergehen. Das betrifft Kontinuität von Dingen und ähnlichem. Und genau das meint auch Atīsha, wenn er in Vers 49 sagt:

> Ein Ding entsteht nicht aus sich selbst,
> Und auch nicht aus einem anderen,
> Es entsteht auch nicht aus beidem und auch nicht ohne Ursache.
> Somit existiert es nicht inhärent, durch seine eigene Entität.

Atīsha selbst hat von verschiedenen Lehrern Überlieferungen bekommen und Lehren erhalten. Einer seiner Lehrer war Serlingpa, von dem er hauptsächlich Erklärungen über den Erleuchtungsgeist, die Bodhisattva-Haltung erhalten hat. Serlingpa selbst war allerdings Yogāchāra-Anhänger und kein Mādhyamika. Die Erklärung zur endgültigen Sichtweise hat Atīsha jedoch von Avadhuti dem Jüngeren erhalten, einem anderen indischen Meister. Und dieser ist ein Anhänger des Systems von Chandrakīrti, der die Mādhyamaka-Philosophie vertritt und zwar im Sinne der so genannten Prāsangika-Mādhyamikas, die davon ausgehen, dass die Dinge nicht einmal auf der konventionellen Ebene eine inhärente Existenz haben.

Diese Sicht von Chandrakīrti vertritt auch Atīsha, und sie geht letztlich auf Buddhapālita zurück. Dieser hat in seinen Schriften, zum Beispiel im ersten Kapitel eines Kommentars zu Nāgārjunas *Mūlamadhyamakakārikā*, ganz deutlich gemacht, dass tatsächlich alle Phänomene nur kraft ihrer Benennung existieren und nicht von ihrem eigenen Wesen her, wie es uns vorkommt.

Ob es zum Beispiel die Phänomene im Zustand ihrer Ursachen sind oder im Zustand des Entstehens, während ihres Daseins oder dann, wenn sie ihre Wirkung hervorbringen und wieder vergehen – alle diese Vorgänge und Ereignisse sind durch Begriffe existent. Diese werden ihnen aufgrund von bestimmten Relationen und Abhängigkeiten zugeschrieben, sie existieren nicht von ihrem Eigenwesen her. So begründet Nāgārjuna auch in seinen *Grundversen zum Mittleren Weg* das Leersein der Phänomene mit ihrem Abhängigen Entstehen. Er sagt, dass die Dinge eben in einer abhängigen Weise benannt werden und aus diesem Grund leer von Eigenexistenz sind. Weiter sagt er: »Weil es nichts gibt, das nicht abhängig entstanden wäre, gibt es auch nichts, das nicht leer wäre.« Das Abhängige Entstehen ist also ein Grundprinzip der gesamten Wirklichkeit. Abhängiges Entstehen bedeutet, dass Dinge auf anderem beruhen. Abhängig-Sein und Unabhängig-Sein sind direkte Widersprüche, sie können nicht beide zutreffen. Ein bestimmter Gegenstand kann unmöglich gleichzeitig abhängig und unabhängig sein. Diese beiden Zustände schließen einander aus. Was wir relativ leicht nachweisen können, ist, dass der Gegenstand abhängig ist, und dann ist es unmöglich, dass er ein unabhängiges Eigenwesen besitzt. Das ist die Argumentation.

Auch Āryadeva sagt das in seinen *400 Versen*. Die Dinge hängen von anderen ab, sie bestehen nur durch anderes, sie bestehen nur relativ zu anderem, deshalb müssen sie zwangsläufig leer von einem Eigenwesen oder einer inhärenten Existenz sein. Das so genannte »Selbst«, das in dieser Schule, dem Mādhyamaka und speziell dem Prāsangika-Mādhyamaka, durch die Selbst-Losigkeit verneint wird, bedeutet letztlich ein unabhängiges Sein. Das macht auch Chandrakīrti im Kommentar zu den *400 Versen* von Āryadeva ganz deutlich: Was wir als »Selbst« bezeichnen, ist irgendein Eigenwesen der Dinge, das von anderen nicht abhängig wäre, das auch nicht auf anderem beruht. Dass es solches nicht gibt, das wird als Selbst-Losigkeit bezeichnet, und davon gibt es dann zwei Arten: die Selbst-Losigkeit der Person und die Selbst-Losigkeit anderer Phänomene. Es ist also hier ganz klar, dass Selbst im Sinne von unabhängigem Eigenwesen verstanden wird. Das Abhängige Entstehen ist somit die vollständige und beste Begründung für die Leerheit.

Dadurch wird auch deutlich, dass Leerheit oder Verneinung einer Selbstexistenz nicht im Sinne einer totalen Nicht-Existenz der Dinge zu verstehen ist, sondern eben in dem Sinne, dass sie kein unabhängiges Eigenwesen besitzen. Deshalb ist die Leerheit als Wirklichkeit des Abhängigen Entstehens zu begreifen. Das wird von Nāgārjuna und späteren Mādhyamaka-Meistern als »Benennung in Abhängigkeit« bezeichnet oder als abhängige Benennung. Alle Phänomene sind abhängig benannt und deshalb leer von Eigenexistenz. Daher sagt Nāgārjuna, weil es eben nichts gibt, was nicht abhängig wäre, gibt es auch nichts, was nicht leer wäre.

Beim Abhängigen Entstehen gibt es verschiedene Ebenen. Gestern oder vorgestern wurde schon darüber gesprochen, dass, wie Kamalashīla sagt, die Allwissenheit abhängig ist in dem Sinne, dass sie von den Übungen auf dem Pfad abhängig ist, also durch bestimmte Ursachen und Bedingungen zu Stande gebracht werden muss. Das ist ein Abhängigkeitsprinzip, bei dem es um die Abhängigkeit von Ursache und Wirkung geht, aber es gibt noch weitere

Abhängigkeiten, zum Beispiel, dass das Ganze von seinen Teilen abhängig ist. Darüber hinaus gibt es die subtilste Ebene der Abhängigkeit, die »Benennen in Abhängigkeit« genannt wird. Auch Phänomene sind Benennungen, die in Abhängigkeit erfolgen. Das heißt, Phänomene sind abhängig von dem Begriff, mit dem sie belegt werden, und diese Begrifflichkeit wird in Bezug auf ihre Teile angewandt und so weiter, und davon sind sie abhängig. Diese Art von Abhängigkeit von Begriffen bezieht sich auf alle Phänomene, nicht nur auf die, die in einem Ursache-Wirkungs-Zusammenhang existieren, also auf die Produkte, sondern ebenso auf alle anderen.

Wir haben also drei Möglichkeiten, das Abhängige Entstehen zu verstehen: einmal als Ursache-Wirkungs-Zusammenhang, weiter in der Abhängigkeit des Ganzen von seinen Teilen und dann als Abhängigkeit der Phänomene von Benennungen. Und nur diese letzte Art des Verständnisses kann die Unwissenheit in Bezug auf das Selbst endgültig überwinden. Das meint auch Nāgārjuna in den zuvor genannten Versen, wo er sagt, weil eben nichts unabhängig existiere, gäbe es auch nichts, was nicht leer wäre. Er bezieht sich da auf diese Abhängigkeit von Benennungen. Wenn man diese Abhängigkeit versteht, kann man die Selbst-Losigkeit im ganzen Umfang erfassen. Hier wird Leerheit nicht so sehr als durchgängiges Prinzip in Bezug auf alle Aspekte aller Phänomene verstanden und muss nicht irgendwie eingeschränkt werden, wie das andere Schulen tun. So sagen zum Beispiel die Svātantrika-Mādhyamikas, wenn es in den *Prajñāpāramitā*-Sūtras heißt, dass die Dinge leer von Eigenwesen sind, dann müsse man das weiter qualifizieren und sagen, sie seien im absoluten Sinne leer von Eigenwesen. Die Chittamātra-Schule, die gerade vorgestellt wurde, sagt: »Man muss das anders verstehen, man muss das differenzieren in drei Naturen der Phänomene, man muss die Leerheit differenziert verstehen.« Das machen die Prāsangika-Mādhyamikas nicht. Sie sagen vielmehr, diese Leerheit der Dinge von Eigenwesen bestehe auf jeder Ebene ohne Einschränkung, sowohl was die absolute, als auch was die konventionelle Natur der Dinge betrifft.

Und das eben deshalb, weil man von dem Verständnis ausgeht, wie die Dinge von ihren Benennungen abhängig sind. Wenn wir dieses Prinzip jetzt anwenden und einen Gegenstand betrachten, zum Beispiel die Mālā, dann kann man durch die Sicht der Selbst-Losigkeit der Person die Begierde auf dieses Objekt reduzieren, weil man weiß: Das Objekt ist kein Erlebnisobjekt eines unabhängigen Ich. Weiterhin kann man die Begierde auch durch die Sicht der Chittamātra-Schule reduzieren, dass diese Mālā keine äußere Wirklichkeit ist. Aber solange man den Gegenstand von seinem Eigenwesen her für existent hält, bleibt unabhängig vom Bezug zur eigenen Person immer noch eine gewisse Ebene, an die man Anhaftung entwickeln könnte. Die Grundlage für subtile Begierde ist also gegeben. Und deshalb muss nach der Prāsangika-Mādhyamika-Schule sogar jemand, der nur die Leidenschaften im eigenen Geist überwinden will, die Leerheit von diesem Eigenwesen der Dinge verstehen.

Das bedeutet: Erst wenn man durch Verständnis der subtilsten Ebene des Abhängigen Entstehens auch die subtilste Ebene der Leerheit verstanden hat, kann man alle Formen der Unwissenheit an der Wurzel ausrotten. Wie Nāgārjuna sagt, wenn man die subtilere Ebene der Unwissenheit überwunden hat, können die gröberen nicht mehr entstehen. Wenn man jedoch nur gröbere Ebenen überwunden hat, können die subtilen Ebenen weiterhin wirksam sein. Man muss also die subtilste Ebene der Unwissenheit überwinden. Und das ist nach dieser Prāsangika-Mādhyamika-Schule nur dadurch zu erreichen, dass man tatsächlich erkennt, dass alle Dinge auf allen Ebenen, auch konventionell, ohne ein Eigenwesen sind und nur in Abhängigkeit, also aufgrund von Begriffen existieren. Somit gibt es auch zwischen den beiden Selbst-Losigkeiten der Person und der Phänomene keinen qualitativen Unterschied in dem Sinne, dass die eine gröber wäre als die andere, sondern es ist einfach nur dieselbe Leerheit von jedem Eigenwesen, die sich einmal auf die Person und einmal auf andere Phänomene bezieht. Zwischen beiden besteht jedoch kein Unterschied in der Subtilität, und deshalb muss jeder, der Leidenschaften überwinden will, diese subtilste Ebene der Leerheit verstehen. Genau das ist auch die Sicht, die Atīsha in seinem Text vertritt. Deshalb erklärt er hier, wie man mit den verschiedenen Analysen schrittweise diese Weisheit entwickelt und Fortschritte auf dem Pfad macht. Genauere Erklärungen dazu finden wir bei Kamalashīla in seinem Text über die Stufen der Meditation.

Und noch ein Satz, ein Zitat von Nāgārjuna:

> Mögen durch das Heilsame alle Wesen Verdienste und Weisheit sammeln können, und mögen sie die zwei Buddhakāyas erlangen, welche aus Verdienst und Weisheit entstehen.

Das bezieht sich genau auf die wichtigsten Aspekte der Dharmapraxis, nämlich einerseits auf die Entwicklung des Erleuchtungsgeistes oder der altruistischen Bodhisattva-Haltung und andererseits auf die Entwicklung der Weisheit der endgültigen Realität oder Leerheit. Das greift nämlich genau die beiden Haupthindernisse unseres Geistes an: Der Erleuchtungsgeist ist gegen die Selbstsucht gerichtet und die Weisheit der Leerheit gegen die Vorstellung von einer Selbstexistenz der Dinge und des Ich. Und wenn man diese beiden Aspekte übt – Erleuchtungsgeist und Weisheit der Leerheit – , wird man tatsächlich Fortschritte auf dem Pfad machen bis hin zu den vollkommenen Eigenschaften eines Buddha. Dadurch erreichen wir den Segen aus der Lehre des Buddha und ihrer Praxis, und das ist auch der Segen des Lamas. So verwirklichen wir die Intention des Buddha, von Nāgārjuna und den übrigen Meistern. Auf diese beiden Punkte sollten wir uns konzentrieren.

# Vorbereitung auf die Initiation

In den letzten drei Tagen wurden vorbereitende Erklärungen über die allgemeinen Prinzipien des buddhistischen Pfades gegeben. Dabei wurde ein Widmungsvers von Nāgārjuna erwähnt, in dem es heißt:

> Mögen durch das Heilsame alle Wesen Verdienste und Weisheit sammeln können, und mögen sie die zwei Buddhakāyas erlangen, welche aus Verdienst und Weisheit entstehen.

Dadurch wird hier und in vielen anderen Texten zum Ausdruck gebracht, dass der Pfad zur Buddhaschaft aus der Ansammlung von Verdiensten oder heilsamen Potenzialen und der Vermehrung von Weisheit besteht. Die Ansammlung von Verdiensten, das sind die altruistischen Übungen, die ein Bodhisattva ausführt, basierend auf dem so genannten konventionellen Erleuchtungsgeist, also dem Streben nach Buddhaschaft, um das Wohl aller fühlenden Wesen erreichen zu können. Die Ansammlung von Weisheit bezieht sich auf die Sicht der endgültigen Realität, den endgültigen Erleuchtungsgeist, das heißt, auf die Einsicht in die Leerheit aller Phänomene von Eigenexistenz. Diese beiden Arten des Erleuchtungsgeistes beziehungsweise Verdienstansammlung und Weisheit sind die Wurzeln des Pfades. Und so sagt auch Nāgārjuna in den *Mūlamādhyamakakārikā*, den *Grundversen zum Mittleren Weg*:

> Die Buddhas lehren einwandfrei in einer vollständigen Weise die zwei Wahrheiten.

Das sind die konventionelle Wahrheit und die endgültige Wahrheit. Damit befassen sich diese beiden Aspekte des Pfades: die Weisheit mit der endgültigen Wahrheit, der endgültigen Wirklichkeit und die altruistische Methode mit der konventionellen Wirklichkeit. Und bei Atīsha heißt es in seiner *Lampe auf dem Pfad* in Vers 43:

> Weisheit ohne geschickte Mittel und auch geschickte Mittel ohne Weisheit werden als Fesseln bezeichnet, darum lasse keines von beiden außer acht.

Das bedeutet also, wenn man nur Verdienst ansammelte und Altruismus übte ohne die Weisheit der endgültigen Realität oder umgekehrt nur die Weisheit der endgültigen Realität pflegte ohne altruistische Verdienstansammlung, könnte man in keinem Fall die Erleuchtung erreichen. Was wir brauchen, ist eine Einheit dieser beiden Aspekte, in der Weisheit und altruistische Methoden sich gegenseitig fördern und unterstützen. Das ist die allgemeine Vorgehensweise auf jedem Pfad des Buddhismus.

Nach den Darlegungen der Geistigen Ruhe und der Besonderen Einsicht finden wir in der *Lampe auf dem Pfad* von Atīsha ab Vers 60 die Darlegung des Vajrayāna:

> Wenn du wünschst, mit Leichtigkeit
> Die Ansammlungen für die Erleuchtung zu schaffen,
> Durch die Aktivitäten von Befriedung, Vermehrung und so weiter...

In diesen und den folgenden Versen wird also ausgedrückt, wenn man die entsprechende Veranlagung, die entsprechende Neigung und Fähigkeit hat, dann soll man das Tantra praktizieren. Nun, was allgemein tantrische Praxis angeht – oder, wie es genauer heißt, Mantra-Praxis oder die Praxis des Geheimen Mantra –, so ist das nicht eine spezifisch buddhistische Lehre, sondern man findet Ähnliches auch in nicht-buddhistischen Traditionen. Es gibt auch die Herstellung und den Gebrauch von Mandalas als Meditationshilfe, ebenso verschiedene Yoga-Übungen, wie das so genannte Wind-Yoga oder Yoga der inneren Hitze. Ein Bekannter, der sich in den entsprechenden indischen Traditionen auskennt, sagte mir, dass auch die Praxis der Überleitung des Bewusstseins – *phowa ('pho ba)* – oder das Eintreten in den Körper eines anderen – *throngjug (grong jug)* – in nicht-buddhistischen tantrischen Traditionen vorkommt. Das heißt, es gibt sozusagen zwei Arten von Tantra: buddhistisches und nicht-buddhistisches. Die Frage ist nun, wie man den Unterschied zwischen beiden definieren kann. Dafür können wir auf das zurückgreifen, was schon vorher über Geistige Ruhe und Besondere Einsicht gesagt wurde, über *Shamatha* und *Vipashyanā*. Geistige Ruhe, also einspitzige Konzentration und tiefe Versenkungszustände zu erreichen, ist nichts speziell Buddhistisches sondern eine allgemeine spirituelle Praxis. Und auch was das Erreichen von Besonderer Einsicht oder *Vipashyanā* angeht, gibt es in nicht-buddhistischen Traditionen die Übung, sich die Nachteile der gröberen Versenkungs- und Geisteszustände und die Vorteile der ausgeglicheneren, konzentrierteren, tieferen Versenkungszustände immer wieder vor Augen zu führen, in dieser Weise Analyse und Einsicht zu üben und dadurch die Versenkungszustände zu erreichen.

Was aber macht nun bei den Übungen von Geistiger Ruhe und Besonderer Einsicht das spezifisch Buddhistische aus? Es ist die Motivation, dass dieser Praxis die Zuflucht zu den Drei Juwelen – Buddha, Dharma, Sangha – zugrunde liegt, oder beispielsweise die Motivation eines Bodhisattva, also der Erleuchtungsgeist, und andere spezifische buddhistische Aspekte in diesem Zusammenhang. Ähnlich ist es bei den tantrischen Lehren. Das buddhistische Tantra ist ganz klar ein Teil des Mahāyāna und in diesem Kontext zu verstehen. Das heißt also, eine unabdingbare Eigenschaft oder Voraussetzung für die tantrische Praxis im Buddhismus ist die Entwicklung des Erleuchtungsgeistes, oder zumindest das Bemühen, diese Bodhisattva-Haltung zu entwickeln. Außerdem ist es sehr wichtig, ein gutes Verständnis der Selbst-Losigkeit der Phänomene zu haben, also der Leerheit aller Phänomene von Eigenexistenz. Dabei ist es am besten, die Sichtweisen des Mādhyamaka zu entwickeln, weil das als höchste und endgültige Sicht der letztgültigen Realität gilt. Aber zumindest ist es nötig, die Sichtweise der Nur-Geist-Schule oder Yogāchāra-Schule zu haben. Unter den indischen tantrischen Schriften finden wir viele, die, was ihre philosophische Sichtweise betrifft, die Sicht des Mādhyamaka wiedergeben. Wir finden aber auch andere, die auf der Sichtweise des Yogāchāra-Systems oder Nur-Geist-Systems basieren. Allerdings kann man sagen, dass ein wirklicher Fortschritt über einen bestimmten Punkt des Pfades hinaus, also auf dem so genannten Pfad eines Heiligen, nicht möglich ist, wenn man die Sicht des Mādhyamaka nicht entwickelt. Aber zumindest Fortschritte auf dem tantrischen Pfad kann man auch mit der Sicht des Yogāchāra-Systems machen. Basierend auf diesen spezifisch buddhistischen Geisteshaltungen, wie Bodhisattva-Haltung oder Bodhichitta und der Sicht der Leerheit, werden dann besondere Übungen durchgeführt, die in Zusammenhang stehen mit dem inneren subtilen System der so genannten Tropfen, den Energiekanälen und den darin fließenden Energien oder Winden. Das macht dann insgesamt das aus, was wir als buddhistisches Tantra bezeichnen können.

Es geht im buddhistischen Tantra also darum, dass diese tantrischen Methoden der Visualisation und so weiter, mit bestimmten buddhistischen Inhalten verbunden sind. Das macht die Besonderheit aus. Die Frage ist nun, wie die Einheit von Weisheit und Methode im buddhistischen Tantra beschaffen ist. Es wurde ja schon gesagt, dass auf jedem buddhistischen Pfad eine Einheit von Weisheit und Methode geübt werden muss. Und da haben wir den Begriff, dass einmal die Weisheit von der Methode ergänzt und umgekehrt die Methode von der Weisheit ergänzt oder gefördert wird. Wenn wir davon sprechen, dass die Methode von der Weisheit ergänzt wird, dann ist das zum Beispiel im so genannten Vollkommenheitsfahrzeug so, dass man bei der Übung der Freigebigkeit, die eine Übung der altruistischen Methode ist, gleichzeitig die Sicht pflegt, dass zum Beispiel der Gebende, die Gabe und der Empfänger der Gabe nicht inhärent oder absolut und losgelöst voneinander existieren, sondern völlig leer von jeder unabhängigen Eigenexistenz sind. Und umgekehrt bedeutet, die Weisheit mit der Methode zu unterstützen oder zu ergänzen, dass man vor der Meditation über die Leerheit als Motivation für diese Meditation den Erleuchtungsgeist entwickelt, dass man also die Buddhaschaft zum Wohle aller Wesen erreichen will und aus dieser Motivation dann über die endgültige Realität meditiert. Auf diese Art wird die Weisheit von der altruistischen Methode gefördert.

Im nicht-tantrischen Mahāyāna, dem Vollkommenheitsfahrzeug, haben wir also zwei verschiedene Bewusstseinszustände, Weisheit und Methode, die sich gegenseitig fördern und ergänzen. Was wir dort nicht haben, sind beide Aspekte in einer Entität zusammengefasst, das heißt, beide Aspekte in einem Bewusstsein präsent. Das ist eine Spezialität des Tantra, wo ein Bewusstsein geübt wird, in dem sowohl Weisheit als auch Methode vorhanden sind. Diese stellen aber nicht verschiedene Entitäten dar, also verschiedene Bewusstseinszustände, sondern nur zwei Aspekte des gleichen Bewusstseinszustands. Wie wird das erreicht? Eine Besonderheit des Tantra ist ja die Visualisation als Gottheit, das so genannte Gottheitenyoga. Das wird nicht einfach so gemacht, dass man sich nun als Buddha-Aspekt mit all den verschiedenen Attributen vorstellt. Der Ausgangspunkt ist vielmehr eine Meditation über die Leerheit, also ein Bewusstsein, das sich die Leerheit aller Phänomene von Eigenexistenz möglichst deutlich vergegenwärtigt. Und diesen Geist, der die Leerheit erkennt, stellt man sich dann in der Gestalt eines Buddha vor. Dabei macht man sich zuerst in Bezug auf die Leerheit bewusst, dass die endgültige Realität der eigenen Person und die endgültige Realität der Gottheit, also ihre Leerheit, nicht prinzipiell verschieden, sondern gleich sind. Und man vergegenwärtigt sich diese Gleichheit der eigenen endgültigen Realität und der Gottheit. Dieses Verständnis der Leerheit wird dann in der Vorstellung zur Gottheit umgewandelt, als Gottheit visualisiert. Das benennt man dann in den tantrischen Schriften so, dass das Leerheitsbewusstsein als Gottheit erscheint oder hervorgebracht wird. Es geht also nicht darum, sich einfach irgendetwas vorzustellen, sondern dieses Bewusstsein der Leerheit von einem selbst und der Gottheit muss unbedingt vorausgehen. Das hat damit zu tun, dass im Falle des Resultates auf der Ebene der Buddhaschaft eine wirkliche Vereinigung des Bewusstseins der endgültigen Realität und der Erscheinung als vollkommener Buddha, als vollkommener Buddhakörper erreicht ist. Vorher, auf dem Pfad, stellt man sich das schon vor, obwohl man es noch nicht erreicht hat. Wenn es gar nicht zu erreichen wäre, wäre es allerdings unrealistisch und sinnlos, sich solches jetzt in der Übung vorzustellen. Aber später, auf der Ebene der Buddhaschaft wird tatsächlich erreicht, dass die subtilsten Ebenen von Bewusstsein und Wind eine Einheit bilden, dass also der Bewusstseinsaspekt, der in die endgültige Realität versunken ist, und der Wind oder der formhafte Aspekt gleichzeitig als vollkommener Buddha erscheinen. Genau das wird auf dem tantrischen Pfad in der Vorstellung geübt.

Nachdem man also das Bewusstsein, das sich die Leerheit vergegenwärtigt, als Buddha-Aspekt hervorgebracht hat, nimmt man diesen Buddha, diese Erscheinung wiederum als den Gegenstand, den man in Bezug auf seine endgültige Realität untersucht. Diese Erscheinung ist auch leer von inhärenter Existenz oder Eigenexistenz. Und während man sich als Buddha-Aspekt visualisiert, vergegenwärtigt man sich weiter die Leerheit all dieser Phänomene. Auf diese Weise haben wir dann beide Aspekte in einem Bewusstsein präsent: die Visualisation des Buddha und des gesamten Mandala und so weiter in einem reinen Aspekt – das entspricht dem Teil der Methode, der altruistischen Methode – und die Vergegenwärtigung, dass all diese reinen Erscheinungen leer von jeder Eigenexistenz sind. Das entspricht der Weisheit. Beides ist also im Geist vorhanden. Hier der Ablauf noch einmal: Zuerst entwickelt man die Ansicht der Leerheit von sich und der Gottheit. Dann visualisiert man dieses Bewusstsein der Leerheit als Buddha-Aspekt im Mandala. Und schließlich nimmt man diese Erscheinung des Buddha im Mandala wieder als Gegenstand, um sich dessen Leerheit dauerhaft zu vergegenwärtigen. Darin, dass hier alles mit der Sicht der Leerheit verbunden ist, besteht also auch ein Unterschied zum nicht-buddhistischen Tantra. Dadurch werden gleichzeitig Weisheit und Methode angesammelt. Diese Verbindung mit der Sicht der Leerheit, gibt es nicht in den nicht-buddhistischen Traditionen, wo die tantrische Übung wahrscheinlich auf der Sicht des *Ātman* oder des ewigen unveränderten Selbst basiert. Und so sehen wir einen großen Unterschied inhaltlicher Art zwischen den verschiedenen tantrischen Traditionen.

Wenn wir überlegen, was die einzelnen Begriffe bedeuten, was Mantra heißt und auch, was der Begriff »Geheimes Mantra« für die tantrische Lehre bedeutet, so heißt Mantra wörtlich »beschützen«, »den Geist beschützen«. Das ist folgendermaßen zu verstehen: Wenn man sich als die Gottheit visualisiert, in einer göttlichen Umgebung innerhalb des Mandala, dann sind alle Wahrnehmungen reiner Natur, und durch diese Visualisation wird der Geist vor den üblichen unreinen, gewöhnlichen Wahrnehmungen und Beurteilungsweisen beschützt. Das ist ein wesentliches Ziel der tantrischen Praxis.

Ein anderer Begriff ist Vajrayāna, also Vajra-Fahrzeug. *Vajra* bedeutet Unzerstörbarkeit oder auch Unteilbarkeit. Hier geht es darum, dass, anders als im nicht-tantrischen Mahāyāna, wie gerade erklärt, eine Einheit von Weisheit und Methode erreicht wird, die in einem Bewusstseinszustand als eine Entität präsent und somit nicht teilbar sind. *Yāna* bedeutet Fahrzeug, also das Mittel, das einen in die Lage versetzt, auf dem Pfad Fortschritte zu machen und zum Resultat vorzudringen. Und wenn man vom Geheimen Mantra spricht, dann ist »geheim« so zu verstehen, dass es sich hier um einen sehr schwierigen, tiefgründigen Pfad handelt, der von gewöhnlichen Wesen, also von Wesen, die nicht ausreichend vorbereitet sind und über genügend Fähigkeiten verfügen, nicht wirklich beschritten werden kann. Deshalb soll er nur den fähigen und entsprechend vorbereiteten Praktizierenden gelehrt werden, damit es nicht zu Missverständnissen kommt. In diesem Sinne ist es eine geheime Praxis.

Kommen wir noch einmal auf den Begriff *Vajra* zurück, wie er gerade erklärt wurde, nämlich als Untrennbarkeit oder Unteilbarkeit bezogen auf die Unteilbarkeit von Weisheit und Methode, die im Tantra geübt wird. Diese werden in vollkommener Form tatsächlich nur innerhalb des höchsten Yogatantra geübt, das heißt, nur in der höchsten der vier Tantraklassen, die es im Buddhismus gibt.

Nun, bei der buddhistischen Praxis geht es darum, den eigenen Geist durch Schulung zu verändern, und zwar in dem Sinne, dass wir uns mehr und mehr von dem Einfluss der Leidenschaften befreien, wie Begierde, Hass, Verblendung und weiteren negativen Emotionen und Denkweisen. Wir wollen diese Leidenschaften hinter uns lassen. Es geht also darum, unser eigenes Bewusstsein zu verändern. Wenn wir unser Bewusstsein betrachten, können wir verschiedene Ebenen unterscheiden. Wir haben eine ganz grobe Ebene des Bewusstseins, nämlich unser Sinnesbewusstsein, mit dem wir sehen, hören, schmecken, riechen, tasten. Dann gibt es eine subtilere Bewusstseinsform als die Sinneswahrnehmungen. Das ist unser Denken. Darin gibt es wieder verschiedene Stufen. Wenn wir zum Beispiel den Wachzustand betrachten und uns dann überlegen, wie unser Bewusstsein im Traum beschaffen ist, also wenn wir eingeschlafen sind, aber noch keinen Tiefschlaf erreicht haben, und wie im Tiefschlaf, so erkennen wir, dass da immer subtilere oder feinere Ebenen unseres Bewusstseins aktiviert werden. Das heißt, je weniger gröbere Bewusstseinsstrukturen aktiv sind, desto mehr werden die feineren Bewusstseinsebenen manifest.

Dieses Prinzip macht man sich im Tantra zu eigen, indem man durch spezifische Yogaübungen gröbere Bewusstseinsebenen quasi zurückdrängt oder unterbindet und damit die subtileren, feineren Bewusstseinsebenen für den Fortschritt auf dem Pfad nutzbar macht. Und es ist wichtig, dass man ein Objekt auf der Ebene eines subtileren Bewusstseins erkennt. Wenn man die Erkenntnis der Dharmainhalte nämlich auf der Ebene subtilerer Bewusstseinszustände erreichen kann, dann sind diese Erkenntnisse besonders wirksam und tragen besonders stark zur Veränderung des Geistes bei. Betrachten wir zum Beispiel den Traum: Wir haben Träume, gute oder schlechte, und diese Träume beeinflussen uns, obwohl wir wissen, dass Träume nur Träume sind.

Dennoch fühlen wir uns irgendwie fröhlicher, wenn wir in der Nacht einen guten Traum hatten. Wenn wir einen schlechten Traum hatten, bleibt ein gewisses negatives Gefühl zurück. Vielleicht sind wir dann tagsüber in schlechter Stimmung und ähnliches. Das zeigt, dass die Bewusstseinszustände im Traum, wenn das subtilere Bewusstsein aktiv ist, eine Wirkungskraft haben. Nach diesem Prinzip soll man vorgehen und versuchen, sich im Tantra die subtileren Bewusstseinsebenen zu Nutze zu machen, weil dadurch ein größerer Effekt für den Fortschritt auf dem Pfad erreicht werden kann.

Deshalb werden im Tantra die verschiedenen Bewusstseinsebenen dargelegt. Zum Beispiel teilt man das normale Denken und die Emotionen, die wir jetzt haben, in achtzig begriffliche Bewusstseinszustände ein. Es gibt aber noch subtilere, die sich zum Beispiel im Tod manifestieren. Sie gehen zunächst auch noch mit begrifflichen Strukturen, mit Begriffen oder Konzepten einher, bis sie in den subtilsten Bewusstseinszustand im Tod münden, den man das Klare Licht des Todes nennt und wo es überhaupt keine Begriffe mehr gibt. Nach dem *Guhyasamāja*-Tantra werden zum Beispiel vier Arten der Leere erklärt, das heißt die Leere, die äußerste Leere, die große Leere und die absolute Leere. Das Bewusstsein ist mehr und mehr geleert von gröberen begrifflichen Bewusstseinszuständen. Man nennt diese auch die vier Erscheinungen: eine weiße Erscheinung, eine rote Erscheinung, eine schwarze Erscheinung und schließlich das von allen gröberen Strukturen freie Klare Licht des Todes. Man versucht also im Tantra, ein möglichst subtiles Bewusstsein zu manifestieren, und zwar nicht auf gewöhnliche Art und Weise, durch Sterben oder ähnliches, sondern dadurch, dass man durch bestimmte Yogaübungen gröbere Ebenen zurückdrängt und subtilere manifestiert und diese dann für die Erkenntnisse auf dem Pfad nutzt, also in die Pfaderkenntnisse umwandelt. Wenn man diese im Tantra sogar als Gottheit visualisiert beziehungsweise hervorruft, hat man einen sehr wichtigen und wirkungsvollen Gottheitenyoga oder eine Gottheitenmeditation. Auf dieser Basis wird dann erreicht, was zuvor schon angesprochen wurde, nämlich eine Vereinigung von Körper und Geist auf einer sehr subtilen Ebene. Die subtilen Körper, die dann aus diesem subtilen Bewusstsein und der damit einhergehenden Energie hervorgerufen werden, werden im *Guhyasamāja*-Tantra Illusionskörper genannt, im Kālachakra leere Form und in anderen Texten auch Regenbogenkörper.

Dazu ist anzumerken, dass wir im Buddhismus vier Tantraklassen kennen. In den unteren Tantraklassen wird auch Gottheitenyoga geübt, aber es wird nicht speziell darauf Bezug genommen, subtilere Bewusstseinszustände durch Yogaübungen zu erreichen. Deshalb kann man sagen, dass die unteren Tantraklassen zwar der Reifung des Geistes dienen, also den Geist auf die höchste Stufe des Tantra vorbereiten, dass aber nur das höchste Yogatantra die eigentlichen Mittel vollständig bereithält, um auf den subtilsten Ebenen Gottheitenyoga zu üben und damit schließlich das höchste Resultat zu erreichen. Was nun die Vorbereitung für die Durchführung einer solchen Praxis angeht, so ist eine wichtige Vorbedingung, dass man eine entsprechende Initiation erhält. Das sagt auch Atīsha in Vers 62 bis 63 der *Lampe auf dem Pfad*:

> … musst du, um die Ermächtigung von einem Vajraāchārya zu erhalten,
> Einen exzellenten spirituellen Lehrer
> Durch Dienste, wertvolle Geschenke und dergleichen
> Und auch durch Befolgen seiner Anweisungen erfreuen.
>
> Durch die vollkommenen Gewährung der Einweihung
> Durch den Meister, den du so erfreut hast,
> Wirst du von allen schlechten Taten befreit

Und wirst geeignet, machtvolle Verwirklichungen zu erlangen.

Die Buddhaschaft wird oft mit Hilfe von vier *Kāyas* oder Körpern dargestellt, nämlich Nirmānakāya, Sambhogakāya, und dann schließlich Dharmakāya, der sich unterteilt in den Weisheitsdharmakāya und den natürlichen Dharmakāya, also in zwei Arten von formhaften Körpern und zwei Arten von nicht-formhaften Körpern eines Buddha. Alle Wesen haben von Natur aus das Potenzial dafür, also die Anlagen, die Buddhaschaft zu erreichen. Aber dieses Potenzial muss erst aktiviert werden. Die Initiation dient dazu, dieses Potenzial zu aktivieren und den Samen dafür zu legen, dass man es nutzen und schließlich durch Übung auf dem Pfad tatsächlich in die vier Körper eines Buddha umwandeln kann. Deshalb gibt es im Verlauf einer Initiation im höchsten Yogatantra vier aufeinander folgende Initiationen, welche diesen vier Körpern entsprechen. Darauf nimmt auch Atīshas Text Bezug.

Innerhalb dieser vier Initiationen, die für die vier Körper gedacht sind, gibt es eine Initiation, die so genannte Weisheitsinitiation, und diese Weisheitsinitiation findet tatsächlich im Zusammenhang mit der weiblichen Gottheit, der so genannten *Mudrā* statt. Und Atīsha sagt in diesem Text, in den Versen 64 bis 66: Wenn man diese Initiation quasi wörtlich nähme oder wörtlich nachvollzöge, würde das bedeuten, dass man diese Initiation mit einer tatsächlichen Mudrā, das heißt einer wirklichen menschlichen Gefährtin ausführt. Das gibt es zwar in Ausnahmefällen, und wenn ein Tantrapraktizierender sehr, sehr hohe Verwirklichung erreicht hat, ist dies tatsächlich möglich. Aber im Normalfall ist diese Anweisung nicht wörtlich zu nehmen, sondern bezieht sich auf eine vorgestellte Gottheit. Falls man nämlich nicht so hoch entwickelt ist, dies wörtlich nimmt und die Initiation mit einer tatsächlichen Gefährtin ausführt, kann dadurch großer Schaden entstehen. Zum Beispiel sagt Atīsha im 65. Vers, dass diejenigen, die ein Zölibatsgelübde haben, ihr Gelübde dadurch verlieren würden. Und das sagt Atīsha nicht ohne Grund, sondern deshalb, weil es sowohl in Indien als auch später in Tibet, vor allem in der ersten Zeit der Überlieferung des Buddhismus nach Tibet, viele Missverständnisse darüber und viele falsche Praktiken gegeben hat, durch welche die Lehre und die Praxis des Buddhismus degenerierten. Also legt Atīsha hier großen Wert darauf, die Bedeutung des Zölibatsgelübdes deutlich zu machen. Und das gilt sowohl im nicht-tantrischen Buddhismus, im nicht-tantrischen Bodhisattva-Fahrzeug als auch für einen Bodhisattva, der Tantra übt. In manchen tantrischen Schriften wird eigens hervorgehoben, dass ein Praktizierender, der den tantrischen Pfad mit dem Zölibatsgelübde praktiziert, die höchste Form der Disziplin übt, welche die beste Voraussetzung für den Fortschritt bietet, auch auf dem tantrischen Pfad. Aus diesem Grund ist die so genannte Weisheitseinweihung mit einer Weisheitsgefährtin nicht wörtlich im Sinne der Einweihung mit einer menschlichen Gefährtin zu verstehen, außer, wie gesagt, in ganz wenigen Ausnahmefällen bei ganz hochverwirklichten Praktizierenden. Bis dahin führt uns Atīsha in seinem Text die Bedeutung des Tantra vor Augen und klärt solche Missverständnisse.

Betrachten wir jetzt noch einmal die drei Schriften, die in den letzten Tagen erklärt wurden. Von diesen dreien legt Kamalashīlas Text über die *Stufen der Meditation* die allgemeinen Grundsätze des buddhistischen Pfades am besten dar, speziell die des Mahāyāna-Pfades, die das Fundament für eine wirklich gelungene, effektive Praxis des Buddhismus bilden. Atīshas Text nimmt vor allem Bezug auf die Praxis, und zwar auf die Praxis des gesamten Mahāyāna-Pfades inklusive des Tantra. Und wenn wir uns dann fragen, wie wir diese Prinzipien in unser tägliches Leben einbauen und üben können, finden wir die besten Anleitungen und Erklärungen in Ngulchu Thogme Zangpos Text über die *37 Übungen der Bodhisattvas*.

Wenn man Buddhismus ernsthaft praktizieren will, ist es sehr wichtig, dass die Praxis auf der Kenntnis der Grundlage des Pfades, auf der Kenntnis des Pfades selbst und auf der Kenntnis der Resultate des Pfades basiert. Wenn wir auf der Basis eines solchen Wissens praktizieren, machen wir nicht nur den schnellsten und effektivsten Fortschritt auf dem Pfad, sondern unser Vorgehen ist auch sehr stabil und verlässlich. Aus diesem Grund habe ich diese drei Schriften hier erklärt und auch darum gebeten, diese Texte abzudrucken, so dass Sie sie mitnehmen können. Es wäre sehr vorteilhaft, wenn Sie diese Schriften immer wieder lesen und über ihre Bedeutung und die Erklärungen nachdenken würden, die Sie dazu erhalten haben. Und wenn Sie von diesen Initiationstagen etwas Konkretes mitnehmen wollen, dann ist es das, was Sie tatsächlich erhalten können. Sonst kann ich Ihnen leider nichts anbieten, aber in diesen Texten finden Sie die konkreten Punkte, die wichtig sind. Wir haben ja oft die Tendenz, dass wir immer mehr und immer höhere Lehren erhalten möchten, während innerlich nicht viel geschieht, wir also in unserem Geist keine großen Fortschritte machen. Das ist aber wirklich die falsche Herangehensweise. Wir sollten es eigentlich umgekehrt machen. Deshalb meine Bitte: Beschäftigen Sie sich auch weiterhin ernsthaft mit diesen Inhalten und versuchen Sie, sich in Ihrer täglichen Dharmapraxis damit vertraut zu machen, indem Sie diese Texte lesen, darüber nachdenken und ihre Inhalte einüben.

In dem Zusammenhang gibt es eine Errungenschaft der tibetischen Tradition, nämlich die genaue Gliederung von Texten. Das ist in den indischen Schriften weniger üblich, aber in den tibetischen Texten finden wir meist eine Art Inhaltsverzeichnis. Das ist sehr hilfreich, weil man auch bei einer sehr umfangreichen Schrift den ganzen Inhalt auf wenige Punkte kondensieren und sich so einen Überblick verschaffen kann. Andererseits kann man aber auch in die einzelnen Punkte hineingehen und sich mit den Details befassen. Außerdem ist so eine Gliederung sehr hilfreich, wenn man neue Erklärungen aus anderen Schriften hört. Dann weiß man diese immer gut einzuordnen und verliert sich so nicht. Deshalb ist es sehr hilfreich, sich solche Texte mit ihren Gliederungen als Grundlage für die Praxis zu nehmen.

Nun, wenn es um die Initiation geht, heißt es, die Initiierten sollten in den grundsätzlichen buddhistischen Prinzipien wirkliche Erfahrung besitzen, vor allem in den folgenden drei: der Entsagung oder dem Streben nach Befreiung, dem Erleuchtungsgeist und der Ansicht der Leerheit. Und eigentlich müsste ich jetzt davon ausgehen, dass Sie alle Ihren Geist entsprechend geschult haben. Was mir bei diesem Kālachakra-Zeremoniell aber immer am wichtigsten ist, sind die vorbereitenden Erklärungen, die in den letzten drei Tagen gegeben wurden. Denn da geht es wirklich um die echten buddhistischen Inhalte. Nachher, wenn das Kālachakra-Ritual dann abläuft, ist man doch meistens in Eile, die Ritualpunkte alle durchzubekommen, und kann nicht mehr so auf die Inhalte eingehen. Deshalb sage ich oft, dass ich die Initiation eigentlich für eine Art Trick halte. Der Name Kālachakra ist sehr populär, und viele Menschen fühlen sich davon angesprochen. Und wenn sie alle da sind, nutze ich die Gelegenheit, in den vorbereitenden Erklärungen auf das einzugehen, was mir wirklich wichtig ist. Aber anscheinend sind einige noch cleverer als ich. Die lassen nämlich die vorbereitenden Erklärungen aus, sparen sich diese drei Tage und kommen nur noch zur Initiation.

Einen Punkt möchte ich noch besonders herausstellen. Sowohl unter den anwesenden Tibetern als auch unter den westlichen Teilnehmern gibt es Mönche und Nonnen, die ein Klosterleben führen. Sie sind in besonderer Weise in die Nachfolge des Buddha eingetreten und pflegen die Lebensweise, die der Buddha vorgezeigt hat. Und in einer indischen Schrift heißt es, dass die Ordinierten zwei Aufgaben in ihrem Leben zu erfüllen haben: die Meditation, um sich von Leidenschaften und Hindernissen des Geistes zu befreien, und das Studium, um den Buddha-Dharma umfassend kennen zu lernen. Wenn sie diese beiden Aufgaben in ihrem Leben erfüllen, haben sie die Essenz ihres ordinierten Lebens in die Hand genommen und genutzt. Und weiter sagt der Text, als Mönch oder Nonne sollte man sich niemals damit zufrieden geben, bloß die äußere Kleidung eines Mönchs oder einer Nonne zu tragen. Das wäre ganz falsch. Es wäre traurig, wenn man äußerlich das Verhalten oder die Kleidung eines Ordinierten anlegen würde, ohne dass innerlich, also im Geist entsprechende positive Veränderungen stattfinden.

Was die tantrische Praxis betrifft, so geht es hier zunächst darum, in den tantrischen Pfad einzutreten, damit der Geist durch die Initiation zur Reifung gebracht wird. Die Initiation dient also dazu, den Geist zur Reifung zu bringen. Und auch der Lama selbst hat bei der Initiation eine besondere Bedeutung. Zuvor wurde schon erklärt, was die Begriffe »Geheimes Mantra« oder Vajrayāna bedeuten, worauf sie sich beziehen. Durch diese Praktiken beziehungsweise deren Ergebnisse sollen die entsprechenden Samen gelegt werden. Und was die Initiation angeht, so muss man diese unbedingt von einem Lama nehmen. Es gibt verschiedene Formen von Gelübden. Das Prātimoksha-Gelübde zum Beispiel, das ist das Mönchs- beziehungsweise Nonnengelübde, wird immer von einem Lama angenommen. Das Bodhisattva-Gelübde kann man in dem Ausnahmefall, dass kein Lama zugegen ist, auch vor einem Altar ablegen. Aber die Initiation und das Tantra-Gelübde muss man immer vor einem Lama ablegen. Der Lama, der die Initiation gibt, muss diese Initiation auch selbst erhalten haben und muss die entsprechende Ethik oder Disziplin einhalten, die mit dem Tantra verbunden ist. Dann ist es wichtig, dass der Meister, der die Initiation gibt, eine Meditationsklausur über diese Gottheit durchgeführt hat. Und diese Meditationsklausur besteht nicht allein darin, eine bestimmte Anzahl von Mantras aufzusagen oder einfach eine bestimmte Zeit in Klausur zu verbringen. Das ist nicht das Wesentliche. Das tibetische Wort für Klausur, *nyenpa (bsnyen pa)*, heißt »sich annähern«. Es geht darum, dass man wirklich den Geist dem Resultat, nämlich der Allwissenheit näher bringt. Dementsprechend gibt es verschiedene Arten von Klausuren, solche, die durch eine bestimmte Anzahl von Mantras begrenzt sind, und solche, die durch eine bestimmte Zeit begrenzt sind. Aber es gibt auch Klausuren, die erst dann zu Ende gehen, wenn man bestimmte Anzeichen der Verwirklichung erreicht hat. Den Geist an das Resultat anzunähern ist also die eigentliche Bedeutung der Klausur. Dazu muss man den Geist verändern. Und diese Veränderung erfolgt nicht durch eine bestimmte Anzahl von Mantras oder das Verbringen einer bestimmten Zeit in der Meditation, sondern dadurch, dass man die Mittel zur Geistesschulung anwendet. Das bedeutet Meditation und in diesem Fall die Meditation des Gottheitenyoga, wie es zuvor bereits angedeutet wurde.

Im höchsten Yogatantra gibt es zwei Stufen der Praxis: die Erzeugungsstufe und die Vollendungsstufe. Die Vollendungsstufe besteht aus speziellen Übungen im Zusammenhang mit den subtilen Tropfen, Winden und Kanälen, aber man muss erst einmal die Möglichkeit schaffen, dahin zu kommen. Dazu dient die Erzeugungsstufe. Und in der Klausur ist es wichtig, diese Praktiken auszuüben, besonders die, welche mit der Erzeugungsstufe zusammenhängen. Wenn man bei der Klausur eine bestimmte Anzahl von Mantras rezitiert, meint man oft, diese Mantrarezitation sei der wesentliche Teil der Klausur. Aber das ist eigentlich falsch. Eigentlich heißt es in den Texten, die echte Meditation, bei der man sich wirklich bemüht, mit Anstrengung und ganz konzentriert zusammennimmt und die Gottheitenmeditation durchführt, sei die eigentliche Meditation. Und wenn man davon erschöpft ist, rezitiert man dann quasi zum Ausruhen einfach ein paar Mantras. Oft ist das leider verkehrt worden. So sagt ein Lama aus Amdo, heutzutage sei es oft so, dass das Aufsagen von Mantras als wichtigster Teil der Meditation angesehen würde. Dann hat man aber nichts mehr, womit man sich später ausruhen kann. Dann kann man sich nur noch ausruhen, indem man die Sitzung abbricht. Und das ist eigentlich das falsche Vorgehen.

Noch ein anderer Punkt zum Thema Klausuren: Dort wird oft der Begriff der »außergewöhnlichen Gottheiten« benutzt. Wir sollten gut darüber nachdenken, was das eigentlich bedeutet. Oft sehen wir Gottheiten als irgendwelche äußere Wesen an, von denen wir Schutz erfahren, zu denen wir beten und so weiter und vor denen wir Rituale ausführen. Aber das birgt das Risiko, dass unsere Unwissenheit, unser Greifen nach den falschen Vorstellungen vom Selbst noch verstärkt wird. Wir denken dann, dies sei eine Gottheit außerhalb von uns, die für sich als äußeres Wesen besteht und uns Schutz gewährt. Und wir sind dieses Ich, das diesen Schutz erfahren möchte und gesegnet wird. Wir halten diese Gottheiten immer mehr für aus sich bestehende, voneinander unabhängige Größen. Da müssen wir sehr vorsichtig sein, dass wir diese Unwissenheit nicht noch verstärken. Oft werden auch so genannte Schutzkreise meditiert. Und in der Unwissenheit müssen wir dann aufpassen, dass wir nicht noch einen Schutzkreis aufbauen für unsere angeborene Unwissenheit oder unsere Vorstellung von einem Selbst, indem wir all diese Dinge als außerhalb von uns, als unabhängige Größen wahrnehmen. Für unsere

Unwissenheiten und so weiter haben wir schon genug Schutzkreise. Das ist nämlich unser eigener Egoismus, der im Zentrum unseres Denkens vorhanden ist. Dieses selbstzentrierte Denken und die Unwissenheit, welche die Dinge für wahrhaft existent hält, stützen sich gegenseitig. Davon brauchen wir nicht noch mehr, schon gar nicht in der Meditation. Deshalb sollten wir darauf achten, dass wir die Gottheit, über die wir meditieren, nicht als eigenständiges, unabhängiges Wesen betrachten und dadurch die Unwissenheit noch verstärken, sondern im Rahmen dieses Gottheitenyoga wirklich das üben, was uns einer tieferen Erkenntnis näher bringt, die uns dann auf dem Pfad weiterführt. Wir müssen diesen Geist also durch die buddhistischen Einsichten verbessern und dann wirklich eine echte Gottheitenpraxis durchführen. Ich sage manchmal, wenn wir diese eigentlichen Prinzipien der buddhistischen Praxis nicht richtig üben, verunreinigen wir in gewisser Weise diese kostbare Nālandā-Tradition, die als die reine, unverfälschte buddhistische Tradition bezeichnet wird. Wenn wir diese Tradition verunreinigten und verfälschten, dann wäre das doch wirklich schade. Und so sollten wir darauf achten, dass wir – auch im Falle von Klausuren – eine möglichst unverfälschte Praxis ausführen.

Was nun die Initiation angeht, so habe ich sie von Ling Rinpoche erhalten, und dann habe ich als weitere Voraussetzung auch eine Klausur gemacht. Ich muss allerdings gestehen, dass ich nicht ständig ausgiebige längere Klausuren machen kann. Aber ich bemühe mich ernsthaft und nach besten Kräften, diese Werte des Erleuchtungsgeistes, diese altruistische Bodhisattva-Haltung in der täglichen Praxis, im täglichen Leben zu üben und zu verstärken und auch diese Sichtweise der Leerheit zu entwickeln, die darin besteht, mir über die so genannte Nicht-Auffindbarkeit des Ich Gedanken zu machen und diese zu sehen. Deshalb kann ich zwar nicht den Anspruch erheben, echte Verwirklichung durch längere Klausuren erreicht zu haben, aber in der ernsthaften Bemühung der täglichen Praxis verstärke ich meine Einsichten und Erfahrungen über die wesentlichen buddhistischen Inhalte. Und aus dieser Situation heraus ist es gerechtfertigt, dass ich die Initiation gebe.

Wenn der Vajrameister eine Initiation gibt, dann sind damit im Allgemeinen bestimmte Rituale verbunden. In Ausnahmefällen, zum Beispiel bei Tilopa oder Naropa, kann es vorkommen, dass sie keine besonderen Rituale ausgeführt haben, sondern dass eine direkte Segensübertragung vom Meister auf den Schüler stattfand. Aber sonst sind bestimmte Rituale einzuhalten, die in den letzten Tagen durchgeführt wurden. Diese Rituale dienten der Vorbereitung des Ortes und der Segnung der Vasen. Außerdem wurde das Mandala errichtet und geweiht. Daran nahmen auch Vertreter der großen vier buddhistischen Traditionen in Tibet teil, wodurch noch ein besonderer Segen zu Stande kam, und ebenso ein Vertreter der Bön-Tradition, unserer alten spirituellen Tradition in Tibet, die wir von unseren Vorfahren ererbten. Und so sind die Vorbereitungen abgeschlossen, auch die Selbstinitiation, die darin besteht, dass der Lama selbst in das Mandala eintritt, Initiation nimmt und sich selbst als Gottheit hervorbringt, die Vasen segnet und dann auch die Gottheit vor sich hervorbringt. Damit sind alle Vorbereitungen von Seiten des Meisters, des Lehrers beendet.

Jetzt werden die so genannten *torma (gtor ma)* oder Opferkuchen dargebracht, die hindernde Kräfte abhalten sollen. Das hat wieder mit Vajra und Glocke zu tun, die Methode und Weisheit symbolisieren. Daran sollten wir uns erinnern. Darüber hinaus könnte man die Glocke aber auch benutzen, um Sie alle wachzurütteln, und den Vajra, um jedem mal einen kleinen Schlag zu versetzen.

Nun folgt die Vorbereitung auf das Ritual zur Kālachakra-Initiation, und das ist natürlich eine buddhistische Praxis und ein buddhistisches Ritual. Deshalb müssen wir davon ausgehen, dass es für Buddhisten gedacht ist, die ernsthaft diesem Pfad des Buddhismus, also dem Mahāyāna-Pfad und innerhalb des Mahāyāna dem tantrischen Pfad folgen möchten. Für diejenigen unter Ihnen, die diese Voraussetzung nicht erfüllen oder diese Intention nicht haben, ist es in Ordnung, hier beizuwohnen und das Ritual als Zeugen zu beobachten, auch wenn Sie selbst die Initiation nicht nehmen wollen. Wenn Sie die Initiation aber wirklich nehmen wollen, ist zumindest eine besondere Wertschätzung für die Bodhisattva-Haltung nötig und ein Bemühen um diese Geisteshaltung, ebenso das Bemühen um ein echtes unverfälschtes Verständnis der Leerheit, die im Buddhismus als endgültige Realität beschrieben wird. Und auch ein tiefes Vertrauen ist wichtig, ein echtes Vertrauen zu dem Lama, der die Initiation gibt, und zu der Gottheit, von der die Initiation gegeben wird.

Noch eine Anmerkung zu diesem letzten Punkt: Es ist wahrscheinlich nicht anzunehmen, dass hier auch Teilnehmer sind, die diesen bestimmten Shugden oder Dolgyal als Gott verehren. Wenn aber einige von Ihnen das tun, sollten Sie vorsichtig sein. Denn wenn man von einem Meister eine Initiation nimmt, dann auf der Basis, dass gegenseitiges Vertrauen und ein gutes Verhältnis bestehen. Ich habe die Problematik dieser Shugden-Verehrung und meine Kritik daran schon des Öfteren zum Ausdruck gebracht und muss das jetzt nicht wiederholen. In jedem Fall können diejenigen, die von mir Initiation nehmen möchten, das nicht tun, wenn sie weiterhin diese Shugden-Verehrung betreiben. Es steht jedem frei, eine Verbindung zu einem Lama aufzunehmen und die gegenseitigen Verpflichtungen, die dadurch entstehen, auf sich zu nehmen oder nicht. Wenn man sich jedoch dazu entschließt, ist es natürlich auch wichtig, dass man den Ratschlägen des Lamas folgt. Wenn man meint, dass man das nicht tun kann, sollte man diese Verbindung erst gar nicht aufnehmen. Deshalb sind diese Punkte wichtig zu beachten.

Als nächstes bringen wir jetzt ein Mandala dar. Der Meister hat sich selbst zuvor auch als Gottheit hervorgebracht, und deshalb sehen wir für den Zweck dieses Rituals den Meister und die Gottheit Kālachakra als nicht unterschieden, als eins an. Wir denken, dass wir vor dem östlichen Tor des Mandala sind, nicht in dem Mandala, aber vor dem östlichen Tor, und dort dem Lama und der Gottheit ein Mandala darbringen als Gabe, um die folgenden vorbereitenden Rituale zu empfangen.

Am Anfang geht es – speziell im höchsten Yogatantra – darum, die Elemente, aus denen wir quasi zusammengesetzt sind, nämlich Körper und Geist, durch entsprechende Mittel zu reinigen. Die gewöhnlichen Zustände sind also das Objekt der Reinigung, während die tantrischen Mittel das Medium dafür sind. Und dafür gibt es im höchsten Yogatantra die verschiedenen Stufen, die Erzeugungsstufe und die Vollendungsstufe. In den verschiedenen Tantras werden teilweise unterschiedliche Begriffe verwendet und unterschiedliche Schwerpunkte gesetzt. So spricht man manchmal vom Regenbogenkörper. Das bedeutet, dass aus dem subtilsten Wind, der mit dem Geist untrennbar verbunden ist, eine Art vollkommener Körper hervorgebracht wird, der in anderen Tantras als Illusionskörper bezeichnet wird. Hier im Kālachakra-Tantra spricht man jedoch vom »leeren Körper«. Die Besonderheit im Kālachakra-Tantra besteht nun darin, dass dieser so genannte leere Körper, also der Formkörper des Buddha, der in der Meditation hervorgebracht wird, nicht aus subtilstem Wind besteht wie in anderen Tantras, zum Beispiel im *Guhyasamāja*-Tantra der Illusionskörper, sondern aus dem Geist selbst. Ähnliches finden wir auch in der Dzogchen-Tradition, wo sich der Begriff *thögäl* (*thod rgal*) darauf bezieht. Wir haben also in anderen Tantras diese Vereinigung von Energie, Windenergie und Geist, woraus dann, was die Windenergie betrifft, der Illusionskörper hervorgeht. Hier aber entsteht der Formkörper nur aus dem Geist. Und deshalb ist es nach der Lehre des Kālachakra-Tantra auch nicht möglich, auf der Ebene des Bardo oder des Zwischenzustands anstelle des subtilen Körpers des Zwischenzustandes, der auch aus subtilem Wind besteht, den Sambhogakāya eines Buddha, den subtilen Formkörper hervorzubringen. Das ist auch eine Besonderheit, durch die sich das Kālachakra-Tantra von anderen Tantras aus dem Anuttarayogatantra unterscheidet.

Bei indischen Meistern gab es auch schon Diskussionen darüber, ob entsprechende Passagen im Kālachakra-Tantra tatsächlich wörtlich zu nehmen sind oder vielmehr interpretierbare Lehren darstellen. Aber in der tibetischen Tradition werden sie wörtlich genommen. In Tibet wurde dieses Tantra von vielen großen Gelehrten und Meistern ernsthaft gelehrt und geübt, bis hin zu Tsongkhapa, der diese Tradition erhielt und selbst eine klare Vision von Kālachakra hatte. Und auch Butön Rinpoche, ein großer tibetischer Meister, erreichte hohe Verwirklichungen, die in seinem Leben zum Ausdruck kamen. Diese Kālachakra-Tradition wurde hauptsächlich in Amdo in Tibet gepflegt, und zwar innerhalb der Jonang-Tradition, die zwar teilweise wegen ihrer philosophischen Sichtweise kritisiert wird, die aber in Bezug auf das Kālachakra-Tantra Hervorragendes geleistet hat und die auch besondere Rituale abfasste. Und wenn ich an Bekannte denke, die aus dieser Tradition kommen, zeigt sich, dass es bis auf den heutigen Tag hoch verwirklichte Praktizierende im Kālachakra-Tantra gibt.

Dieses Tantra ist in der Tat eine sehr tiefgründige und komplexe Lehre. Es heißt, dass sie in Indien von Buddha selbst gelehrt, dann im Land Shambhala weitergegeben wurde und später erneut nach Indien und auch nach Tibet kam. Natürlich gibt es viele Spekulationen über das Land Shambhala. Von einigen tibetischen Meistern heißt es sogar, dass sie tatsächlich dort angekommen sind. Andererseits, wenn man auf diesem Planeten sucht, kann man dieses Land nicht finden. Aber das gilt auch für andere heilige Stätten. So soll es zum Beispiel in China einen Berg geben, welcher der Sitz von Mañjushrī ist. Auch andere Orte gelten als die Wohnsitze von Gottheiten, die wir dort natürlich nicht sehen können. Uns erscheinen diese Orte als ganz gewöhnliche Gegenden, und trotzdem verbinden wir die Vorstellung von einem reinen Land oder bestimmten Gottheiten mit ihnen. Es ist schwierig, dazu etwas Endgültiges zu sagen. Wir können auch Shambhala einfach als ein Mysterium stehen lassen, ein mysteriöses Land, das uns dennoch Inspiration gibt, selbst wenn wir es nicht geographisch genau festlegen können. Nun, das Wichtigste ist, zu sehen, dass dieses Kālachakra-Tantra eine echte Praxis ist, die zu hohen Verwirklichungen führt, eine Praxis des höchsten Yogatantra, was durch große Gelehrte und Meister in allen vier tibetischen Traditionen bezeugt wird.

Im Kālachakratext zur Initiation heißt es, dass alle Wesen, die existieren, Buddhas sind und es außer den Buddhas keine anderen Wesen gibt. Wie ist das zu verstehen? Sind wir alle schon Buddhas? Und wenn wir alle schon Buddhas wären, könnten wir uns diese Initiation dann nicht sparen, und die folgende Praxis wäre auch überflüssig? Oder ist es vielleicht so, dass wir alle einmal Buddhas waren, aber im Lauf der Zeit als Buddhas alt geworden sind und ein bisschen verfallen und jetzt keine mehr sind? Wie ist diese Aussage zu verstehen, dass es außer den gewöhnlichen Wesen keine Buddhas gibt und dass sie alle Buddhas sind? Das ist folgendermaßen zu verstehen: Wir alle haben ein Bewusstsein auf der subtilsten Ebene, das man das natürliche Bewusstsein des Klaren Lichts nennt. Das ist die Grundlage unseres Bewusstseins, sowohl bei uns als auch bei vollkommen erleuchteten Buddhas. Und dieses subtile Bewusstsein des Klaren Lichts birgt das Potenzial für alle vollendeten Eigenschaften eines Buddha. Unabhängig von Untersuchungen, ob es innerhalb dieses Bewusstseins des Klaren Lichts noch einmal unterschiedliche subtilere und gröbere Ebenen gibt, haben wir eine subtile Ebene des Bewusstseins, die man das natürlich anwesende Klare Licht nennt. Und auf dieser Ebene ist das Potenzial für die Buddhaschaft vorhanden.

Das Problem ist, dass wir dieses Potenzial bisher noch nicht kennen gelernt haben, obwohl es tatsächlich in uns vorhanden ist. Die verschiedenen Traditionen nehmen mit unterschiedlichen Begriffen Bezug auf dieses Bewusstsein des Klaren Lichts, zum Beispiel Mahāmudrā in der Kagyü-Tradition oder Dzogchen in der Nyingma-Tradition. Tsongkhapa nennt es das natürlich anwesende Bewusstsein des Klaren Lichts. Immer geht es darum, sich dieses Bewusstsein des Klaren Lichts zu Nutze zu machen, sein Potenzial zu erkennen und es in den Pfad umzuwandeln. Die speziellen Methoden dazu, wie sie im Tantra gelehrt werden, finden wir außerhalb des Tantra nicht. Im Tantra, vor allem im höchsten Yogatantra, wird besonders darauf Bezug genommen, und manchmal wird diese subtilste Ebene des Bewusstseins auch als »nicht zusammengesetzt« oder »nicht geschaffen« bezeichnet. Das bedeutet, dass sie nicht erst irgendwie neu geschaffen werden müsste, sondern dass sie immer und ununterbrochen vorhanden ist. In der Sakya-Tradition zum Beispiel wird dieser Begriff so erklärt, dass Samsāra und Nirvāna ohne Unterschied sind. Aus diesem subtilsten Bewusstsein gehen die Erscheinungen hervor, die Wahrnehmungen, die samsarischer Natur sind. Gleichzeitig liegt darin auch das Potenzial für die Tugenden auf dem Pfad und schließlich dafür, die Qualitäten eines Buddha zu erreichen. In diesem Sinne kann man sagen, dass alle Erfahrungen vom Samsāra bis hin zur Buddhaschaft darin enthalten sind. Ähnliche Aussagen findet man zum Beispiel auch im *Guhyasamāja*-Tantra.

Wenn wir dieses Potenzial haben, fragt man sich doch: Warum sind wir noch keine Buddhas? Wir sind deshalb keine Buddhas, weil wir dieses Potenzial bisher noch nicht kennen gelernt haben und es daher noch nicht nutzen. Es ist etwa so, wie man einen verborgenen Schatz nicht sieht und nichts davon weiß, obwohl er ganz in der Nähe ist. Und weil man nichts davon weiß, kann man ihn auch nicht heben. Wir sollten also erkennen, dass wir dieses Bewusstsein des Klaren Lichts haben, dass wir es nutzen und dadurch die Buddhaschaft erreichen können. Genau auf diesem Grundvertrauen und auf dieser Erkenntnis basiert das höchste Yogatantra. Und die vier Initiationen im höchsten Yogatantra werden gegeben, um die verschiedenen Aspekte dieses Potenzials zu aktivieren, damit man es dann durch die Meditation nutzen und entwickeln und schließlich die vier Körper eines Buddha erreichen kann. Die Initiation dient der Aktivierung dieses Potenzials. Das geschieht durch all die guten Umstände, die Meditation und die Visualisation, die man dabei macht, das Ritual und die Substanzen, die benutzt werden. Das ist also der Grund, warum diese Initiation gegeben wird.

Im vorbereitenden Ritual bezieht sich der erste Punkt auf die Ermahnung zu einer korrekten Motivation. Über die Motivation wurde in den letzten Tagen schon viel gesagt. Das Wichtigste ist in diesem Fall, dass wir die Gedanken des Erleuchtungsgeistes, des Bodhichitta möglichst deutlich in uns hervorrufen und damit den Wunsch oder die Absicht entwickeln, in das Mandala der Gottheit einzutreten.

Im Verlauf des Rituals stellen wir uns auch vor, dass Körper, Rede und Geist dadurch gesegnet werden, dass der Lama unsere Stirn, unsere Kehle und das Herz berührt und dass die Silben, die wir dort visualisiert haben, Licht ausstrahlen. Dadurch werden Körper, Rede und Geist gereinigt und gesegnet. Aber der eigentliche Segen geht von folgendem aus: Wir machen uns bewusst, dass Körper, Rede und Geist von uns nicht auffindbar sind. Das heißt, natürlich haben wir Körper, Rede und Geist, wir benutzen diese allgemeinen Begriffe. Wenn wir aber genauer nachschauen und untersuchen, was unser Körper oder die Rede oder der Geist ist, können wir es nicht mit einem einzigen Element identifizieren. Zum Beispiel sagen wir, wir haben einen Geist, ein Bewusstsein, aber tatsächlich besteht unser Geist ja aus vielen, vielen einzelnen Bewusstseinszuständen, aus vielen, vielen einzelnen Wahrnehmungen und Gedanken mit vielen unterschiedlichen Bewusstseinsinhalten oder Objekten. Was davon ist eigentlich das, was wir Bewusstsein nennen? Das Gleiche gilt für unseren Körper und unsere Rede. Schon diese drei sind nicht aufzufinden, und wenn wir jetzt noch das Ich, das ja auf der Basis von Körper, Rede und Geist benannt wird, unsere Person, suchen sollen, dann ist diese noch schwieriger aufzufinden. Gleichzeitig gehen aber von unserer Person und von unserem Körper, unserer Rede und unserem Geist Handlungen aus, die Nutzen und Schaden bewirken. Das bedeutet, dass alle diese Entitäten – Körper, Rede und Geist, Ich – nur kraft der Benennung existieren und nicht von sich aus ein Eigenwesen haben, als das sie uns gewöhnlich erscheinen. Und in dem Maße, in dem wir uns diese Tatsache bewusst machen, wird die grundlegende Unwissenheit verringert, die bewirkt, dass wir die Dinge als aus sich bestehende, unabhängige Größen auffassen. Bisher haben wir die Sichtweise, dass wir selbst und die anderen Dinge aus sich selbst heraus bestehen, nicht einmal in Frage gestellt, sondern als Realität angenommen. Wenn wir sie jetzt in Frage stellen, weil wir erkennen, dass nichts davon aufzufinden ist, dass wir nicht darauf zeigen können, wenn wir uns diese Tatsache vergegenwärtigen, wird diese Unwissenheit reduziert. Und das ist der eigentliche Segen, den wir erhalten.

Wenn wir bisher auf verschiedene Objekte trafen, Objekte der Sinne zum Beispiel, also sichtbare Objekte, Gerüche,

Geschmäcker, Töne und ähnliches, dann haben wir diese Objekte immer als konkrete, unabhängig aus sich heraus bestehende Größen aufgefasst. Wenn wir uns jetzt aber bewusst machen, dass sie als solche nicht auffindbar sind, sondern nur in Abhängigkeit von Begriffen existieren und deshalb leer von jeder unabhängigen Eigenexistenz sind, dann wird diese Unwissenheit beseitigt und wir können verstehen, dass die Objekte wie Trugbilder oder Illusionen sind, die zwar erscheinen, aber keine Wirklichkeit besitzen. Und von jetzt an wollen wir diese Bewusstheit entwickeln, dass die Phänomene leer von dieser unabhängigen Eigenexistenz sind, und das schließlich auf der Ebene des subtilsten Bewusstseins erreichen. Wir denken, dadurch dass wir jetzt diesen guten Weg eingeschlagen haben, sind wir es quasi wert, Opfergaben entgegenzunehmen, die uns als gutes Omen für diese gute und glückliche Zukunft gereicht werden.

Das freudige Streben wird erzeugt, indem uns ein Vers aus dem *Verkürzten Kālachakra-Tantra* vorgelesen wird, der unsere gegenwärtige leidvolle Situation beschreibt und gleichzeitig das Glück, dass wir in dieser Situation auf den Dharma getroffen sind. Da heißt es:

> Im Mutterleib leidet man darunter, in der Gebärmutter verweilen zu müssen. Bei der Geburt und im Verlauf der Kindheit leidet man ebenfalls. Die Jugend und das Erwachsenendasein sind von solch leidvollen Erfahrungen wie dem Verlust des Gemahles – oder des Partners – und dem Verlust von Besitz und Wohlstand erfüllt, außerdem von großem Leid, das durch die getrübten Emotionen hervorgerufen wird. Die Alten haben unter dem Tod zu leiden, ferner unter den Schrecken der sechs Daseinsbereiche – wie des Höllenbereichs und so weiter.

Wenn man den Daseinskreislauf betrachtet, sind wir zwar jetzt in einem hohen Daseinsbereich, erleben aber dennoch viele Leiden. Die beginnen tatsächlich schon im Mutterleib, wo wir unter Hitze, Kälte, Erschütterung und so weiter leiden. Dann, wenn wir geboren werden, entstehen auch schon wieder Leiden. Wir werden hochgehalten und kriegen einen Klaps, damit wir besser atmen, aber es wirkt so, als ob wir als erstes, wenn wir auf die Welt kommen, Schläge kriegen. Die werden zwar aus einer guten Motivation heraus gegeben, aber so beginnt unser Leben. Das heißt, Geburt ist ein Leiden. Dann werden wir älter. Und als Kinder haben wir noch keinen eigenen Platz in der Gesellschaft. Wir werden von den Erwachsenen nicht für voll genommen und leiden darunter. Wenn wir Jugendliche sind, kommen die Probleme der Pubertät, der erste Kontakt mit dem anderen Geschlecht und alles, was damit an Leiden zusammenhängt. Dann werden wir älter und müssen uns um unseren Lebensunterhalt sorgen. Vielleicht haben wir Schulden oder verdienen nicht genug, um unseren Lebensunterhalt bestreiten zu können. Und wenn wir genug haben, müssen wir uns Sorgen machen, es wieder zu verlieren. Dann haben wir Sorgen, einen Lebenspartner zu finden. Entweder finden wir gar keinen, oder wir finden den falschen, oder es kommt zu Konflikten. Wenn wir einen Lebenspartner haben, haben wir vielleicht Leiden, die mit Kindern in Verbindung stehen. Entweder bekommen wir keine Kinder, obwohl wir gern welche hätten, und wenn wir Kinder haben, haben wir vielleicht zu viele. Wir müssen sie erziehen, sie hören nicht auf uns oder finden keinen Ausbildungsplatz. Und wenn sie einen finden, finden sie keine Arbeit. Und wenn sie eine Arbeit finden, gibt es trotzdem Schwierigkeiten in ihrem Leben. Auch darüber machen wir uns also Sorgen.

Bei all diesen Sorgen handelt es sich aber nicht um aufrichtige Sorgen um das Wohl der anderen Wesen, sondern vielmehr um Sorgen, die mit unserem eigenen Hass, den Begierden und so weiter zusammenhängen. Wir erleben Konflikte, weil wir an »unserer eigenen Seite« anhaften und gegen die »andere Seite« Feindseligkeit entwickeln. Aus diesem Grund entstehen viele Konflikte. Und schließlich erleben wir das Altern. Da lassen unsere Sinne nach, wir können uns an nichts mehr erfreuen und haben auch keinen rechten Platz mehr in der Gesellschaft und im Leben. Schließlich kommt der Tod. Schon das Wort auszusprechen ist ein Tabu, aber noch viel schlimmer ist es, den Tod selbst zu erfahren. All die Reichtümer und ähnliches, wofür wir uns in unserem Leben so abgemüht haben, können uns da nicht mehr helfen. Der Dharma könnte uns helfen, ruhig und friedvoll zu sterben, aber den haben wir nicht praktiziert. Und wenn wir sterben, ist es auch nicht zu Ende. Unser Bewusstsein geht weiter, und wir erleben eine Wiedergeburt außerhalb unserer eigenen Kontrolle. Von den Kräften des Karma und der Leidenschaften werden wir erneut in ein Dasein geworfen. So erleben wir die zwölf Glieder des Abhängigen Entstehens, hervorgehend aus der Unwissenheit bis hin zum Altern und schließlich zum Tod. Und noch während wir einen Zyklus der zwölf Glieder durchlaufen, eine Existenz, setzen wir wieder Tausende und Millionen neuer Zyklen in Gang.

Woher kommt das alles? Es kommt, wie der Text sagt, aus der Unwissenheit, und zwar hauptsächlich aus der Unwissenheit, die bewirkt, dass wir die Dinge für aus sich bestehend, für selbstexistent halten, sowie aus vielen weiteren Formen der Unwissenheit: dass wir das Unreine für rein halten und das, was mit Leiden verbunden ist, für echtes Glück; dass wir das, was unbeständig ist, für beständig halten, und das, was leer von Eigenexistenz ist, für mit einer selbstständigen Existenz ausgestattet. Daraus entstehen all diese Leiden. Aber in dieser leidvollen Situation gibt es einen Lichtblick: Wir sind Menschen geworden. Der Buddha ist in unserer Epoche erschienen. Er hat gelehrt, und diese Lehren bestehen. Wir sind auf die kostbaren Lehren des Buddha bis hin zu den tantrischen Lehren getroffen. Und deshalb gibt uns der Lama jetzt die Ermahnung, diese Gelegenheit gut zu nutzen, um uns aus der beschriebenen misslichen Situation zu befreien.

# Initiation (Erster Tag)

Gestern wurden wir während des vorbereitenden Rituals angewiesen, unsere Träume in der Nacht zu beobachten. Je nach Beschaffenheit der eigenen Elemente, entsprechend dem System der eigenen inneren Energiekanäle, der Energien und der Veranlagungen, haben einige Menschen eher klare Träume, während andere eher unklar träumen. Das kann ganz unterschiedlich sein. Und in manchen Fällen können Träume, die in der Morgendämmerung oder am frühen Morgen auftreten, Hinweise auf bestimmte zukünftige Ereignisse enthalten und gute oder schlechte Omen sein. Gute Träume sind allgemein solche, in denen man zum Beispiel auf den Lama trifft oder auf einen Buddha oder auch Träume, in denen man schöne Gärten oder Sonne und Mond sieht oder reine, gute Nahrung zu sich nimmt. Als schlechte Träume gelten solche, in denen man von der Helligkeit in die Dunkelheit geht, sich nach unten, beispielsweise einen Berg hinunter bewegt oder Gärten mit knallroten Blumen sieht.

Wie dem auch sei, gute Träume lösen meist Freude im Geist aus, und dann besteht die Gefahr, dass man diese Omen wieder für etwas Selbstexistentes hält und dass die grundlegende Unwissenheit bezüglich der Selbstexistenz der Dinge dadurch noch verstärkt wird. Das wäre dann erst recht ein Hindernis. Wenn man schlechte Omen im Traum sieht, macht man sich vielleicht übermäßige Sorgen und sollte also eher Mittel anwenden, um solche Hindernisse zu beseitigen. Es ist eine Tatsache, dass viele Hindernisse aus Sorgen und falschen Gedanken entstehen, aus vielerlei Projektionen sowie Erwartungen und Befürchtungen, die unseren Geist in Aufruhr versetzen. Darum sollten wir uns bemühen, unseren Geist dadurch nicht beunruhigen zu lassen, sondern eher dem zu folgen, was in einem Text über Geistesschulung steht: »Wenn man zufrieden ist mit dem, was kommt oder sich gerade ergibt, ist man in allen Fällen glücklich.« Auf diese Weise sollten wir versuchen, in den verschiedenen glücklichen und unglücklichen Situationen einen ausgeglichenen Geist zu bewahren. Wenn wir mit einem aufrichtigen Geist versuchen, gute Ziele zu erreichen, brauchen wir uns auch keine übermäßigen Sorgen zu machen, falls uns das nicht gelingt. Wir denken dann einfach: »Gut, hier ist anscheinend ein Karma aus der Vergangenheit herangereift, das ich jetzt nicht abwenden kann, obwohl ich mir Mühe gebe und es versuche.« Oder wir denken daran, dass es in dieser Existenz des Samsāra, in der wir unter dem Einfluss von Leidenschaften und befleckten Handlungen stehen, einfach dazugehört, dass man auf Schwierigkeiten trifft.

Noch besser können wir mit solchen schwierigen Situationen umgehen, wenn wir in der Lage sind, Geben und Nehmen oder *tonglen (gtong len)* zu üben. Dabei denken wir, dass wir mit den Schwierigkeiten, die wir selbst erleben, bereitwillig auch die Schwierigkeiten anderer auf uns nehmen, und ihnen das geben, was wir selbst an Gutem haben. Dann können wir angesichts von Schwierigkeiten sogar eine Haltung der Freude entwickeln und denken: »Es hat sich doch gelohnt, denn ich habe mich damit geübt, die Schwierigkeiten anderer auf mich zu nehmen, und kann daraus noch mehr Kraft gewinnen.« Es hängt also alles von unserer Sichtweise ab. Und wenn uns vielleicht irgendein Schaden durch nichtmenschliche Wesen, Geister oder was immer zugefügt wird, besteht die richtige Reaktion nicht darin, dass wir sie mit Gewalt zu beseitigen versuchen oder gegen sie ankämpfen, sondern vielmehr darin, dass wir diesen Wesen gegenüber Mitgefühl üben.

Und, wie schon gesagt, wenn gute Omen aufgetreten sind, sollten wir nicht daran hängen, denn in Wirklichkeit haben wir bisher noch nicht sehr viel erreicht. Wenn wir den Geist eines Buddha erlangt hätten, könnten wir wirklich sagen, wir hätten nun gute Anzeichen und gute Verwirklichung erreicht. Aber auf was immer bis jetzt an guten Omen auftrat, sollten wir uns nicht zu viel einbilden. Und wenn es schlechte Zeichen sind oder negative Ereignisse, sollten wir darauf mit Mitgefühl reagieren. Darüber hinaus ist auch die Sichtweise, dass alle Erscheinungen, ob gut oder schlecht, leer von innerem Eigenwesen sind, ein sehr hilfreiches und wirkungsvolles Mittel, um sich von Hindernissen zu befreien. Darüber hinaus denken wir dann noch, dass wir durch das vorangegangene Ritual der Widmung von Tormas oder Opferkuchen an hindernde Wesen auch noch die letzten Reste von Hindernissen beseitigt haben, die durch schlechte Träume und ähnliches entstanden sein können.

Heute soll die eigentliche Initiation in das Mandala von Kālachakra beginnen. Sie besteht aus zwei Abschnitten: dem Eintritt in das Mandala und der eigentlichen Initiation im Mandala. Heute findet der Eintritt in das Mandala statt, und morgen werden dann im Mandala die Initiationen gegeben. Im Rahmen des Kālachakra gibt es verschiedene Initiationen, und zwar zunächst eine Reihe von Initiationen, die als Vorbereitung auf das Üben der Erzeugungsstufe des Kālachakra-Tantra dienen. Das sind die sieben Initiationen, die dem Muster der Kindheit gleichen. Dann gibt es weitere Initiationen, die vier Hohen und Sehr Hohen Initiationen, die dazu dienen, das Nachdenken und die Meditation über die Vollendungsstufe des Kālachakra-Tantra zu ermöglichen. Zusätzlich gibt es noch eine Initiation, die als Ermächtigung dafür dient, andere in diesem Tantra zu unterrichten. Das ist die Vajrameister-Initiation. Bei dem, was morgen gegeben werden soll, handelt es sich zunächst um die sieben Initiationen, die dem Muster der Kindheit gleichen. Anschließend werden auch die vier Hohen Initiationen und dann die vierte Initiation aus den Sehr Hohen Initiationen gegeben werden, aber nicht die Vajrameister-Initiation.

Das Ritual wird in Zusammenhang mit einem Mandala gegeben. Es ist schon erklärt worden, wie wichtig es ist, dass die Initiation durch viele gute Umstände zu Stande kommt. Dazu gehört das entsprechende Ritual, das vollständig sein muss, und dazu gehört auch ein Mandala. Es gibt verschiedene Arten von Mandalas: aus farbigem Puder oder Sand gestreute Mandalas, gezeichnete Mandalas oder dreidimensional aufgebaute Mandalas. Wenn die Schüler ganz mittellos sind, besteht auch die Möglichkeit, die Initiation in einem meditierten Mandala zu geben, ohne dass überhaupt äußere Substanzen eingesetzt werden. Im Fall des Kālachakra heißt es jedoch in einem Ritualtext, dass die Initiation unbedingt in Verbindung mit einem gestreuten Mandala gegeben werden soll. Das bezieht sich vor allem auf die sieben ersten Initiationen, die nach dem Muster der Kindheit angelegt sind. Deshalb soll diese Initiation auch in Verbindung mit dem Sandmandala gegeben werden.

Der Vajrameister, der die Initiation gibt, muss ein qualifizierter Lama sein. In meinem Fall ist es allerdings schwierig, das in allen Punkten zu behaupten. Doch zumindest kann ich sagen, dass ich die Mindestvoraussetzungen erfülle, um als Vajrameister diese Zeremonie leiten und die Initiationen geben zu können. Aber auch die Schüler müssen entsprechende Qualifikationen besitzen. Das Wichtigste dabei ist die Bodhisattva-Haltung, also der Erleuchtungsgeist, und die Sicht der Leerheit. Natürlich ist es schwierig, diese beiden Aspekte in Form von echten Erfahrungen verwirklicht zu haben, aber was mindestens nötig ist, ist eine starke Wertschätzung für diese Praxis des Erleuchtungsgeistes und der Sicht der Leerheit sowie ein aufrichtiges Bemühen um diese Geisteshaltung. In diesem Fall ist eines noch zusätzlich besonders wichtig, nämlich das Vertrauen in die Praxis von Kālachakra, also in dieses Tantra. Dazu können wir uns vor Augen führen, dass die Qualität und die Wirksamkeit dieser Praxis in der Vergangenheit von vielen Praktizierenden bezeugt wurde. Es gab sowohl in Indien als auch in Tibet herausragende Meister, die dadurch hohe Verwirklichungen erreichten. Wenn wir also darauf aufbauend ein echtes Vertrauen in dieses Tantra und in diese Praxis entwickeln, dann ist das ganz hervorragend.

Für das eigentliche Ritual sind bestimmte Vorbereitungen zu treffen, sowohl von Seiten des Lehrers als auch von Seiten der Schüler. Die Vorbereitungen des Lehrers bestehen unter anderem darin, in der Meditation sich selbst als Kālachakra und die Vasen als Gottheiten hervorzubringen, einen Schutzkreis zu meditieren, dann Kālachakra vor sich hervorzubringen, schließlich selbst im Mandala eine Initiation zu nehmen und darüber hinaus zum Wohle der Schüler besondere Bitten an Kālachakra zu richten. All diese Vorbereitungen habe ich getroffen. Von Seiten der Schüler gibt es die Vorbereitung einer rituellen Waschung – die haben wir gemacht –, das Darbringen eines Mandalas – das werden wir gleich machen – und dann die an den Lama gerichtete Bitte um Initiation. Was die Gottheit betrifft, als die der Meister sich selbst hervorgebracht hat, und die Gottheit, die er vor sich hervorgebracht hat, so können diese beiden entweder als eine einzige Entität hervorgebracht werden oder als zwei verschiedene Entitäten. Es gibt also die Möglichkeit, dass sie in einem Ritual gleichzeitig hervorgebracht werden, oder in zwei Ritualen nacheinander.

Hier werden diese beiden Gottheiten als zwei verschiedene Entitäten angesehen und nacheinander hervorgebracht. In der Nyingma-Tradition gibt es ein einfaches und unkompliziertes Ritual, in dem sowohl die Selbsthervorbringung als auch die Hervorbringung vor dem Meister und die der Vasen gleichzeitig und in einem Ritual durchgeführt werden. Aber hier ist das, wie gesagt, nacheinander geschehen. Nun, der Meister selbst hat sich als die Gottheit hervorgebracht und den so genannten göttlichen Stolz entwickelt, also das Bewusstsein, selbst Kālachakra zu sein. Das ist für das Ritual wichtig. Und wir als Schüler stellen uns jetzt auch vor, dass der Lama und Kālachakra wirklich eins sind. Das ist nötig, wenn wir unsererseits den größten Nutzen aus diesem Ritual ziehen wollen. Aus dieser Notwendigkeit heraus sehen wir nun den Lama und Kālachakra als eins an. Dann denken wir, dass wir uns auf der östlichen Seite des Mandalas, vor dem östlichen Tor befinden und dort ein Mandala darbringen.

In einem Text heißt es, dass die Buddhas keinen Anfang haben, dass es keinen ersten Buddha gibt. Diese Aussage kommt daher, weil auch die Lebewesen ohne Anfang sind. Wenn man den Kosmos insgesamt betrachtet, gibt es keine Zeit, zu der es noch keine Lebewesen gab und in der sie dann irgendwann entstanden wären. Der Grund dafür ist, dass das, was man Lebewesen oder Person nennt, auf der Grundlage des Bewusstseinskontinuums besteht, als Benennung in Verbindung mit dem Bewusstseinskontinuum. Und das Bewusstseinskontinuum ist tatsächlich ohne Anfang. Das ist so zu begründen, dass jedes Bewusstsein, jeder Bewusstseinszustand aus einer gleichartigen Ursache hervorgehen muss, das heißt, aus einem früheren Bewusstseinszustand. Daher kann es einen ersten Moment des Bewusstseins überhaupt nicht geben. Denn wenn es einen solchen allerersten Moment des Bewusstseins gäbe, hätte er aus einer ganz anders gearteten Ursache oder aus keiner

Ursache entstehen müssen, und das widerspricht dem Prinzip der Kausalität. Das Kausalitätsgesetz besagt, dass nichts ohne Ursache entsteht, dass aber auch nichts aus völlig anders gearteten Ursachen entstehen kann, die mit der Wirkung nicht kompatibel sind. Im Gegenteil, was immer entsteht, muss aus Ursachen entstehen, deren Natur mit der Wirkung übereinstimmt. Das ist einfach ein Naturgesetz, und es gilt für alle Produkte. Daraus folgt, dass das Bewusstsein selbst, das Kontinuum des Bewusstseins keinen Anfang haben kann. Sonst gäbe es diese Widersprüche. Natürlich gibt es einzelne Bewusstseinszustände, die entstehen und wieder vergehen, besonders die Sinneswahrnehmungen, die im Zusammenhang mit bestimmten Objekten entstehen und dann wieder vergehen. Wenn wir jedoch davon ausgehen, dass wir ein durchgängiges Kontinuum von Bewusstsein haben, das sich durch Klarheit und Erkenntnis auszeichnet, dann muss dieses Bewusstsein immer aus entsprechend gleichartigen Ursachen entstanden sein, die auch über diese Grundeigenschaften von Klarheit und Erkenntnis verfügen.

Es wird dargelegt, dass ein jeder Bewusstseinszustand, eine jede Wahrnehmung aus verschiedenen Ursachen und Bedingungen entsteht. Zum Beispiel brauchen wir ein Objekt oder eine Erscheinung, auf die das Bewusstsein gerichtet ist, also irgendeinen Bewusstseinsinhalt. Dann brauchen wir eine entsprechende Sinnesfähigkeit oder Sinneskraft, auf der das Bewusstsein beruht. Und als drittes brauchen wir eine unmittelbar vorausgehende Ursache, die ebenfalls diese Eigenschaft von Klarheit und Erkenntnis besitzt, so dass im nächsten Moment eine Wahrnehmung entstehen kann, die in ihrer Natur klar und erkennend ist. Besonders aus dieser dritten Tatsache ergibt sich, dass das Bewusstseinskontinuum keinen Anfang haben kann. Daraus folgt dann, dass auch die Person oder das Lebewesen, das ja aufgrund des Bewusstseinskontinuums besteht, ohne Anfang ist.

Wenn wir von Bewusstseinskontinuum sprechen, sprechen wir letztlich von der subtilsten Ebene des Bewusstseinskontinuums, von dem so genannten natürlich anwesenden Geist des Klaren Lichts. Dieses natürliche, allem zugrunde liegende Bewusstsein ist ein durchgängiges Kontinuum, das die Grundlage für alle Arten von Wahrnehmung, Bewusstseinszuständen, Gedanken und so weiter in uns bildet. Und dieses grundlegende Bewusstseinskontinuum kann nicht durch irgendwelche äußeren Umstände zunichte gemacht werden anders als beispielsweise materielle Phänomene. Wenn wir zum Beispiel Heiß und Kalt betrachten, so wird die Hitze durch die Kälte beendet oder umgekehrt die Kälte durch die Hitze. Aber es gibt keinen Umstand, der das grundlegende subtilste Bewusstsein des Klaren Lichts irgendwie zunichte machen oder beenden könnte. Es ist eben dieses Bewusstsein des Klaren Lichts, das allen Wahrnehmungen und allen befleckten Bewusstseinszuständen im Samsāra zugrunde liegt, das sich aber auch, wenn man es von diesen Befleckungen befreit, in die allumfassende Weisheit eines Buddha verwandelt. Aus diesem Grunde gibt es weder für die Lebewesen noch für die Buddhas allgemein einen Anfang. Es gab also nie eine Zeit, in der es weder Lebewesen noch Buddhas gegeben hätte. Aber natürlich können wir einzelne Epochen in diesem anfangs- und endlosen Kontinuum betrachten. Wenn wir ein bestimmtes Weltsystem herausgreifen, können wir sagen: Es gab dort zunächst eine Zeit der Leere, dann verdichteten sich die materiellen Dinge und es gab eine Zeit der Entstehung. Jetzt gibt es eine Epoche des Bestehens dieses Weltsystems, und später wird es wieder eine Epoche des Verfalls geben. Wir sehen also, dass einzelne Welten und natürlich auch einzelne Existenzen von Lebewesen entstehen und wieder vergehen, nicht aber das grundlegende Kontinuum des Bewusstseins. Das Gleiche gilt auch für die Materie ganz allgemein. Selbst in einem Zeitalter, in dem an einem bestimmten Ort nichts ist, spricht man von so genannten Raumteilchen, welche die Grundlage dafür bilden, dass auch die anderen Elemente – das Feste und das Flüssige, Energie und so weiter – wieder entstehen können. Das gleiche Prinzip gilt für das Bewusstsein. In diesem Sinne ist die Aussage zu verstehen, dass die Buddhas ohne Anfang sind und dass es keinen ersten Buddha gab.

Was die Buddhas besonders auszeichnet, ist ihre allumfassende Erkenntnis. Ihr Geist ist von allen Hindernissen, welche die Erkenntnis aller Phänomene behindern könnten, gereinigt, ihre Erkenntnis ist ebenso allumfassend wie ihr Mitgefühl. Und aus diesem Bewusstsein heraus entsteht ihre große Wirkungskraft und vollkommene Fähigkeit, ihre Heilsaktivität. Nun, aufgrund dieses vollkommenen Zustands sehen die Buddhas, dass es bei den einzelnen Lebewesen viele verschiedene Veranlagungen und Fähigkeiten gibt. Und deshalb lehrten die Buddhas viele verschiedene Fahrzeuge und äußerten verschiedene Lehrmeinungen. Das wird zum Beispiel im *Lankāvatāra-Sūtra* dargelegt, wo es heißt, dass die Buddhas entsprechend den vielfältigen Veranlagungen der Menschen vielfältige Philosophien lehrten. Wir sehen also, dass der Buddha in seiner eigenen Lehre die Vielfalt der Lebewesen und ihrer Veranlagungen berücksichtigte und nicht allen dieselbe Lehre gab. Und wenn wir dieses Prinzip auf unser Verständnis der anderen Religionen ausdehnen, ist es sehr leicht, Wertschätzung und aufrichtigen Respekt gegenüber anderen Religionen zu entwickeln, weil wir erkennen, dass sie für die Vielzahl der Wesen mit ihren unterschiedlichen Interessen, Veranlagungen und Fähigkeiten eine Bereicherung darstellen. Ich sage manchmal halb im Scherz – halb, weil es auch der Wahrheit entspricht: Wenn Sie Christ sind und davon ausgehen, dass alles auf dieser Erde eine Schöpfung Ihres Gottes ist, und dann den Buddhismus oder andere Religionen betrachten, dann wäre doch auch die Lehre des Buddha und der Buddha selbst oder der Hinduismus ein Teil dieser Schöpfung, dann wären doch auch all die anderen Religionen außerhalb des Christentums nach dem Willen Gottes entstanden. Von daher müssten Sie eigentlich auch als Christen alle anderen Religionen respektieren. Ob man das nun von der buddhistischen Warte aus sieht oder aus der Sicht anderer Religionen, es spricht vieles dafür, andere Traditionen wirklich zu schätzen und zu respektieren. Dennoch sehen wir natürlich, dass es bei den Anhängern verschiedener Religionen viel falsche Parteilichkeit gibt.

Seit anfangsloser Zeit existiert dieser natürlich anwesende Geist des Klaren Lichts, diese subtilste Ebene des Bewusstseins eines jeden Lebewesens. Und solange dieses grundlegende Bewusstseinskontinuum mit Befleckungen versehen ist, solange es sozusagen verdeckt ist, solange es nicht in seinem natürlichen Zustand bleibt, sondern in Aktivitäten gerät, die es aus seinem natürlichen Zustand herausbringen, so dass gröbere Bewusstseinsebenen entstehen, solange spricht man von uns als Lebewesen oder als fühlende Wesen. Das sind Wesen, welche die Buddhaschaft noch nicht erreicht haben. Wenn wir jedoch in der Lage wären, dieses grundlegende Bewusstsein von seinen Befleckungen zu befreien, alle gröberen Ebenen des Bewusstseins, die mit den Leidenschaften zusammenhängen, zu unterbinden und wieder vollständig in diesem grundlegenden Bewusstsein aufzulösen, dann wären wir Buddhas. Nāgabodhi, ein großer tantrischer Meister und bedeutender Schüler Nāgārjunas, sagt, im nicht-tantrischen Mahāyāna oder Vollkommenheitsfahrzeug könne man viele Äonen lang die sechs Vollkommenheiten üben, die Freigebigkeit und so weiter, und große Mühen in vielfacher Weise auf sich nehmen, indem man sogar den eigenen Körper den anderen Wesen hingibt, aber solange man nicht in der Lage sei, die gröberen begrifflichen Ebenen des Bewusstseins aufzulösen, gäbe es keine Möglichkeit, die Buddhaschaft zu erlangen. Allerdings sind unsere gröberen Bewusstseinsstrukturen ja auch wieder von verschiedener Art. Letztlich sind es die so genannten »mit drei Erscheinungen einhergehenden Bewusstseinsebenen«, die im Tod als die letzten begrifflichen Zustände des Bewusstseins übrig bleiben, bevor dieses in das Klare Licht übergeht, das dann ein ganz und gar unbegriffliches Bewusstsein ist. Doch solange diese gröberen, begrifflichen Ebenen noch da sind, und seien sie relativ gesehen auch schon sehr subtil, ist es nicht möglich, die Buddhaschaft zu erreichen. Das ist die Aussage. Beim Sterben lösen sich die begrifflichen Bewusstseinsstrukturen, ganz zuletzt diese drei Erscheinungen – die weiße, die rote und die schwarze Erscheinung – schließlich im Klaren Licht des Todes auf. Und dann geht es wieder umgekehrt. Dann entstehen erneut diese gröberen Bewusstseinsebenen der drei Erscheinungen und daraus später noch gröbere Ebenen. Wenn man nun verhindern könnte, dass aus dem Bewusstsein des Klaren Lichts erneut diese gröberen Ebenen eines verunreinigten Zustands im Samsāra entstehen, könnte man statt dessen das Bewusstsein des Klaren Lichts in die Ebene der Buddhaschaft umwandeln. Und in der Tat ist es möglich, dieses zugrunde liegende subtilste Bewusstsein von begrifflichen und befleckten Strukturen zu reinigen. Es ist den Wolken ähnlich, die den Himmel zwar verdecken, aber seine Natur nicht schädigen können und sich letztlich wieder in dem Himmel auflösen, aus dem sie kamen. Oder wie Wellen auf dem Ozean, die zwar viel Turbulenz bringen können, aber letztlich wieder in den Ozean zurücksinken, aus dem sie entstanden sind. So ist es auch möglich, die gröberen begrifflichen Bewusstseinsebenen im Bewusstsein des Klaren Lichts aufzulösen und damit zu beenden. Es geht also darum, diese wechselhaften, durch verschiedene Ursachen und Bedingungen immer wieder entstehenden gröberen und befleckten Bewusstseinszustände aufzulösen und statt dessen dann das eigentliche zugrunde liegende Bewusstsein des Klaren Lichts zu nutzen, um es in den Pfad zu verwandeln. Auf diese Weise kann man dann tatsächlich alle Qualitäten hervorbringen bis hin zur Buddhaschaft in all ihren Aspekten.

Die Praxis in Verbindung mit dieser subtilsten Bewusstseinsebene findet man nur im höchsten Yogatantra, weder im Vollkommenheitsfahrzeug noch in den unteren drei Tantraklassen. Selbst dort heißt es, dass sie verborgen sind. Verborgen nicht, weil man grundsätzlich etwas zu verbergen hätte, weil es falsch wäre, sondern verborgen, weil es von jenen missverstanden werden könnte, die nicht die entsprechenden Vorbereitungen getroffen haben. Und das könnte zu Misstrauen und ähnlichem führen. Im höchsten Yogatantra – und nur dort wird es gelehrt – geht es also darum, dieses natürlich anwesende Bewusstsein des Klaren Lichts in den Pfad umzuwandeln. Um das zu erreichen, gibt es unterschiedliche Techniken. Zum Beispiel gibt es in der Alten Schule oder Nyingma die Tradition, dass man versucht, ein unbegriffliches Bewusstsein hervorzubringen oder zu erfassen. Dieses Erkennen und Erfassen des unbegrifflichen Bewusstseins soll man möglichst lange beibehalten, und dazu bekommt man noch besondere Anweisungen und Segen von seinem Lama. In den neueren Tantra-Traditionen gibt es die Konzentration auf bestimmte essenzielle Tropfen, Kanäle und Winde, was dazu führt, dass sich die gröberen Ebenen von Wind und Bewusstsein auflösen und nur noch die subtilsten übrig bleiben. Wie dem auch sei, es gibt unterschiedliche Methoden, sicherlich auch entsprechend den verschiedenen Veranlagungen, aber grundsätzlich ist es der gleiche Vorgang. Man will das subtilste Bewusstsein manifestieren und gezielt benutzen, um daraus schrittweise die Qualitäten eines Buddha hervorzubringen. Im Kālachakra-Tantra wird dann aus diesem subtilsten Bewusstsein der Formkörper hervorgebracht, der als leere Form beschrieben wird. Und auf dieser Ebene, aus diesem subtilsten Bewusstsein heraus wird sowohl der Geist als auch der Formkörper des Buddha hervorgebracht. Wir denken also, dass wir durch die Initiation in diese Praktiken eingeführt werden wollen.

An einem Punkt der Initiation visualisieren wir uns selbst als Kālachakra in vereinfachter Form mit einem Gesicht und zwei Armen und in Vereinigung mit der Gefährtin oder der weiblichen Gottheit. Dabei sollten wir uns zunächst Folgendes vor Augen führen: Wenn wir an unser Ich oder Selbst, an unsere Person denken, dann scheint dieses Ich irgendwo in unserem Körper zu existieren. Aber wenn wir uns fragen, wo es innerhalb unseres Körpers ist, können wir zwischen Scheitel und Sohle suchen und werden es nicht finden. Selbst wenn ein Naturwissenschaftler oder ein Mediziner sich daranmachen würde, dieses Ich irgendwo in oder zwischen all den Molekülen, die den Körper ausmachen, zu suchen, wäre es nicht auffindbar. Die Naturwissenschaftler haben sogar große Schwierigkeiten, das Phänomen Bewusstsein zu beschreiben, und noch viel weniger könnten sie das Ich irgendwo finden. Bei uns hier ist es natürlich nicht genau die gleiche Untersuchung, aber eine ähnliche, denn wir gehen analytisch vor und fragen, wo dieses Ich eigentlich ist oder mit welchem Anteil, mit welchem Faktor innerhalb unseres Körpers es zu identifizieren oder gleichzusetzen sein könnte, doch innerhalb des Körpers werden wir nichts finden. Auch wenn wir das Bewusstsein selbst betrachten, ist es weder dieses Ich noch irgendein Teil davon. Selbst wenn wir das allem zugrunde liegende Bewusstsein betrachten, von dem gerade gesagt wurde, dass es ein ununterbrochenes Bewusstseinskontinuum darstellt und auch *Samantabhadra* genannt wird, ist es nicht das Selbst, und zwar aus folgendem Grund: Wenn dieses grundlegende Bewusstsein das Selbst wäre, könnten wir nicht mehr zwischen unserem Aggregat und uns selbst unterscheiden, also zwischen dem, was die Grundlage für unsere Benennung ist, und uns selbst, dem Ich. Wir hätten dann das Problem, dass die Grundlage des Ich und das Ich identisch wären, und daraus ergäben sich viele weitere Widersprüche. Aber wir sprechen ja von »meinem« Bewusstsein, und das bedeutet, dass es eine Person gibt und Teile dieser Person, wie beispielsweise ihr Bewusstsein. All das wäre hinfällig, wenn die Person und das Bewusstsein identisch wären. Auch wenn wir als Person irgendwie auf unseren Geist einwirken würden, wären der Handelnde und das Objekt der Handlung völlig identisch. Das wäre ebenfalls ein Absurdum. Somit sind sowohl der Körper als auch der Geist in Wirklichkeit zwar die Grundlage für die Benennung der Person, aber nicht die Person selbst. Das heißt, wir finden in unserem Körper und unserem Geist nichts, was wir als die Person identifizieren könnten. Da die Person aber offensichtlich existiert, müssen wir den Schluss ziehen, dass die Person nur kraft der Benennung existiert und nicht aus sich heraus, wie sie uns erscheint. Dies wollen wir uns jetzt vor Augen führen und ganz klar die Entscheidung treffen, dass diese gewöhnliche Sichtweise falsch ist, dass das Ich nur als Benennung auf der Grundlage von Körper und Geist existiert. Wir stellen uns die Sicht der Selbst-Losigkeit ganz deutlich vor und denken, dass gleichzeitig das Verständnis auf der subtilsten Ebene entsteht und dass dieses subtilste Bewusstsein, das die Selbst-Losigkeit erkennt, die Gestalt von Kālachakra mit Gefährtin annimmt.

Wenn wir das Bodhisattva-Gelübde ablegen, heißt es in dem Text, den wir dann nachsprechen, zuerst, dass wir Zuflucht nehmen zu den Drei Juwelen. Wir wollen uns damit von allen Hindernissen und allen Nöten befreien, aber speziell von den Hindernissen, die uns davon abhalten, zum Wohl aller Wesen zu wirken. Deshalb nehmen wir Zuflucht zu den Drei Juwelen. Damit das Bodhisattva-Gelübde in uns wirken kann, bereuen wir alle unsere negativen Handlungen, wie ich es schon vor einigen Tagen in Zusammenhang mit den Sieben Zweigen beim Ritual der Erzeugung des Erleuchtungsgeistes erklärt habe. Dadurch reinigen wir uns von allen negativen Handlungen. Dann erfreuen wir uns an den heilsamen Handlungen anderer, um so das heilsame Potenzial in uns zu vermehren. Wir freuen uns an dem Heilsamen der verschiedenen Übenden auf den verschiedenen Pfaden, der verschiedenen Verwirklichten. Das sind die Buddhas der verschiedenen Pfade. Wir erfreuen uns auch an dem eigenen Heilsamen, das wir begangen haben und noch begehen. Dann heißt es weiter, dass wir uns die Ebene der Buddhaschaft vergegenwärtigen, auf der alle Hindernisse des Geistes, alle Täuschungen aufgegeben worden sind. Und wir denken daran, dass wir dies zum Wohl aller Lebewesen erreichen wollen. Weiter heißt es in dem Vers:

> Alle Wesen will ich als Gäste einladen.

Das heißt, dass wir allen Wesen einen Weg zeigen wollen zu einem höheren Dasein im Daseinskreislauf und schließlich zur vollständigen Befreiung. Dann heißt es weiter:

> Ich will all die wunderbaren Übungen der Bodhisattvas üben.

Diese Übungen sind wunderbar, weil sie in jeder Weise ausschließlich Nutzen bringen, sowohl einem selbst als auch den anderen Wesen. Dann sagen wir:

> Zum Wohle aller Wesen will ich die Buddhaschaft verwirklichen.

Wir denken daran, dass wir zum Wohle aller Wesen ohne jede Ausnahme die vollständigen Qualitäten eines Buddha erreichen wollen, und zwar möglichst bald und in einer vollständigen Art und Weise. Und wir sagen, dass wir die Übungen, die dazu führen, die Bodhisattva-Übungen, zu jeder Zeit ausüben wollen, also nicht nur dann, wenn wir gerade Lust dazu haben, oder zu bestimmten Zeiten, sondern wirklich in jeder Situation. Wir geben also letztlich das Versprechen, dass wir all die Bodhisattva-Übungen ausführen wollen, um dadurch zum Wohle der Wesen die Buddhaschaft zu erreichen. Damit entsteht das Bodhisattva-Gelübde in unserem Geist.

Wir stellen uns vor, dass wir in der Gegenwart all der Buddhas, der Bodhisattvas und der großen verwirklichten Meister sind, wie schon beim Ritual zur Entwicklung des Erleuchtungsgeistes. Und vor all diesen heiligen Wesen denken wir daran, warum wir diesen Bodhisattva-Pfad anstreben und gehen wollen. Wir tun das zum Wohle all dieser Wesen, die genau wie wir nach Glück und Leidfreiheit streben und die alle das gleiche Potenzial besitzen, tatsächlich Buddhaschaft zu erreichen. Um sie zum vollständigen Erwachen zu führen, wollen wir das Bodhisattva-Gelübde ablegen und schrittweise die Praktiken eines Bodhisattva üben.

Als weiterer Punkt wird der allumfassende Yoga entwickelt, der sich auf alle Wesen und alle Phänomene bezieht. Das bedeutet, dass wir einerseits den konventionellen Erleuchtungsgeist entwickeln, also die Geisteshaltung, zum Wohle aller Wesen die Buddhaschaft erreichen zu wollen. Diese Geisteshaltung ist die eigentliche Ursache für das Erreichen des Formkörpers, also der körperlichen Erscheinung eines Buddha. Der andere Aspekt der Geisteshaltung dieses allumfassenden Yoga ist der endgültige Erleuchtungsgeist, mit anderen Worten: die Sicht der Leerheit aller Phänomene. Und die Meditation dieser Sichtweise ist die eigentliche Ursache für den Wahrheitskörper oder den Geist des Buddha, der frei ist von allen Hindernissen.

Maitreya sagt im *Abhisamayālamkāra*, dass der Erleuchtungsgeist den Wunsch bedeutet, zum Wohle aller Wesen die Buddhaschaft zu erreichen. Darin kommt zum Ausdruck, wie es auch in den Sūtras gelehrt wird, dass sich die Bodhisattva-Geisteshaltung durch ein zweifaches Streben auszeichnet. Das erste ist das Streben nach dem Wohl aller Wesen. Wir wollen primär das Wohl aller Wesen erreichen. Das ist die Ursache für diese Geisteshaltung der Bodhisattvas. Und als Begleitumstand kommt hinzu, dass wir als persönliches Ziel die Buddhaschaft anstreben. Wir können das höchste Wohl aller Wesen nämlich nur dann bewirken, wenn wir als persönliches Ziel die Buddhaschaft erreicht haben. Das sind die beiden Arten des Strebens. Zuerst entwickeln wir also den Wunsch, dass wir das Wohl aller Wesen bewirken wollen, und dann den Wunsch, dass wir zu diesem Zweck die Buddhaschaft erreichen wollen. So wollen wir jetzt eine Minute meditieren.

Der nächste Aspekt ist die Meditation über die Leerheit. Es ist schon ausgeführt worden, dass es zwei Arten der Selbst-Losigkeit oder des Nicht-Selbst gibt: die Selbst-Losigkeit der Person und die der Phänomene. Es heißt, es sei einfacher, zuerst die Selbst-Losigkeit der Person zu verstehen als die Selbst-Losigkeit der Phänomene, weil die Person auf der Basis der Aggregate existiert. Nāgārjuna erklärt in den *Mūlamādhyamakakārikā*, die Person sei weder eines der vier Elemente, also weder Erde, Wasser, Feuer oder Wind, noch sei sie der Raum, noch das Bewusstsein. Aber wie sollte sie außerhalb dieser Elemente bestehen? Das heißt, wenn wir uns betrachten, wie wir existieren oder uns wahrnehmen, entsteht dieses Ich-Bewusstsein auf der Grundlage der Wahrnehmung unseres Körpers und unseres Geistes, mit anderen Worten, der Elemente, aus denen wir zusammengesetzt sind. Das sind körperliche Elemente, wie das Feste, das Flüssige, die Hitze und die Bewegung, dazu der Raum als fünftes Element und dann noch das Bewusstsein. Indem wir diese Dinge von uns wahrnehmen, entsteht das Gefühl oder der Gedanke eines Ich. Und dieses Ich scheint sehr konkret und aus sich heraus zu bestehen. Wenn wir aber untersuchen, wo es innerhalb dieser sechs Elemente aufzufinden ist, dann ist es nicht zu finden. Es ist nicht so, dass irgendeines dieser Elemente das Ich wäre, also vom festen Element bis hin zum Bewusstsein. Keines für sich ist das Ich. Auch alle zusammen sind nicht das Ich, auch das Kontinuum dieser Elemente ist nicht das Ich. So können wir innerhalb dieser körperlichen und geistigen Aggregate nichts herauskristallisieren oder feststellen, von dem wir sagen könnten, es sei das Ich. Und auch außerhalb dieser Aggregate, also außerhalb von Körper und Geist, außerhalb unserer Elemente, kann kein Ich bestehen, wie es manche nicht-buddhistische Traditionen annehmen. Ein von Körper und Geist getrenntes, unveränderliches, ewiges Selbst ist nur eine philosophische Spekulation und in Wirklichkeit nicht begründbar. Die Frage stellt sich, ob es dann etwa überhaupt kein Ich gibt? Das ist natürlich auch nicht der Fall, denn das Ich, die Person ist der Handelnde, der Nutzen und Schaden bewirkt und im Gegenzug Freude und Schmerz, Leiden und Glück erlebt. Also ganz offensichtlich existiert die Person. Aber sie ist nicht innerhalb ihrer Teile aufzufinden. Und das bedeutet, wie auch Nāgārjuna sagt, dass die Person die Zusammenfassung dieser sechs Elemente ist. Chandrakīrti macht das im *Madhyamākāvatāra* deutlich, wo er erklärt, dass diesen sechs Elementen das Konzept oder der Begriff eines Ich hinzugefügt wird. Dieses Ich ist also etwas, das in Abhängigkeit von seinen Teilen benannt wird. Das Ich existiert als Benennung, die ihm in Abhängigkeit von Körper und Geist beigefügt wird. Wenn wir uns aber fragen, ob uns das Ich so erscheint, so ist das nicht der Fall. Es erscheint uns nicht als etwas, das als Benennung, relativ zu Körper und Geist besteht. Es scheint vielmehr ganz konkret und eigenständig aus sich heraus zu bestehen, ähnlich wie der Herr oder Besitzer von Körper und Geist. So machen wir uns jetzt klar, dass das Ich nicht so existiert, wie es erscheint, und suchen die Selbst-Losigkeit der Person zu erfassen.

Dann gehen wir weiter zu den übrigen Phänomenen. Denn auch wenn wir jetzt unseren Körper und Geist, unsere Aggregate selbst untersuchen, erscheinen diese auch wieder wie eigenständige Größen. Aber auch sie bestehen aus vielen Teilen, und weder ein einzelner Teil noch alle zusammen sind dann diese jeweiligen Aggregate. Und wie es in einem Text heißt, existiert selbst der Buddha, der Vollkommene, unsere höchste Zuflucht, nicht aus sich selbst heraus mit einem inneren Eigenwesen, sondern auch als Benennung auf der Grundlage bestimmter Teile. Dasselbe gilt für alle Eigenschaften auf der Ebene der Buddhaschaft. Und so ist der Buddha weder eine unabhängige Person, die irgendwie im Besitz ihres Körpers und ihres Geistes wäre, noch ist er gleichzusetzen mit seinem Körper und seinem Geist und so weiter. Also existiert auch der Buddha, existieren die vollkommenen, die vollendeten Buddhas als Benennung, in Abhängigkeit von ihrem vollkommenen Geist und vollkommenen Körper, und alle ihre Eigenschaften ebenso. Das bedeutet also, dass alle reinen oder unreinen Phänomene völlig leer davon sind, von ihrer eigenen Seite her durch ein unabhängiges Eigenwesen zu existieren. Sie existieren vielmehr nur als Benennung, in Abhängigkeit von vielfältigen Faktoren. In diesem Sinne sind sie alle leer davon, so zu existieren, wie sie uns gewöhnlich erscheinen.

Als nächstes wird uns die Ermahnung zur Verschwiegenheit gegeben. Von der tantrischen Praxis sagt man, dass sie im Geheimen und Verborgenen geübt werden soll. Es ist eine sehr tiefgründige Praxis, die sich nicht eignet, um damit hausieren zu gehen und sie überall zu verbreiten. Auch ist es nicht richtig, dass wir uns äußerlich als Tantrapraktizierende kleiden und geben, um damit bei anderen Eindruck zu schinden. Das wäre ein ganz falsches Verhalten. Vielmehr sollten wir uns um die inneren Tugenden bemühen, ohne nach außen hin angeberisch damit aufzutreten.

Im *Uttaratantra* legt Maitreya in einem Vers dar, dass wir alle das Potenzial haben, die Buddhaschaft zu erreichen. Er begründet es damit, dass sich die Heilsaktivität der Buddhas auf alle Wesen erstreckt und dass dadurch alle Wesen Anteil an der Heilsaktivität der Buddhas haben. Zudem ist die endgültige Natur der Buddhas keine andere als unsere endgültige Natur, und daher besteht in Bezug auf die endgültige Wirklichkeit kein Unterschied zwischen uns und den Buddhas. Zudem besitzt der Geist eine grundsätzliche Reinheit, die entwickelt werden kann, und die Befleckungen des Geistes können alle überwunden werden. Darüber sollten wir immer wieder nachdenken: über das Potenzial zur Buddhaschaft, das wir haben, das Potenzial zur Läuterung unseres Geistes. Im Zusammenhang damit führen wir uns besonders vor Augen, dass unser Geist völlig leer ist von inhärenter Eigenexistenz. All das macht es möglich, den Geist umzuwandeln bis hin zur Buddhaschaft. Das bloße Visualisieren eines Buddha-Aspekts ist nichts Besonderes. Erst wenn wir uns bewusst machen, wie wir das Potenzial, das wir in uns tragen, von Natur aus entwickeln können – durch den Gottheitenyoga bis hin zur Buddhaschaft – und diese Visualisationen dann mit den entsprechenden Geisteshaltungen und Erkenntnissen machen, hat das einen sehr großen Effekt.

## Initiation (Zweiter Tag)

Nachdem gestern die Schritte des Eintritts in das Mandala vollzogen wurden, wollen wir heute die Initiation im Mandala selbst nehmen. Dazu werden zuerst die sieben Initiationen gegeben, die mit der Erzeugungsstufe in Verbindung stehen und dem Muster der Kindheit gleichen. Von den höheren Initiationen, die mit der Vollendungsstufe in Verbindung stehen, werden zuerst die so genannten vier Höheren Initiationen gegeben und dann noch die letzte der vier Sehr Hohen Initiationen, die so genannte Wortinitiation. Die dazu notwendigen Vorbereitungen von Seiten des Meisters wurden gestern schon erklärt und sind auch bereits abgeschlossen. Nun denken wir, dass wir als Schüler am östlichen Portal innerhalb des Mandala stehen, wo wir gestern eingetreten sind, und vor uns die verschiedenen Stufen und Ebenen des Mandala sehen: zuunterst das Stockwerk, welches das Körpermandala darstellt, mit den verschiedenen Buddhaaspekten darin, dann darüber und mehr zum Zentrum hin ein zweiter Stock, das Mandala der Rede, mit den Buddhas, die dort dazu gehören. Darüber kommt auf einer dritten Ebene ein etwas kleineres Stockwerk mit einem Gebäude, welches das Mandala des Geistes darstellt, wieder mit bestimmten Buddhas. Innerhalb des Mandala des Geistes gibt es noch einmal eine Erhebung im Zentrum, die das Mandala der Ursprünglichen Weisheit bildet, wieder mit verschiedenen Buddhas, und in dessen Zentrum einen Thron aus acht Lotosblütenblättern, die acht Shaktis darstellen. Das ist das Mandala der Glückseligkeit, in dem dann Kālachakra selbst mit all seinen Attributen zu sehen ist. Und dieser ist völlig eins mit dem Lama, der die Initiation gibt. Wir denken uns, dass wir das alles deutlich vor uns sehen, und machen uns bewusst, dass das gesamte Mandala mit den umgebenden Palästen, den verschiedenen Stufen des Palastes wie auch der Buddhas darin aus demselben höchsten Buddhabewusstsein von Kālachakra hervorgegangen sind. Wir stellen uns vor, dass wir im Osten stehen und bringen nun ein kostbares Mandala mit all unseren Gütern, heilsamen Tugenden und so weiter dem Lama und Kālachakra dar.

Auf dem tantrischen Pfad geht es darum, dass man, motiviert von großem Mitgefühl, eine Sicht der Leerheit entwickelt, die in diesem Fall auf der Ebene eines sehr subtilen Bewusstseins hervorgerufen wird. Durch verschiedene yogische Techniken, die mit dem System von Energiekanälen, Winden und essenziellen Tropfen im Körper zu tun haben, und durch verschiedene Ausweitungen und Zusammenziehungen der inneren Elemente ist es möglich, sehr subtile Ebenen des Bewusstseins zu manifestieren und die gröberen zu unterbinden. Diese subtilen Ebenen des ursprünglichen Bewusstseins werden mit verschiedenen yogischen Übungen in einen Zustand von Glückseligkeit versetzt. Und dieses Bewusstsein von Glückseligkeit ist gleichzeitig ein Bewusstsein der Leerheit, also eine Einheit von Leerheit und Glückseligkeit. Diese wird dann als körperliche Form eines Buddhaaspekts hervorgebracht. In diesem Sinne ist es eine Form oder eine Gottheit, deren Natur Leerheit und großes Mitgefühl ist. Und dann heißt es weiter, dass es für diesen Buddha Kālachakra das Entstehen und Vergehen der drei Bereiche des Daseinskreislaufs nicht mehr gibt. Er ist frei von diesem Entstehen und Vergehen des Samsāra. Diese Freiheit von Samsāra ist nicht nur eine persönliche Befreiung, mit der man die Leidensursachen für die eigene Person überwunden hat, sondern ein darüber hinausgehendes Nirvāna, das frei ist von allen Extremen, sowohl vom Extrem eines rein persönlichen Friedens oder einer rein persönlichen Leidfreiheit, als auch frei vom

Extrem des Samsāra. In diesem Sinne hat man hier einen mittleren Weg gefunden. Und weiter heißt es, dass der Körper einer ist, in dem Bewusstsein und Bewusstseinsobjekt, also Bewusstsein und Bewusstseinsinhalt, eins geworden sind. Das bezieht sich auch darauf, dass sich der Geist im Zustand der großen Glückseligkeit befindet. Und der Geist, der in großer Glückseligkeit die Leerheit, also die endgültige Natur der Dinge erkennt, und diese endgültige Natur selbst sind nicht mehr voneinander zu unterscheiden.

Weiter heißt es: »Ich verneige mich vor der glorreichen Gottheit Kālachakra«, was wörtlich »Rad der Zeit« bedeutet. »Zeit« bezieht sich hier auf die so genannte unvergängliche, unwandelbare Glückseligkeit. Wahrscheinlich wird diese mit dem Begriff der Zeit in Verbindung gebracht, weil dieses eigentliche Bewusstsein der Glückseligkeit der natürlich anwesende grundlegende Geist, der grundlegende Geist des Klaren Lichts ist. Und der ist ohne Anfang und ohne Ende. Deshalb bezieht sich »Zeit« auf dieses Bewusstsein im Zustand großer Glückseligkeit. Und »Rad« bezieht sich auf die körperliche Erscheinung dieses Bewusstseins in der so genannten leeren Form, wie es im Kālachakra erklärt wird.

Es ist wichtig zu wissen, wodurch die tantrischen Lehren ihre besondere Tiefgründigkeit und Wirksamkeit erhalten. Es geht hier darum, einen besonders subtilen Geisteszustand hervorzurufen. Wenn wir die Erkenntnis der Leerheit, also der endgültigen Natur der Phänomene betrachten, wie es in einem Text dargelegt wird, können wir das Objekt und das Subjekt unterscheiden. Das Objekt ist die Leerheit von inhärenter Existenz aller Phänomene, also die endgültige Realität. Es gibt keine höhere oder tiefgründigere Form der endgültigen Realität als eben diese Leerheit von inhärenter Existenz. Diese wird im Vollkommenheitsfahrzeug des Mahāyāna, vor allem in den *Prajñāpāramitā*-Lehren des Buddha dargelegt. Die Leerheit von inhärenter Existenz, die im Tantra als endgültige Realität erkannt wird, ist genau dieselbe. Es gibt kein tiefgründigeres Objekt. Der Unterschied kommt nur durch das Subjekt zu Stande, denn es geht darum, in welcher Form oder mit welcher Art von Bewusstsein man diese Leerheit erkennt. Im Pāramitāyāna gibt es keine Techniken, um sehr subtile Bewusstseinszustände hervorzurufen und damit diese Leerheit zu erkennen. Die gibt es nicht einmal in den unteren drei Tantraklassen, sondern nur im Höchsten Yogatantra. Deshalb heißt es in einem Text, dass zwar die zwei Hindernisse – die Hindernisse für die Befreiung und die Hindernisse für die Allwissenheit – im Vollkommenheitsfahrzeug dargelegt werden, nicht aber das höchste Gegenmittel gegen diese Hindernisse. Dazu muss man diesen tantrischen Pfad üben, der im Höchsten Yogatantra dargelegt wird, wie es schon in den letzten Tagen erklärt wurde. Solange das Bewusstsein mit gröberen begrifflichen Strukturen verbunden ist, ist es nicht möglich, den Geist zur Buddhaschaft zu entwickeln. Das geht nur auf der Ebene des subtilsten Geistes des natürlich anwesenden Klaren Lichts. Und solange zum Beispiel die so genannten Drei Erscheinungen, die auch im Tod kurz vor dem Bewusstsein des Klaren Lichts auftauchen, also diese an sich schon sehr subtilen, aber im Vergleich zum Klaren Licht immer noch gröberen Ebenen, noch vorhanden sind, ist das Erreichen der vollständigen Buddhaschaft nicht möglich. Man muss also Mittel anwenden, mit denen man dieses subtilste Bewusstsein des Klaren Lichts nutzen kann. Auf natürliche Weise taucht dieses Bewusstsein im Tod auf. Es heißt, wenn wir sterben, gehen die gröberen Bewusstseinsstrukturen und Windstrukturen zu Ende, und dieses Bewusstsein des Klaren Lichts manifestiert sich auf der subtilsten Ebene. Allerdings geschieht das dann einfach durch die Kraft des Karma, ohne unsere eigene Kontrolle, und wird von uns eher unbewusst, ähnlich vielleicht wie eine Ohnmacht oder

Bewusstlosigkeit wahrgenommen. Wahrscheinlich ist dieses Bewusstsein auch karmisch neutral, also nicht schon von sich aus mit allen Qualitäten verbunden. Es ist also unser Ziel, dieses Bewusstsein durch die Kraft von Yogaübungen willentlich im Leben zu manifestieren und es dann zu nutzen. Dazu gibt es in den verschiedenen tantrischen Traditionen unterschiedliche Methoden. Zum Beispiel heißt es in den Dzogchen-Unterweisungen, dass man durch geschickte Übungen und Anweisungen des Meisters in die Lage versetzt werden kann, begriffliches Bewusstsein zu stoppen, um sozusagen einen Moment des unbegrifflichen Bewusstseins zu erfahren. Und wenn man in der Lage ist, dieses unbegriffliche Bewusstsein kontinuierlich über längere Zeit zu behalten, kann man auf diese subtilste Ebene kommen. Ähnliche Erklärungen gibt es auch in der Mahāmudrā-Tradition. Basierend auf dem *Guhyasamāja*-Tantra wird wiederum gelehrt, dass man sich bei solchen Übungen auf bestimmte Punkte innerhalb des Körpers konzentriert, die mit den Energien, essenziellen Tropfen und Winden in den Kanälen zusammenhängen, und dadurch in der Lage ist, gröbere Strukturen von Energie und Bewusstsein zu stoppen und das Klare Licht auf der subtilsten Ebene zu manifestieren. In anderen Traditionen geht das wohl auch auf andere Weise. Aber das bezieht sich nur darauf, dass es verschiedene Mittel gibt. Das Prinzip ist immer das Gleiche: Durch verschiedene Übungen manifestiert man dieses subtilste Bewusstsein und nutzt es dann für die Kenntnis der endgültigen Realität.

Bei diesen Techniken macht man sich auch zu Nutze, dass es bestimmte Übereinstimmungen gibt zwischen gewöhnlichen Zuständen, die wir jetzt erleben, Zuständen auf dem Pfad, die auf dieser subtilsten Ebene des Bewusstseins basieren, und Zuständen in der Buddhaschaft. Ausgehend davon erklärt das *Guhyasamāja*-Tantra verschiedene Vermischungen, wo man gewöhnliche Zustände mit Eigenschaften eines Buddha vermischt, die bestimmte Ähnlichkeiten aufweisen. Das bezieht sich besonders auf den Zustand des Wachseins, auf den Zustand des Traumes und auf den Zustand des Tiefschlafs. Dort manifestiert sich auch so ein sehr subtiles Bewusstsein, das man das Klare Licht des Schlafes nennt. Und wenn man in der Lage ist, sich dies bewusst zu machen und sich an dieses subtile Bewusstsein zu gewöhnen, es quasi bewusst aufrechtzuerhalten, dann kann man sogar fähig werden, dieses Bewusstsein im Schlaf in das Klare Licht umzuwandeln und es zu benutzen, auch ohne andere Hilfsmittel einzusetzen, die zum Beispiel mit der sexuellen Vereinigung zu tun haben.

Diese Techniken, die zum Ziel haben, in Zusammenhang mit bestimmten körperlichen Zuständen subtilere Ebenen zu manifestieren, beruhen darauf, dass wir als Menschen Lebewesen sind, die aus sechs Elementen bestehen, und dass in verschiedenen Zuständen dieser Elemente von Natur aus subtilere Ebenen zum Vorschein kommen. Das gilt für den Schlaf, aber zum Beispiel auch für das Gähnen oder für das Niesen, und es gilt für den Zustand der sexuellen Vereinigung oder des Orgasmus. Dabei werden begriffliche Strukturen immer mehr aufgelöst, einfach aufgrund der Natur unserer körperlichen Zusammensetzung. Wenn man zum Beispiel niest, erlebt man einen kurzen Moment der Klarheit, in dem das übliche gröbere begriffliche Bewusstsein nicht mehr so präsent ist. Aber natürlich ist es unmöglich, das Niesen über längere Zeit aufrechtzuerhalten. Wie sollte das gehen? Auch beim Gähnen ist es ähnlich. Ich gähne gern und viel, aber auch ich schaffe es nicht, das Gähnen über längere Zeiten aufrechtzuerhalten. Das ist also nicht möglich. Der Schlaf wäre eine günstige Gelegenheit, aber wir sind nicht in der Lage, den Schlaf wirklich zu kontrollieren und dieses tiefere Bewusstsein dabei quasi bewusst wahrzunehmen. Deshalb wird gesagt, dass »dem Schmelzen der Tropfen und der inneren Elemente« beim Orgasmus oder in der sexuellen Vereinigung eine besondere Bedeutung zukommt. Aber das ist ein sehr heikles Thema, das man genau verstehen muss. Es geht hier nämlich nicht darum, dass der gewöhnliche Geschlechtsverkehr, den wir als gewöhnliche Menschen haben, ein spiritueller Pfad wäre. Es sind vielmehr ganz bestimmte Voraussetzungen zu erfüllen. Eine wichtige Voraussetzung ist, dass man aufgrund von Yogaübungen in der Lage ist, den üblichen Ausstoß des Samens, der Erregungsflüssigkeit oder dieser Energien beim Orgasmus zurückzuhalten, also diese Energien und Flüssigkeiten zu halten. Wenn man dazu in der Lage ist, kann man das Glück während der sexuellen Vereinigung nutzen, es über längere Zeit bewahren und gezielt nutzen, um damit die endgültige Realität zu erkennen und so einen subtilen Zustand von Glück zur Erkenntnis der endgültigen Realität hervorzurufen. Nur dadurch kann man diesen Zustand in den Pfad zur Befreiung oder Buddhaschaft umwandeln.

Man muss also verstehen, dass sexuelle Vereinigung hier kein Ziel, kein spirituelles Element in sich selbst ist, sondern nur als Hilfsmittel benutzt wird, das unter bestimmten Voraussetzungen dazu beitragen kann, so ein subtiles Bewusstsein hervorzurufen. Wenn wir mit einem gewöhnlichen Bewusstsein sexuellen Verkehr haben und einen Orgasmus erleben, nimmt dadurch einfach nur unsere Begierde zu. Das hat nichts mit Spiritualität zu tun. Deshalb wird ganz deutlich gemacht, was für eine wichtige Voraussetzung ein stabiles Gottheitenyoga ist. In dem Bewusstseinszustand eines stabilen Gottheitenyoga, also ohne die reine Wahrnehmung als Gottheit aufzugeben, kann man diese Vereinigung durchführen. Nur in so einem Fall ist es möglich, dass durch das Schmelzen der inneren Elemente, Tropfen und so weiter Glück hervorgerufen wird, das nicht mit normaler Begierde verbunden ist und das man dann nutzen kann, um auf einer subtilen Ebene die Leerheit zu erkennen.

Der Buddha selbst hat dargelegt, dass es verschiedene Formen der Praxis gibt, die aber immer in ihrem jeweiligen Zusammenhang zu sehen sind. Zum Beispiel wäre es unpassend, wenn jemand mit dem Lebensstil eines Mönchs oder einer Nonne eine sexuelle Vereinigung eingehen würde, womöglich noch mit der Robe. Deshalb müssen wir die verschiedenen Pfade, die der Buddha gelehrt hat, in ihrem jeweiligen Kontext sehen. Zum Beispiel wird ein Verhalten, das frei von Begierde ist, besonders im Rahmen des Shrāvakayāna gelehrt, und ein Verhalten, das weiter gefasst ist und vielfältige altruistische Übungen beinhaltet, im Vollkommenheitsfahrzeug des Mahāyāna. Und dann gibt es eben auch Übungen, bei denen man sich Begierden oder Sinnesfreuden zu Nutze macht, was dem tantrischen Pfad entspricht. Dementsprechend müssen wir auch die Symbolik verstehen. Zum Beispiel werden tantrische Buddhaaspekte natürlich nicht als Ordinierte dargestellt, in Ordiniertenkleidung und so weiter. Man muss also jeweils die Zusammenhänge und die Bedeutung kennen. Über die sexuelle Vereinigung ist bereits gesagt worden, dass sie innerhalb eines stabilen Gottheitenyoga stattfinden muss, in einem stabilen Bewusstsein, selbst die Gottheit zu sein. Es ist wesentlich, dabei die reine Wahrnehmung zu bewahren, und diese basiert auf dem Erleuchtungsgeist, einer echten Erfahrung im Erleuchtungsgeist und der Ansicht der Leerheit. Nur dann ist es möglich, in einem qualifizierten Gottheitenyoga in eine Vereinigung einzutreten, um subtile Bewusstseinsebenen gezielt hervorzubringen und dieses Bewusstsein dann wieder als Gottheit erscheinen zu lassen.

Auch Tsongkhapa macht in einem Text klar, worum es da geht. Das höchste Ziel, die höchste Verwirklichung, ist die Allwissenheit. Und diese besteht in einem subtilen Weisheitsbewusstsein, das frei ist von allen begrifflichen gröberen Strukturen und wo es keinen Unterschied mehr gibt zwischen tiefer Meditation und dem aktiven Handeln zum

Wohl der andern. Um so etwas zu erreichen, muss man gröbere Bewusstseinsebenen schon auf dem Pfad überwinden und auf der Ebene eines subtilen Bewusstseins üben. Das ist der Sinn, warum man in bestimmten Zusammenhängen die sexuelle Vereinigung auf dem Pfad benutzen kann. Das wird auch dargestellt durch Vajradhara in Vereinigung mit seiner Gefährtin.

Der Buddhakörper ist auch ein Produkt, ein produkthaftes Phänomen von Geist und Energien oder Winden. Und ein meditierender Yogi weiß das und nutzt die vorhandenen Elemente auf der subtileren Ebene, um sie als Buddhakörper hervorzubringen. Das ist auch der Grund, warum es so viele Buddhaaspekte gibt – je nach Veranlagung der einzelnen Übenden, je nach der besonderen Symbolik, die hervorgerufen werden soll, und so weiter. Durch die Übungen, die mit diesem so genannten roten und weißen Element zu tun haben, mit den Flüssigkeiten, die bei der sexuellen Vereinigung eine große Rolle spielen, ist es möglich, das subtile Bewusstsein in Glückseligkeit zu manifestieren und damit die Leerheit zu erkennen. Und so kann der Yogi die Erkenntnis von Leerheit und Glückseligkeit auf einer subtilen Ebene hervorbringen.

Normalerweise wird unser Bewusstsein umso unklarer, je subtiler es wird. Wenn wir zum Beispiel die verschiedenen Versenkungen betrachten, dann gibt es die vier formlosen Versenkungen bis hin zum Gipfel des Daseinskreislaufs. Diese tiefen Versenkungszustände sind auch sehr subtil, aber nicht klar. Deshalb heißt es in den Schriften, dass sie ungeeignet sind, um damit die endgültige Realität zu erkennen. Sie sind so tief versunken, dass sie schon unklar geworden sind. Doch hier im höchsten Yogatantra ist es ganz anders. Je subtiler die Bewusstseinszustände sind, die durch die entsprechenden Mittel hervorgebracht werden, desto klarer sind sie und daher noch besser geeignet, ein sehr wirkungsfähiges Weisheitsbewusstsein zu entwickeln.

Daher wird das gezielt geübt, und so wird ein ganz anderes Bewusstsein des Klaren Lichts erreicht als das, was einfach durch die Macht des Karma während des Todes aufkommt. Wenn dieses Bewusstsein durch Yogaübungen hervorgebracht wurde, ist es sehr klar und hat eine große Kraft, und das wird dann im Gottheitenyoga zusätzlich als Form der Gottheit hervorgebracht. Das ist also nicht irgendein normales Bewusstsein, und wir dürfen es nicht mit einem normalen Bewusstsein, zum Beispiel während einer normalen sexuellen Vereinigung, verwechseln. Es ist wichtig, dass wir die Symbolik genau verstehen und dass uns diese Prinzipien des Gottheitenyoga im höchsten Yogatantra ganz klar sind. Und wenn es jetzt im Ritual der Initiation viele Stellen gibt, wo mit der Verschmelzung des roten und weißen Elements durch die sexuelle Vereinigung gearbeitet wird, dann müssen wir das vor dem Hintergrund verstehen, der gerade erklärt wurde.

Auf dem tantrischen Pfad im höchsten Yogatantra ist tatsächlich auch eine echte sexuelle Vereinigung mit einer menschlichen Gefährtin oder einem Gefährten möglich, aber das darf nicht in gewöhnlicher Weise geschehen mit gewöhnlichen Wahrnehmungen und unter Ausstoß der sexuellen Flüssigkeiten. Das wäre im Kālachakra-Tantra sogar eine Wurzelübertretung, eine gravierende Übertretung der tantrischen Ethik. Es ist also sehr wichtig zu verstehen, dass man im Tantra nicht die Erlaubnis hat, zu machen, was einem gerade in den Sinn kommt, weil Disziplin zweitrangig wäre. Das Gegenteil ist der Fall. Wenn man die Disziplin nicht sehr klar wahrt, während man diese tantrischen Übungen ausführt, wie sexuelle Vereinigung und so weiter, dann führt das definitiv zur Verschlechterung und zu negativen Wiedergeburten statt zu dem gewünschten Fortschritt.

Die vier Hohen Initiationen sind dazu da, das Üben der Vollendungsstufe im Kālachakra zu ermöglichen. Ein

Unterschied zwischen der Erzeugungs- und Vollendungsstufe ist, dass man die Übungen der Erzeugungsstufe auch einen künstlichen oder begrifflichen Yoga nennt. Das heißt, es sind Übungen, die mit Visualisationen einhergehen, mit Vorstellungen oder Imaginationen, die noch nicht Wirklichkeit sind. Aber auf der Vollendungsstufe werden Elemente benutzt – wie innere Kanäle, Energien und Tropfen, auf die man sich konzentriert –, um tatsächliche Zustände nicht-begrifflicher Art auf einer sehr subtilen Ebene hervorzurufen. Man benutzt also Elemente des Körpers, die tatsächlich vorhanden sind. Es geht hier nicht mehr um vorgestellte Dinge. Deshalb bezeichnet man den Yoga der Vollendungsstufe auch als nicht-künstlichen Yoga. Das Wesentliche ist also, ein subtiles Bewusstsein hervorzurufen, das dann mit entsprechenden Yogaübungen tatsächlich in den Dharmakāya des Buddha, den Geist des Buddha umgewandelt wird. Zusätzlich wird ein Formkörper hervorgerufen, der dem eines Buddha sehr ähnlich ist und sich in einen tatsächlichen Formkörper umwandelt. Und als Vorbereitung, damit man die Möglichkeit hat, diese Vollendungsstufe zu meditieren, braucht man vier Initiationen: die Vaseninitiation, die Geheime Initiation, die Weisheitsinitiation und die Wortinitiation. Dabei geht es wieder darum, diesen subtilsten natürlich anwesenden Geist des Klaren Lichts zu manifestieren und in den Pfad umzuwandeln. Die Bedingungen, um diesen Geist zu manifestieren, sind, wie zuvor erklärt, ein entsprechender männlicher oder weiblicher Gefährte beziehungsweise eine Gefährtin, die es einem durch die Besonderheiten der sexuellen Vereinigung ermöglichen, dieses subtilste Bewusstsein hervorzubringen. Es wurde schon gesagt, dass das auch durch den Schlafyoga erreicht werden kann, aber wenn das nicht möglich ist, dann ist das Mittel eben die Vereinigung. In Beziehung dazu stehen auch diese Initiationen: Die Vaseninitiation entsteht durch die Freude, die man empfindet, wenn man die Brust der weiblichen Gottheit berührt. Die zweite Initiation, die Geheime, wird gegeben durch das weiße und rote Element oder Bodhichitta, sozusagen die sexuellen Flüssigkeiten der männlichen und weiblichen Gottheit. Die dritte, die Weisheitsinitiation, wird gegeben durch das Erleben der Vereinigung mit der weiblichen Gottheit, wodurch drei Arten der Freude entstehen – die ersten drei von insgesamt vier, die es gibt. Die vierte Initiation, die Wortinitiation, wird gegeben durch Erklärungen, wie dieser Zustand der Vereinigung von Glückseligkeit und Erkenntnis der Leerheit geübt wird und schließlich zur Buddhaschaft führt. Und dann gibt es noch die vier Sehr Hohen Initiationen. Davon wird hier die vierte gegeben, die wiederum eine Wortinitiation ist. Der Unterschied zu der vorläufigen Wortinitiation ist, dass hier der Zustand der Vereinigung von Körper und Geist dargelegt wird, also diese Vereinigung von leerer Form und Geist der großen Glückseligkeit, die dann schließlich in der Buddhaschaft ihre Vollendung findet.

Wie in den letzten Tagen oft erklärt wurde, ist das Wichtigste, dass wir uns bemühen, die Werte, die durch den Erleuchtungsgeist zum Ausdruck kommen, diese altruistische Bodhisattva-Haltung, und die Sicht der Realität im Sinne der Sicht der Leerheit, einzuüben und zu versuchen, sie wirklich anzuwenden. Dann erfahren wir auch eine konkrete Hilfe aus unserer Dharmapraxis. Nur eine Initiation zu erhalten, wird uns nicht viel weiterhelfen. Wenn wir zum Beispiel Hunger oder Kopfschmerzen haben, hilft uns die Initiation auch nicht weiter. Aber wenn wir tatsächlich die buddhistischen Werte wie Entsagung aus dem Daseinskreislauf, den Erleuchtungsgeist und die Sicht der Leerheit geübt haben und damit vertraut sind, dann helfen sie uns in schwierigen Situationen, in Situationen, in denen es uns schlecht geht. Ansonsten, wenn wir die inneren Qualitäten des Dharma nicht wirklich entwickeln, wird uns der Dharma in schwierigen Situationen nicht weiterhelfen können.

Dann denken wir leicht, der Dharma sei ohne Wirkung, er würde uns nichts einbringen, und sind geneigt, ihn wieder aufzugeben. Dharma bedeutet eigentlich positive Veränderung. Und wenn wir durch den Dharma positive Veränderungen in unserem Geist erreichen können, haben wir ihn uns echt zu Nutze gemacht. Wenn es nur bei den Worten bleibt, haben wir nicht wirklich etwas davon.

Wir haben das gute Karma, auf den Buddha-Dharma getroffen zu sein. Und wenn wir selbst Buddha-Dharma praktizieren wollen, dann bedeutet das, unseren Geist positiv zu verändern. Nur das bringt uns wirklich etwas ein. Ich selbst mache Wunschgebete, dass Ihnen dies gelingen möge, und bemühe mich aufrichtig um die Praxis. Und wenn Sie sich auch darum bemühen, wird es Ihnen wirklich etwas einbringen. Das Wesentliche ist, dass wir uns bemühen, es anzuwenden.

# Die mittleren Stufen der Meditation

von Āchārya Kamalashīla

*Verfasst in Sanskrit unter dem Titel Bhāvanākrama und in der tibetischen Sprache unter dem Titel Gom rim bar pa.*

Gepriesen sei der jugendliche Mañjushrī. Ich werde kurz die Stufen der Meditation für diejenigen erläutern, die dem System des Mahāyāna-Sūtra anhängen. Wer intelligent ist und äußerst schnell Allwissenheit erlangen will, sollte sich mit Bedacht bemühen, dessen Ursachen und Bedingungen zu erfüllen.

## Was ist der Geist?

Es ist nicht möglich, dass Allwissenheit ohne Ursachen erzeugt wird; denn wenn das möglich wäre, dann könnte alles stets allwissend sein. Könnten Dinge geschaffen werden, ohne sich auf etwas anderes zu stützen, dann könnten sie ohne Einschränkung existieren – es gäbe dann keinen Grund, warum nicht alles allwissend sein könnte. Da also alle funktionellen Dinge nur gelegentlich entstehen, sind sie völlig von ihren Ursachen abhängig. Allwissenheit ist dazu sehr selten, weil sie nicht zu jeder Zeit und an allen Orten auftritt, und alles kann nicht allwissend werden. Daher hängt sie zweifellos von Ursachen und Bedingungen ab.

## Schulung des Geistes

Auch sollst du unter diesen Ursachen und Bedingungen die richtigen und vollständigen Ursachen kultivieren. Praktizierst du die falschen Ursachen, kann das gewünschte Ziel nicht erreicht werden, selbst wenn du lange Zeit hart arbeitest. Das wäre so, als wollte man (eine Kuh) an den Hörnern melken. Genauso wird das Ergebnis nicht erreicht, wenn nicht alle Ursachen zur Wirkung gebracht werden. Fehlt beispielsweise die Saat oder irgendeine andere Ursache, dann kommt das Ergebnis, ein Keim und so weiter, nicht zu Stande. Daher sollte jeder, der ein bestimmtes Ergebnis erzielen will, dessen vollständige und irrtumsfreie Ursachen und Bedingungen kultivieren.

Fragt ihr: »Welches sind die Ursachen und Bedingungen der endgültigen Frucht der Allwissenheit?«, dann bin ich, der ich einem Blinden gleiche, vielleicht nicht in der Lage, das selbst zu erklären. Doch werde ich Buddhas eigene Worte benutzen, die er nach seiner Erleuchtung zu seinen Jüngern sprach. Er sagte: »Vajrapāni, Herr der Geheimnisse, die transzendente Weisheit der Allwissenheit, wurzelt im Mitgefühl und entsteht aus einer Ursache – dem altruistischen Denken, dem erweckenden Geist des Bodhichitta und der Vollkommenheit geschickter Mittel.«

## Mitgefühl

Von Mitgefühl bewegt, legen Bodhisattvas das Gelübde ab, alle fühlenden Wesen zu befreien. Und dann befassen sie sich durch Überwindung ihrer auf sich selbst bezogenen Anschauung fleißig und ausdauernd mit den sehr schwierigen Übungen, Verdienst und Erkenntnisse anzusammeln.

Nachdem sie diese Übungen begonnen haben, werden sie gewiss das Sammeln von Verdienst und Einsicht vollbringen. Bringt man es fertig, Verdienst und Einsicht anzuhäufen, ist das so, als halte man die Allwissenheit bereits selbst in der

Hand. Da Mitgefühl die einzige Quelle von Allwissenheit ist, sollte man sich von Anfang an mit diesen Übungen vertraut machen.

Im »Kompendium des vollkommenen Dharma« heißt es: »O Buddha, ein Bodhisattva sollte sich nicht in vielen Praktiken schulen. Hält ein Bodhisattva sich auf die richtige Weise an einen Dharma und lernt ihn vollkommen, dann hält er alle Buddha-Eigenschaften in seiner hohlen Hand. Und wenn man fragt, welches dieser eine Dharma sei: Es ist das Große Mitgefühl.

Die Buddhas haben bereits alle eigenen Ziele erreicht, bleiben jedoch im Kreislauf der Existenz, solange es noch fühlende Wesen gibt. Sie tun dies, weil sie das Große Mitgefühl besitzen. Sie betreten auch nicht wie die Hörer den unerhört glückseligen Aufenthaltsort des Nirvāna. Da für sie die Interessen fühlender Wesen an erster Stelle stehen, verzichten sie darauf, im friedlichen Nirvāna zu verweilen, und meiden es wie ein Haus aus rot glühendem Eisen. Deshalb ist das Große Mitgefühl allein die unvermeidliche Ursache des Nichtverweilenden Nirvāna des Buddha.

## Gleichmut und die Wurzel Liebender Güte entwickeln

Der Weg, über Mitgefühl zu meditieren, wird von Anfang an gelehrt. Beginne die Übung mit dem Meditieren über Gleichmut. Versuche, gegenüber allen fühlenden Wesen Unparteilichkeit zu verwirklichen, indem du Anhaften und Hass beseitigst.

Alle fühlenden Wesen verlangt es nach Glück und nicht nach Elend. Denke tief darüber nach, dass es in diesem anfangslosen Kreislauf der Existenz nicht ein einziges fühlendes Wesen gibt, das nicht schon hunderte Male dein Freund oder Verwandter gewesen ist. Da es also keinen Grund gibt, einigen anzuhaften und andere zu hassen, werde ich gegenüber allen fühlenden Wesen ein Gefühl des Gleichmuts entwickeln. Beginne die Meditation über Gleichmut mit dem Gedanken an eine neutrale Person und danach betrachte Menschen, die Freunde und Feinde sind.

Nachdem der Geist Gleichmut gegenüber allen fühlenden Wesen entwickelt hat, meditiere über Liebende Güte. Befeuchte das mentale Kontinuum mit dem Wasser Liebender Güte und bearbeite es so, wie du es mit einem Stück fruchtbaren Landes tun würdest. Wird die Saat des Mitgefühls in einen solchen Geist gepflanzt, wird sie schnell, richtig und vollständig keimen. Sobald du den Gedankenfluss mit Liebender Güte bewässert hast, meditiere über Mitgefühl.

## Die Natur des Leidens identifizieren

Der mitfühlende Geist wünscht von Natur aus, dass alle leidenden Wesen vom Leiden frei sein mögen. Meditiere über das Mitgefühl für alle fühlenden Wesen, weil die Wesen in den drei Bereichen der Existenz intensiv von den drei Arten des Leidens in verschiedenen Formen gequält werden. Der Buddha hat gesagt, dass Hitze und andere Arten von Schmerz die Wesen in der Hölle für sehr lange Zeit ununterbrochen leiden lassen. Er hat auch gesagt, Hungrige Geister würden von Hunger und Durst geplagt und müssten unerhörtes physisches Leid ertragen. Wir können auch sehen, wie Tiere auf verschiedene klägliche Weise leiden: Sie fressen einander, geraten in Wut und werden verletzt oder getötet. Wir bemerken zudem, dass auch menschliche Wesen verschiedene akute Arten von Schmerz erleben. Da sie nicht in der Lage sind zu finden, was sie wollen, sind sie hasserfüllt und fügen einander Schaden zu. Sie leiden unter dem Schmerz, die schönen Dinge, die sie haben wollen, zu verlieren und mit den hässlichen Dingen, die sie nicht haben wollen, konfrontiert zu werden, sowie unter dem Schmerz der Armut.

Es gibt Menschen, deren Geist durch verschiedene Fesseln störender Gefühle, etwa gieriges Verlangen, gebunden ist. Andere sind durch verschiedene Arten falscher Anschauungen verstört. Das sind alles Ursachen von Leiden. Deshalb erleiden sie alle starkes Unbehagen, als stünden sie an einem Abgrund.

Götter leiden unter dem Elend des Wandels. Zum Beispiel bedrängen Anzeichen bevorstehenden Todes oder ihres Fallens in unglückselige Zustände ständig den Geist der Götter des Begierde-Bereichs. Wie könnten sie da in Frieden leben?

Allgegenwärtiges Elend entsteht durch die Macht der Ursachen, die durch Handeln und Störende Gefühle charakterisiert sind. Es hat die Natur und die Eigenschaften augenblicklichen Zerfalls und betrifft alle (durch den Kreislauf der Existenzen) wandernden Wesen.

Betrachte daher alle wandernden Wesen als in ein großes Feuer des Elends versunken. Denke, dass sie dir alle darin gleichen, dass sie keinerlei Leid erfahren wollen: »O weh! Alle meine geliebten fühlenden Wesen empfinden derartigen Schmerz. Was kann ich tun, um sie zu befreien?«, und mache ihre Schmerzen zu deinen eigenen. Ob du dich in einspitziger Meditation befindest oder deinen gewöhnlichen Tätigkeiten nachgehst, meditiere jederzeit über Mitgefühl, und richte dich auf alle fühlenden Wesen aus mit dem Wunsch, dass sie alle frei von Leiden sein mögen.

Beginne mit dem Meditieren über deine Freunde und Verwandten. Erkenne, wie sie die verschiedenartigen Leiden, die hier erläutert wurden, erfahren.

Nachdem du nunmehr alle fühlenden Wesen als gleich betrachtet hast, ohne jeglichen Unterschied zwischen ihnen, sollst du über fühlende Wesen meditieren, denen gegenüber du gleichgültig bist. Sobald dein Mitgefühl ihnen gegenüber dasselbe ist wie gegenüber deinen Freunden und Verwandten, meditiere über Mitgefühl für alle fühlenden Wesen in allen zehn Richtungen des Universums.

Genauso wie eine Mutter auf ihr kleines, geliebtes und leidendes Kind reagiert – du hast die Übung des Mitgefühls vervollkommnet, wenn du ein spontanes und gleiches Mitgefühl gegenüber allen fühlenden Wesen entwickelst. Und das nennt man das Große Mitgefühl.

Meditation über Liebende Güte beginnt mit Freunden und Menschen, die man mag. Die Natur dieser Meditation ist der Wunsch, dass diese Menschen glücklich sein mögen. Dehne die Meditation nach und nach auf Fremde und selbst auf deine Feinde aus. Während du dich an Mitgefühl gewöhnst, wirst du nach und nach einen spontanen Wunsch erzeugen, alle fühlenden Wesen zu befreien. Nachdem du dich also mit Mitgefühl als allgemeine Grundlage vertraut gemacht hast, meditiere über den erweckenden Geist des Bodhichitta.

Es gibt zwei Arten von Bodhichitta: das konventionelle und das absolute. Konventionelles Bodhichitta ist das Kultivieren des anfänglichen Gedankens, der danach strebt, zum Wohle aller wandernden fühlenden Wesen unübertreffliche und vollkommen verwirklichte Buddhaschaft zu erlangen, nachdem man aus Mitgefühl gelobt hat, sie alle vom Leiden zu befreien. Dieses konventionelle Bodhichitta sollte im Rahmen eines Prozesses kultiviert werden, welcher dem ähnelt, der im Kapitel über moralische Ethik des Bodhisattvabhūmi beschrieben wird – also dadurch, dass man diesen Geist erzeugt, indem man das Bodhisattva-Gelübde vor einem Meister ablegt, der nach dem Bodhisattva-Gelübde lebt.

Nachdem du den Konventionellen Erweckenden Geist des Bodhichitta erzeugt hast, sollst du dich bemühen, den Absoluten Erweckenden Geist des Bodhichitta zu kultivieren. Das Absolute Bodhichitta ist überweltlich und frei von Hinzufügungen. Es ist äußerst klar, Objekt des Absoluten, makellos, unerschütterlich, wie die Flamme einer vom Wind unberührten Butterlampe.

Dies wird erreicht durch konstante und respektvolle Vertrautheit mit dem Yoga der Meditation des Ruhigen Verweilens und mit Spezieller Einsicht über einen längeren Zeitraum hinweg. Das »Sūtra über das Entwirren der Gedanken« sagt: »O Maitreya, du musst wissen, dass alle die tugendhaften Dharmas der Hörer, Bodhisattvas oder Tathāgatas, ob weltlich oder transzendent, die Frucht der Meditation des Ruhigen Verweilens und Spezieller Einsicht sind.« Da alle Arten der Konzentration in diese beiden einbezogen werden können, müssen alle Yogis zu jeder Zeit nach der Meditation des Ruhigen Verweilens und Spezieller Einsicht streben. Im »Sūtra über das Entwirren der Gedanken« heißt es auch: »Der Buddha hat gesagt, man müsse wissen, dass die Lehren der verschiedenen Arten der von meinen Hörern, Bodhisattvas und Tathāgatas erstrebten Konzentration alle in der Meditation des Ruhigen Verweilens und Spezieller Einsicht enthalten sind.«

Yogis können geistige Verdunkelungen nicht allein dadurch beseitigen, dass sie sich mit der Meditation des Ruhigen Verweilens vertraut machen. Das wird die Störenden Gefühle und Täuschungen nur vorübergehend unterdrücken. Ohne das Licht der Weisheit kann das latente Potenzial der Störenden Gefühle nicht gründlich zerstört werden, weshalb ihre vollständige Ausrottung nicht möglich sein wird. Aus diesem Grunde heißt es im »Sūtra über das Entwirren der Gedanken«: »Sammlung kann die Störenden Gefühle richtig unterdrücken, und Weisheit kann ihr latentes Potenzial ganz und gar zerstören.«

> Das »Sūtra über das Entwirren der Gedanken« sagt auch:
> Selbst wenn du mit einspitziger Konzentration meditierst,
> Wirst du die fälschliche Auffassung vom Selbst nicht zerstören,
> Und deine Störenden Gefühle werden dich erneut verstören.
> Das ist wie die einspitzige Meditation des Udrak.
> Wird die Selbst-Losigkeit von Phänomenen spezifisch untersucht,
> Und werden auf der Basis jener Analyse Meditationen ausgeübt,
> Dann ist dies die Ursache der darauffolgenden Befreiung.
> Keine andere Ursache kann Frieden bringen.

In der »Bodhisattva-Abteilung« heißt es auch: »Diejenigen, die diese verschiedenen Lehren der Bodhisattva-Sammlung nicht gehört haben und auch nicht die praktischen Lehren über monastische Disziplin und die meinen, einspitzige Sammlung allein sei genug – sie werden aufgrund ihres Stolzes in die Grube der Arroganz fallen. Dementsprechend können sie nicht vollständige Befreiung erlangen von Wiedergeburt, Alter, Krankheit, Tod, Elend, Jammern, Leiden, mentalem Unglücksgefühl sowie Störungen aller Art. Sie erlangen weder vollständige Befreiung vom Kreislauf der sechs Bereiche der Existenz noch von den Anhäufungen des Erleidens mentaler und physischer Aggregate. Im Bewusstsein dessen hat der Tathāgata gesagt, das Hören der Lehren werde dir helfen, Befreiung von Alter und Tod zu erlangen.«

Aus diesen Gründen sollten alle, die gründlich gereinigte transzendente Weisheit durch Beseitigung aller Trübungen erreichen wollen, in der Meditation des Ruhigen Verweilens über Weisheit meditieren.

## Weisheit

Das »Juwelenhaufen-Sūtra« sagt: »Einspitzige Sammlung wird erreicht, indem man sich an moralische Ethik hält. Ist einspitzige Sammlung erreicht, meditiert man über Weisheit. Weisheit hilft uns, ein reines, unverfälschtes Gewahrsein zu erlangen. Durch reines unverfälschtes Gewahrsein wird dein moralisches Verhalten vervollkommnet.«

Die »Meditation über das Vertrauen in das Mahāyāna-Sūtra« sagt: »O du Kind edler Familie, wenn du dich nicht an die Weisheit hältst, vermag ich nicht zu sagen, wie du Vertrauen in das Mahāyāna der Bodhisattvas haben oder wie du in das Mahāyāna eintreten kannst.«

»O du Kind edler Familie, du solltest wissen, dass dies so ist, weil das Vertrauen der Bodhisattvas in das Mahāyāna und das Eintreten in das Mahāyāna zu Stande kommt als Ergebnis der Kontemplation über den vollkommenen Dharma und die Wirklichkeit mit einem von Ablenkung freien Geist.«

Der Geist eines Yogi wird auf verschiedene Objekte abgelenkt, wenn er nur Spezielle Einsichten kultiviert, ohne einen ruhig verweilenden Geist zu entwickeln. Er wird instabil sein wie eine Butterlampe im Wind. Da die Klarheit unverfälschten Gewahrseins nicht vorhanden sein wird, sollten diese beiden (Spezielle Einsicht und ein ruhig verweilender Geist) gleichermaßen kultiviert werden. Deshalb heißt es im »Sūtra der Großen und vollständigen Transzendenz des Leidens«: »Hörer können die Buddha-Natur nicht sehen, weil ihre einspitzige Versenkung stärker und ihre Weisheit schwächer ist.« Bodhisattvas können sie sehen, jedoch nicht klar, weil ihre Weisheit stärker und ihre einspitzige Sammlung schwächer ist. Dagegen können Tathāgatas alles sehen, weil sie einen ruhig verweilenden Geist und in gleichem Maße Spezielle Einsicht besitzen.«

Dank der Kraft der Meditation des Ruhigen Verweilens wird der Geist nicht vom Wind begrifflichen Denkens gestört, wie eine Butterlampe, die von keinem Windhauch gestört wird. Spezielle Einsicht beseitigt jeden Makel falscher Anschauungen, also wird man nicht von den Anschauungen anderer beeinflusst. Das »Sūtra der Mond-Leuchte« sagt: »Kraft der Meditation Ruhigen Verweilens wird der Geist unerschütterlich werden, und mit spezieller Einsicht wird er wie ein Gebirge werden.« Deshalb halte eine Yoga-Praxis beide Übungen aufrecht.

## Gemeinsame Voraussetzungen für die Meditation über Ruhiges Verweilen und Spezielle Einsicht

Zu Beginn sollte der Yogi die Voraussetzungen suchen, die ihm helfen können, die Meditation Ruhigen Verweilens und Spezielle Einsicht schnell und leicht zu verwirklichen. Die für die Entwicklung der Meditation Ruhigen Verweilens erforderlichen Voraussetzungen sind: in einem förderlichen Umfeld leben; die Begierden begrenzen und Zufriedenheit praktizieren; nicht in zu viele Tätigkeiten eingebunden sein; eine reine moralische Ethik bewahren; jedes Anhaften und alle anderen Arten des begrifflichen Denkens beseitigen.

Ein förderliches Umfeld wäre an den folgenden fünf Eigenschaften zu erkennen: leichter Zugang zu Nahrung und Bekleidung; frei sein von bösen Wesen und Feinden; frei sein von Krankheiten; gute Freunde haben, die moralische Ethik bewahren und ähnliche Anschauungen haben; am Tage von wenigen Menschen besucht werden und nachts von wenigen Geräuschen gestört werden.

Die Begierden begrenzen meint, dass man nicht übermäßig an vielen oder guten Kleidern hängt, etwa zeremoniellen Gewändern und dergleichen. Das Praktizieren von Zufriedenheit bedeutet, dass man stets mit jeder Kleinigkeit zufrieden ist, etwa schlichten zeremoniellen Gewändern und dergleichen. Nicht in zu viele Tätigkeiten eingebunden sein meint das Aufgeben gewöhnlicher – etwa geschäftlicher – Tätigkeiten, das Vermeiden zu enger Gesellschaft mit Haushaltern und Mönchen sowie das totale Aufgeben von Praktiken der Medizin und Astrologie.

Selbst im Falle der Feststellung, dass ein Verstoß gegen die Gelübde des Hörers nicht wiedergutgemacht werden kann – wenn es Bedauern und ein Gewahrsein der Absicht gibt, ihn nicht zu wiederholen, sowie ein Gewahrsein des Fehlens einer wahren Identität des Geistes, der diese Handlung ausführte, oder Vertrautheit mit dem Fehlen einer wahren Identität aller Phänomene, dann kann man die Moral dieser Person als rein bezeichnen. Das sollte man dem Text des »Sūtra über die Beseitigung des Bedauerns« von Ajātashatru« entnehmen. Man sollte sein Bedauern überwinden und spezielle Anstrengungen bei der Meditation unternehmen.

Der verschiedenartigen Mängel des Anhaftens in diesem und in künftigen Leben eingedenk zu sein hilft, diesbezügliche Missverständnisse zu beseitigen. Einige gemeinsame Merkmale schöner und hässlicher Dinge im Existenzkreislauf sind, dass sie alle vergänglich und dem Zerfall anheimgegeben sind. Es steht außer Zweifel, dass man von allen diesen Dingen getrennt wird, ohne es aufschieben zu können. Also meditiere darüber, warum das Selbst so exzessiv an diesen Dingen haften sollte, und danach gib alle fälschlichen Auffassungen auf.

Welches sind die Voraussetzungen Spezieller Einsicht? Es sind der Verlass auf heilige Personen, die ernsthafte Suche nach ausführlichen Unterweisungen sowie eine angemessene Kontemplation.

Auf welche Art von heiligen Personen sollte man sich verlassen? Auf einen, der viel(e) (Lehren) gehört hat, der sich klar ausdrückt, der mit Mitgefühl begabt und im Stande ist, Bedrängnissen standzuhalten.

Was ist gemeint mit der Suche nach ausführlichen Unterweisungen? Das heißt, man soll ernsthaft und mit Respekt der definitiven und zu interpretierenden Bedeutung der zwölf Zweige der Lehren Buddhas lauschen. Im »Sūtra über das Entwirren der Gedanken« heißt es: »Wie es einem gerade gefällt, nicht auf die Lehren höherer Wesen zu hören, das ist ein Hindernis für Spezielle Einsicht.« Im selben Sūtra heißt es weiter: »Spezielle Einsicht entsteht aus ihrer Ursache, richtiger Sicht, die ihrerseits aus Zuhören und Kontemplation entsteht.« Im »Sūtra der Fragen des Nārāyana« heißt es: »Durch die Erfahrung des (den Lehren) Zuhörens erlangst du Weisheit, und durch Weisheit werden Störende Gefühle gründlich zur Ruhe gebracht.«

Was ist mit angemessener Kontemplation gemeint? Das bedeutet, dass man sich über die definitiven und zu interpretierenden Sūtras klar wird. Sind Bodhisattvas frei von jeglichem Zweifel, dann können sie einspitzig meditieren. Sind sie jedoch von Zweifel und Unentschiedenheit heimgesucht, dann werden sie wie ein Mann an einer Straßenkreuzung sein, der ungewiss ist, welchem Pfad er folgen soll.

Yogis sollten zu jeder Zeit Fisch, Fleisch und so weiter meiden. Sie sollten mit Mäßigung essen und Nahrungsmittel meiden, die nicht zur Gesundheit beitragen.

Dementsprechend sollten Bodhisattvas, die alle Voraussetzungen für die Meditation Ruhigen Verweilens und Spezielle Einsicht zusammengebracht haben, in die Meditation eintreten.

Beim Meditieren sollte der Yogi zunächst alle vorbereitenden Praktiken vollenden. Er sollte zur Toilette gehen, und an einem angenehmen Ort, frei von störenden Geräuschen, sollte er denken: »Ich will alle fühlenden Wesen zum Zustand der Erleuchtung führen.« Dann sollte er Großes Mitgefühl manifestieren, den Gedanken, alle fühlenden Wesen befreien zu wollen, sowie allen Buddhas und Bodhisattvas in den Zehn Himmelsrichtungen Verehrung erweisen, indem er mit den fünf Gliedern seines Körpers den Boden berührt. Er sollte ein Bildnis der Buddhas und Bodhisattvas, etwa ein Gemälde, vor sich oder an einen anderen Platz hinstellen. Er sollte so viele Opfergaben darbringen, wie er kann. Er sollte sich zu seinen Verfehlungen bekennen und sich über die Verdienste aller anderen Wesen freuen. Dann sollte er auf einem bequemen Kissen in der vollen Lotosstellung des Vairochana Platz nehmen oder in der halben Lotosstellung. Die Augen sollten nicht zu weit offen oder zu fest geschlossen sein. Der Blick sollte auf die Nasenspitze gerichtet sein. Der Körper sollte nicht nach vorn oder rückwärts gebeugt sein. Halte ihn gerade und wende die Aufmerksamkeit nach innen. Die Schultern sollten in ihrer natürlichen Position bleiben und der Kopf weder nach vorn, hinten oder seitwärts geneigt sein. Die Nase sollte sich in einer Linie mit dem Nabel befinden. Zähne und Lippen sollten in ihrer natürlichen Stellung ruhen, wobei die Zunge den oberen Gaumen berührt. Atme sanft und ruhig, ohne ein Geräusch zu machen, ohne Anstrengung und ohne Unebenheit. Atme ganz natürlich ein und aus, langsam und unmerklich.

## Die Übung des Ruhigen Verweilens

Die Meditation des Ruhigen Verweilens sollte als erstes ausgeübt werden. Ruhiges Verweilen ist der Geist, der die Ablenkung durch äußere Objekte überwunden hat und der sich spontan und fortlaufend dem Objekt der Meditation voller Seligkeit und Geschmeidigkeit zuwendet.

Das, was Soheit auf angemessene Weise aus einem Zustand des Ruhigen Verweilens heraus untersucht, ist Spezielle Einsicht. Im »Juwelenwolken-Sūtra« heißt es: »Die Meditation des

Ruhigen Verweilens ist ein einspitziger Geist; Spezielle Einsicht führt eine spezifische Analyse des Absoluten (Endgültigen) durch.«

Im »Sūtra über die Entwirrung der Gedanken« heißt es außerdem: »Maitreya fragte: ›O Buddha, wie soll man gründlich nach ruhig verweilender Meditation streben und Erfahrung in Spezieller Einsicht erlangen?‹ Der Buddha antwortete: ›Maitreya, ich habe Bodhisattvas folgende Lehren gegeben: Sūtras, melodiöse Lobgesänge, prophetische Lehren, Verse, spezifische Anweisungen, Rat aus spezifischen Erfahrungen, Ausdrücke von Verwirklichung, Legenden, Geburtsgeschichten, ausführliche Unterweisungen, wunderbare Lehren, erwiesene Doktrinen und Anweisungen. Bodhisattvas sollten diesen Lehren richtig zuhören, deren Inhalt im Gedächtnis behalten, sich in verbalem Rezitieren üben und sie mental gründlich prüfen. Nachdem sie sie vollkommen verstanden haben, sollten sie allein in abgelegene Gegenden gehen und über diese Lehren nachdenken sowie weiterhin ihren Geist auf sie sammeln. Sie sollten sich mental nur auf jene Themen sammeln, über die sie zuvor nachgedacht haben, und sollten dies kontinuierlich beibehalten. Das nennt man mentalen Einsatz. Sobald der Geist wiederholt auf diese Weise eingesetzt worden ist und physische wie mentale Geschmeidigkeit erreicht worden sind, nennt man diesen Geist ruhig verweilend. Auf diese Weise streben Bodhisattvas richtig nach dem ruhig verweilenden Geist. Wenn der Bodhisattva physische und mentale Geschmeidigkeit erlangt hat und in ihr verweilt, dann beseitigt er mentale Ablenkung. Das Phänomen, das als das Objekt einspitziger Sammlung kontempliert wurde, sollte nun analysiert und wie eine Art Spiegelung angesehen werden. Diese Spiegelung oder bildliche Vorstellung, die Gegenstand einspitziger Sammlung ist, sollte gründlich als ein Wissensobjekt erkannt werden. Es sollte vollständig untersucht und gründlich analysiert werden. Übe Geduld und freue dich daran. Beobachte und verstehe es bei richtiger Analyse. Das ist es, was man als Spezielle Einsicht bezeichnet. Auf diese Weise gewinnen Bodhisattvas Fertigkeit im Umgang mit Spezieller Einsicht.«

Die Yogis, die daran interessiert sind, einen ruhig verweilenden Geist zu verwirklichen, sollten sich anfänglich strikt auf die Tatsache konzentrieren, dass man die zwölf Gruppen von Schriften – die Sūtras, melodiöse Lobgesänge und so weiter – folgendermaßen zusammenfassen kann: Sie alle führen zur Soheit, werden zur Soheit führen und haben zur Soheit geführt.

Eine Weise des Ausübens dieser Meditation ist, den Geist strikt auf die mentalen und physischen Aggregate als ein Objekt, das alle Phänomene einbezieht, zu richten. Eine andere Weise besteht darin, den Geist auf ein Buddha-Bildnis zu sammeln. Im Sūtra über den »König der meditativen Stabilisierung« heißt es:

Mit seinem Körper von goldener Farbe
Ist der Herr des Universums äußerst schön.
Der Bodhisattva, der seinen Geist auf dieses Objekt ausrichtet,
Gilt als jemand in meditativer Versenkung.

Richte auf diese Weise den Geist auf das Objekt deiner Wahl. Ist das einmal geschehen, dann richte ihn wiederholt und schließlich dauernd darauf aus. Hast du ihn derart ausgerichtet, dann prüfe den Geist und stelle fest, ob er richtig auf das Objekt gesammelt ist. Untersuche ihn auch auf Dumpfheit und stelle fest, ob der Geist auf externe Objekte abgelenkt wird.

Stellt sich heraus, dass der Geist aufgrund von Schläfrigkeit und mentaler Trägheit dumpf ist, oder fürchtet man das Nahen von Dumpfheit, dann sollte der Geist sich mit einem höchst erfreulichen Objekt befassen, etwa einem Buddha-Bildnis oder einer Vorstellung von Licht. In diesem Prozess sollte der Geist, nachdem er die Dumpfheit vertrieben hat, versuchen, das Objekt sehr klar zu sehen.

Man sollte die Präsenz von Dumpfheit erkennen, wenn der Geist das Objekt nicht sehr klar sehen kann, wenn man das Gefühl hat, blind zu sein, sich an einem dunklen Ort zu befinden oder die Augen geschlossen zu haben. Wenn der Geist während der Meditation hinter Eigenschaften äußerer Objekte wie beispielsweise Form herjagt, seine Aufmerksamkeit anderen Phänomenen zuwendet oder durch das Verlangen nach einem Objekt abgelenkt wird, das man zuvor erlebt hat, oder wenn man argwöhnt, dass Ablenkung zu erwarten ist, dann sollte man daran denken, dass alle zusammengesetzten Phänomene vergänglich sind. Denke an Leiden und dergleichen, Themen, die den Geist besänftigen werden.

Bei diesem Prozess sollte jede Ablenkung beseitigt werden, und der elefantengleich(e) (umherwandernde) Geist sollte mit dem Seil der Achtsamkeit und Wachsamkeit fest an den Baum des Objektes der Meditation angebunden werden. Findet man, dass der Geist von Dumpfheit und Erregung frei ist und natürlich beim Objekt verweilt, dann sollte man seine Bemühungen lockern und neutral verweilen, solange dieser Zustand anhält.

Man sollte verstehen, dass Ruhiges Verweilen verwirklicht wird, wenn man physische und mentale Geschmeidigkeit durch längere Vertrautheit mit der Meditation genießt und der Geist die Kraft erlangt, sich so mit dem Objekt zu befassen, wie er es wünscht.

## Die Verwirklichung Spezieller Einsicht

Nach der Verwirklichung Ruhigen Verweilens meditiere über Spezielle Einsicht, indem du denkst: Alle Lehren Buddhas sind perfekte Lehren, und direkt oder indirekt offenbaren sie uns die Soheit und führen uns mit äußerster Klarheit zu ihr hin. Wer die Soheit begreift, der wird von allen Fallstricken falscher Anschauungen frei sein, so wie die Dunkelheit vertrieben wird, wenn Licht erscheint. Bloße ruhig verweilende Meditation kann unverfälschtes Gewahrsein nicht reinigen, noch kann sie die Verdunkelungen des Geistes beseitigen. Wenn ich auf die richtige Weise mit Weisheit über Soheit meditiere, dann wird unverfälschtes Gewahrsein gereinigt. Nur mit Weisheit kann ich Soheit verwirklichen. Nur mit Weisheit kann ich Verdunkelungen wirksam ausmerzen. Daher werde ich in der Meditation des Ruhigen Verweilens mit Weisheit nach Soheit suchen. Und ich werde mich mit Ruhigem Verweilen allein nicht zufriedengeben.

Was ist Soheit? Es liegt in der Natur der Phänomene, dass sie letztlich vom Selbst von Personen und vom Selbst von Phänomenen leer sind. Das wird durch die Vollkommenheit der Weisheit und auf keine andere Weise verwirklicht. Das »Sūtra über das Entwirren der Gedanken« sagt: »›O Tathāgata, durch welche Vollkommenheit begreifen Bodhisattvas die Identitätslosigkeit von Phänomenen?‹ – ›Avalokiteshvara, man begreift sie durch die Vollkommenheit der Weisheit.‹« Deshalb meditiere über die Weisheit, während du Ruhiges Verweilen übst.

Yogis sollten auf folgende Weise analysieren: Eine Person wird nicht als von den mentalen und physischen Aggregaten, den Elementen und Sinneskräften getrennt beobachtet. Auch ist eine Person nicht von der Natur der Aggregate und so weiter, weil die Aggregate und so weiter viele und vergänglich sind. Andere haben die Person als beständig und einzig unterstellt. Die Person als ein Phänomen kann nicht existieren außer als eine oder viele, weil es keine andere Art von Existenz gibt. Daher müssen wir schlussfolgern, dass die Behauptung des weltlichen »Ich« und »Mein« ganz und gar falsch ist.

Meditation über die Selbst-Losigkeit von Phänomenen sollte auch auf folgende Weise erfolgen: Phänomene werden, kurz gesagt, zu den Fünf Aggregaten, den Zwölf Quellen der Wahrnehmung und den Achtzehn Elementen gezählt. Die physischen Aspekte der Aggregate, Quellen der Wahrnehmung und Elemente sind im letzten Sinne nichts anderes als Aspekte des Geistes. Das ist aus folgendem Grunde so: Werden sie in subtile Teilchen zerlegt und wird die Natur der Teile dieser subtilen Teilchen individuell untersucht, dann lässt sich keine definitive Identität finden.

Im endgültigen Sinne kann auch der Geist nicht wirklich sein. Wie könnte der Geist, der nur die falsche Natur physischer Form und so weiter auffasst und in verschiedenen Aspekten in Erscheinung tritt, wirklich sein? Ebenso wie physische Formen und so weiter falsch sind – da der Geist nicht von physischer Form und so weiter, die falsch sind, getrennt existiert, ist auch er selbst falsch. Ebenso wie physische Formen und so weiter verschiedene Aspekte besitzen und ihre Identitäten weder eins noch viele sind, genauso ist seine Identität weder eins noch viele, da der Geist von ihnen nicht verschieden ist. Darum ist der Geist seiner Natur nach wie eine Illusion.

Analysiere, dass, ebenso wie der Geist, auch die Natur aller Phänomene einer Illusion gleicht. Wird die Identität des Geistes spezifisch durch Weisheit untersucht, dann wird sie im endgültigen Sinne weder innen noch außen wahrgenommen. Sie wird auch nicht in Abwesenheit beider wahrgenommen. Weder der Geist der Vergangenheit noch der der Zukunft oder der der Gegenwart wird wahrgenommen. Wird der Geist geboren, dann kommt er aus dem Nirgendwo, und wenn er aufhört, geht er nirgendwohin, weil er nicht-wahrnehmbar, nicht-vorzeigbar und nicht-physisch ist. Fragt ihr: »Was ist die Entität von dem, was nicht-wahrnehmbar, nicht-vorzeigbar und nicht-physisch ist?«, dann sagt das »Juwelenhaufen-Sūtra« dazu: »O Kashyapa, wenn man gründlich nach dem Geist sucht, ist er unauffindbar. Was unauffindbar ist, kann man nicht wahrnehmen. Und was nicht wahrgenommen wird, ist weder Vergangenheit noch Zukunft noch Gegenwart.« Durch eine solche Analyse wird der Beginn des Geistes letztendlich nicht gesehen, das Ende des Geistes wird letztendlich nicht gesehen, und die Mitte des Geistes wird letztendlich nicht gesehen. Alle Phänomene sollten dahingehend verstanden werden, dass es ihnen an einem Ende und einer Mitte mangelt, ebenso wie der Geist weder Ende noch Mitte hat. Mit dem Wissen, dass der Geist ohne Ende oder Mitte ist, ist keine Identität des Geistes wahrzunehmen. Auch das, was vom Geist gründlich erkannt wird, wird als leer erkannt. Durch diese Erkenntnis wird die eigentliche Identität, die wie die Identität einer physischen Form und so weiter als ein Aspekt des Geistes erwiesen wird, ebenfalls letztendlich nicht wahrgenommen. Auf diese Weise wird die Person, wenn sie letztlich nicht die Identität aller Phänomene durch Weisheit erkennt, auch nicht analysieren, ob eine physische Form dauernd oder vergänglich, leer oder nichtleer, verunreinigt oder nichtverunreinigt, erzeugt oder nichterzeugt, existent oder nichtexistent ist. Ebenso wie die physische Form nicht untersucht wird, werden dementsprechend Gefühle, Erkennen, Faktoren der Zusammensetzung und Bewusstsein nicht untersucht. Wenn das Objekt nicht existiert, können auch seine Eigenschaften nicht existieren. Wie könnte man sie dann untersuchen?

Also widmet sich die Person, wenn sie die Entität eines Dings nicht unwiderlegbar als endgültig existierend begreift, nach dem sie es mit Weisheit untersucht hat, der nichtbegrifflichen einspitzigen Sammlung. Und auf diese Weise wird die Identitätslosigkeit aller Phänomene erkannt.

Diejenigen, die nicht mit Weisheit durch spezifisches Analysieren der Entität der Dinge, sondern nur über das Beseitigen mentaler Aktivität meditieren, können begriffliches Denken nicht vermeiden und können auch Identitätslosigkeit nicht erkennen, weil ihnen das Licht der Weisheit fehlt. Wird durch die individuelle Analyse der Soheit das Feuer eines Bewusstseins erzeugt, das die Phänomene erkennt, wie sie sind, dann wird es wie das Feuer, das aus dem Reiben von Holz entsteht, das Holz des begrifflichen Denkens verbrennen. Der Buddha hat auf diese Weise gesprochen.

Im »Juwelenhaufen-Sūtra« heißt es auch: »Wer im Unterscheiden von Fehlern geübt ist, der widmet sich dem Yoga der Meditation über die Leere, um sich von allen begrifflichen Hervorbringungen zu befreien. Sucht eine solche Person gründlich nach dem Objekt und der Identität des Objektes, das den Geist erfreut und ihn ablenkt, dann erkennt sie es dank ihrer wiederholten Meditation über die Leere als leer. Und wenn genau dieser Geist ebenfalls untersucht wird, erkennt man ihn als leer. Sucht man gründlich nach der Identität dessen, was von diesem Geist erkannt wird, dann erkennt man auch diese als leer. Erkennt man auf diese Weise, so tritt man in den Yoga der Merkmallosigkeit ein. Das zeigt, dass nur diejenigen, die selbst eine vollständige Analyse durchgeführt haben, in den Yoga der Merkmallosigkeit eintreten können.

Es wurde bereits sehr klar dargelegt, dass man durch bloßes Beseitigen mentaler Aktivität, ohne die Identität der Dinge mit Weisheit zu prüfen, keine nichtbegriffliche Meditation ausüben kann. Man übt also Sammlung, nachdem die tatsächliche Identität von Dingen wie physische Form und so weiter vollkommen mit Weisheit analysiert wurde, und nicht, indem man sich auf physische Form und so weiter sammelt. Die Sammlung erfolgt auch nicht, indem man zwischen dieser Welt und der jenseitigen Welt verweilt, weil physische Formen und so weiter nicht wahrgenommen werden. Daher nennt man das Nichtverweilende Sammlung. (Einen solchen Übenden) nennt man dann einen Meditierenden von Höchster Weisheit, weil er durch spezifisches Untersuchen der Identität aller Dinge mit Weisheit nichts wahrgenommen hat. Das ist es, was im »Sūtra des Raum-Schatzes« und im »Kronjuwel-Sūtra« festgestellt wird.

Auf diese Weise wird man durch Eintreten in die Soheit der Selbst-Losigkeit von Personen und Phänomenen frei von Begriffen und Analysen, weil es nichts gibt, was gründlich geprüft und beobachtet werden muss. Man ist frei von Ausdruck und tritt mit einspitziger mentaler Ausrichtung automatisch in die anstrengungslose Meditation ein. So meditiert man sehr klar über die Soheit und verweilt darin. Während des Verweilens in dieser Meditation sollte die Kontinuität des Geistes nicht abgelenkt werden. Wird der Geist durch Anhaften und dergleichen auf äußere Objekte abgelenkt, dann sollte man diese Ablenkung bemerken. In einem solchen Fall beruhige diese Ablenkung schnell durch Meditieren über die abstoßenden Aspekte solcher Objekte und kehre mit dem Geist schnell zur Soheit zurück. Scheint der Geist abgeneigt, das zu tun, dann meditiere voller Freude, indem du über die Vorteile einspitziger Sammlung nachdenkst. Die Abneigung sollte auch dadurch beruhigt werden, dass man die Nachteile der Ablenkung zu Kenntnis nimmt.

Wird das Funktionieren des Geistes unklar und beginnt abzunehmen oder besteht die Gefahr des Abnehmens, weil du von mentaler Trägheit oder Schlaf überwältigt wirst, dann versuche wie zuvor solche Trägheit schnell durch Sammlung des Geistes auf äußerst erfreuliche Dinge zu überwinden. Dann sollte man sich ganz eng auf die Soheit des Objektes sammeln. Zu Zeiten, in denen man beobachtet, dass der Geist aufgeregt wird oder in Versuchung gerät, durch Erinnerung an vergangene Geschehnisse wie Gelächter oder Spiele abgelenkt zu werden, dann beruhige diese Ablenkung wie schon in früheren Fällen durch Reflexionen über Dinge wie Vergänglichkeit und dergleichen. Das wird dazu beitragen, den Geist zu beruhigen. Danach bemühe dich wieder, den Geist ohne Anwendung von Gegenkräften auf die Soheit zu sammeln.

Wenn und sobald der Geist sich spontan der Meditation über Soheit widmet, frei von Absinken und mentaler Erregung, dann sollte er ganz natürlich belassen werden und deine Bemühung sollte sich entspannen. Übt man angestrengt, wenn der Geist sich in meditativem Gleichgewicht befindet, dann wird das den Geist ablenken. Wird jedoch keine Mühe aufgewendet, wenn der Geist dumpf wird, dann wird er dank äußerster Dumpfheit wie ein Blinder werden und du wirst keine Spezielle Einsicht gewinnen. Wird der Geist also dumpf, dann strenge dich an, ist er in Versunkenheit, dann entspanne die Anstrengung. Wird beim Meditieren über Spezielle Einsicht übermäßig Weisheit erzeugt und ist das Ruhige Verweilen schwach, dann wird der Geist wie die Flamme einer Butterlampe im Wind flackern und man wird die Soheit nicht sehr klar erkennen. Deshalb meditiere zu diesem Zeitpunkt über Ruhiges Verweilen. Wird die Meditation über Ruhiges Verweilen exzessiv, dann meditiere über Weisheit.

## Die Vereinigung von Methode und Weisheit

Kommen beide in gleichem Maße zum Tragen, dann halte still, mühelos, solange es physisch oder mental nicht unangenehm ist. Entsteht physisches oder mentales Unbehagen, dann sieh die ganze Welt als eine Illusion, eine Täuschung, einen Traum, eine Spiegelung des Mondes im Wasser und als eine Erscheinung. Und denke Folgendes: »Diese fühlenden Wesen sind im Existenzkreislauf sehr geplagt, weil sie solch tiefes Wissen nicht verstehen.« Danach erzeuge Großes Mitgefühl und den Erweckenden Geist des Bodhichitta, mit dem Gedanken: »Ich werde mich ernsthaft bemühen, ihnen zu helfen, Soheit zu verstehen.« Ruhe dich aus. Dann widme dich auf dieselbe Weise der einspitzigen Sammlung auf das Nichterscheinen aller Phänomene. Ist der Geist entmutigt, dann ruhe dich ebenfalls aus. Dies ist der Pfad der Herbeiführung einer Vereinigung von ruhig verweilender Meditation und Spezieller Einsicht. Er sammelt sich begrifflich und nichtbegrifflich auf das Bild.

Derart fortschreitend, sollte ein Yogi also eine Stunde lang über Soheit meditieren, oder während einer halben Nachtsitzung, oder während einer vollen Sitzung, oder solange es angenehm ist. Das ist die meditative Stabilisierung, die gründlich das Absolute erkennt, wie es im »Sūtra über den Abstieg nach Lanka« gelehrt wird. Wenn du dich dann aus deiner Sammlung erheben willst, dann denke noch mit überkreuzten Beinen folgendes: »Auch wenn es allen diesen Phänomenen letztlich an Identität mangelt, existieren sie konventionell doch ganz unzweifelhaft. Wäre das nicht der Fall, wie könnte es dann eine Beziehung zwischen Ursache und Wirkung geben? Der Buddha hat auch gesagt:

*Dinge werden konventionell erzeugt,*
*Doch fehlt es ihnen letztlich an innewohnender Identität.*

Fühlende Wesen mit einer kindlichen Einstellung überbewerten die Phänomene. Sie meinen, sie hätten eine innewohnende Identität, wo es ihnen doch daran mangelt. Dass sie so Dingen eine innewohnende Existenz zuschreiben, denen sie fehlt, verwirrt ihren Geist, und sie wandern lange Zeit im Existenzkreislauf. Aus diesen Gründen werde ich mich ohne Nachlassen bemühen, den allwissenden Zustand zu erlangen, und zwar durch unübertroffenes Anhäufen von Verdienst und Einsicht, um ihnen zu helfen, Soheit zu erkennen. Dann erhebe dich langsam aus der Haltung mit überkreuzten Beinen, und werfe dich vor den Buddhas und Bodhisattvas der Zehn Richtungen nieder. Opfere ihnen und lobpreise sie. Und sprich unermessliche Gebete, indem du das »Gebet des Edlen Verhaltens« und ähnliches rezitierst. Danach unternimm bewusste Anstrengungen, das Anhäufen von Verdienst und Einsicht zu verwirklichen, indem du Gebefreudigkeit und so weiter praktizierst, Eigenschaften, die mit der Essenz von Leere und Großem Mitgefühl ausgestattet sind.

Handelst du auf diese Weise, dann wird deine meditative Stabilisierung jene Leere verwirklichen, welche die besten aller Eigenschaften besitzt. Im »Kronjuwel-Sūtra« heißt es: »Gekleidet in die Rüstung Liebender Güte und im Zustand Großen Mitgefühls verweilend, sollst du die meditative Stabilisierung praktizieren, welche die Leere mit den besten aller Eigenschaften verwirklicht. Was ist die Leere mit den besten aller Eigenschaften? Es ist die, welche nicht von Gebefreudigkeit, Ethik, Geduld, Bemühen, meditativer Stabilisierung, Weisheit oder Geschickten Mitteln abgetrennt ist. Bodhisattvas müssen sich auf verdienstvolle Praktiken wie Großzügigkeit stützen, als Mittel, alle fühlenden Wesen gründlich reifen zu lassen, und um den Ort, den Körper und das umfangreiche Gefolge zu vervollkommnen.

Wäre dem nicht so, was wären dann die Ursachen dieser Felder, der Buddha-Felder und dergleichen, von denen der Buddha gesprochen hat? Die die besten aller Eigenschaften besitzende allwissende Weisheit kann durch Gebefreudigkeit und andere Geschickte Mittel erreicht werden. Daher hat der

Buddha gesagt, allwissende Weisheit wird durch Geschickte Mittel vervollkommnet. Bodhisattvas sollten daher ebenfalls Gebefreudigkeit und andere Geschickte Mittel kultivieren und nicht nur die Leere. Im »Sūtra der umfassenden Ansammlung aller Eigenschaften« heißt es auch: »›O Maitreya, Bodhisattvas verwirklichen gründlich die Sechs Vollkommenheiten, um die endgültige Frucht der Buddhaschaft zu ernten. Darauf antworten jedoch die Toren: Bodhisattvas sollten sich nur in der Vollkommenheit der Weisheit schulen – wozu sollten die übrigen Vollkommenheiten noch gut sein? Sie lehnen die anderen Vollkommenheiten ab. Maitreya, was hältst du davon? Als der König von Kahi dem Habicht sein eigenes Fleisch zugunsten einer Taube anbot – war das eine Korruption der Weisheit?‹ Maitreya antwortete: ›Das ist nicht der Fall.‹ Der Buddha sagte: ›Maitreya, Bodhisattvas haben durch ihre guten Taten in Verbindung mit den Sechs Vollkommenheiten Wurzeln von Verdienst angehäuft. Sind diese Wurzeln von Verdienst schädlich?‹ Maitreya antwortete: ›O Buddha, das ist nicht der Fall.‹ Der Buddha sprach weiter: ›Maitreya, auch du hast auf die richtige Weise sechzig Äonen lang die Vollkommenheit der Gebefreudigkeit praktiziert, sechzig Äonen lang die Vollkommenheit der Ethik, sechzig Äonen lang die Vollkommenheit der Geduld, sechzig Äonen lang die Vollkommenheit begeisterter Ausdauer, sechzig Äonen lang die Vollkommenheit meditativer Stabilisierung sowie sechzig Äonen lang die Vollkommenheit der Weisheit. Auf all das antwortet der Narr: Es gibt nur einen Weg zum Erlangen von Buddhaschaft, und das ist der Weg der Leere. Die Praxis dieser Menschen ist vollständig irreführend.‹«

Ein Bodhisattva im Besitz von Weisheit jedoch nicht der Geschickten Mittel gliche den Hörern, die unfähig sind, die guten Taten von Buddhas zu verrichten. Das können sie jedoch tun, wenn sie von den Geschickten Mitteln unterstützt werden. Wie heißt es doch im »Juwelenhaufen-Sūtra«: »Kashyapa, das ist folgendermaßen: Beispielsweise können Könige mit Unterstützung von Ministern alle ihre Ziele verwirklichen. Desgleichen, wenn die Weisheit eines Bodhisattva gründlich durch Geschickte Mittel unterstützt wird, übt ein Bodhisattva auch alle Aktivitäten eines Buddha aus.« Die philosophische Sicht des Pfades von Bodhisattvas ist anders, und die philosophischen Pfade der Nichtbuddhisten und Hörer sind ebenfalls anders. Ein Beispiel: Da die philosophische Sicht des Pfades der Nichtbuddhisten irrigerweise von einem (wahrhaft existierenden) Selbst und so weiter ausgeht, ist ein solcher Weg vollständig und für immer jeglicher Weisheit abhold. Daher können diese Nichtbuddhisten keine Befreiung erlangen.

Die Hörer kennen kein Großes Mitgefühl und besitzen keine geschickten Mittel. Daher bemühen sie sich einspitzig, das Nirvāna zu erreichen. Auf ihrem Weg verwenden Bodhisattvas Weisheit und Geschickte Mittel und bemühen sich so, das Nichtverweilende Nirvāna zu erlangen. Der Bodhisattva-Pfad besteht aus Weisheit und Geschickten Mitteln, und deshalb erreichen sie das Nichtverweilende Nirvāna. Wegen der Kraft der Weisheit fallen sie nicht in den Existenzkreislauf zurück; dank der Kraft Geschickter Mittel fallen sie nicht ins Nirvāna.

Im »Haupt-Sūtra vom Gaya-Hügel« heißt es: »Der Weg des Bodhisattva ist, kurz gesagt, zwiefach. Die beiden sind Geschickte Mittel und Weisheit.« In »Der Erste unter den Erhabenen und Glorreichen« heißt es zudem: »Die Vollkommenheit der Weisheit ist die Mutter, und der gekonnte Umgang mit geschickten Mitteln ist der Vater.«

In »Die Unterweisung des Vimalakīrti« heißt es auch: »Was ist Knechtschaft für Bodhisattvas, und was ist Befreiung? Das Aufrechterhalten eines Lebens im Existenzkreislauf ohne alle geschickten Mittel ist Knechtschaft für Bodhisattvas. Ein Leben im Existenzkreislauf mit geschickten Mitteln ist dagegen Befreiung. Das Aufrechterhalten eines Lebens im Existenzkreislauf ohne Weisheit ist Knechtschaft für Bodhisattvas. Ein Leben im Existenzkreislauf mit Weisheit ist dagegen Befreiung. Nicht mit geschickten Mitteln verbundene Weisheit bedeutet Knechtschaft, (doch) Weisheit in Verbindung mit geschickten Mitteln ist Befreiung. Nicht mit Weisheit verbundene Geschickte Mittel bedeuten Knechtschaft, (doch) Geschickte Mittel in Verbindung mit Weisheit sind Befreiung.«

Kultiviert ein Bodhisattva bloße Weisheit, dann fällt er in das vom Hörer angestrebte Nirvāna. Das ist dann wie Knechtschaft. Und er kann nicht zum Nichtverweilenden Nirvāna befreit werden. Also bedeutet von geschickten Mitteln getrennte Weisheit für den Bodhisattva Knechtschaft. So wie eine im Wind frierende Person die Wärme des Feuers sucht, kultiviert ein Bodhisattva daher die Weisheit der Leere im Verein mit geschickten Mitteln, um den Wind falscher Sicht zu beseitigen. Doch bemüht er sich nicht so wie die Hörer darum, dies in die Tat umzusetzen. Das »Sūtra der Zehn Eigenschaften« sagt: ›O Sohn edler Familie, es ist folgendermaßen. Beispielsweise wird eine Person, die das Feuer zutiefst verehrt und es als Guru achtet und betrachtet, nicht denken: ›Weil ich das Feuer respektiere, ehre und verehre, sollte ich es in beiden Händen halten.‹ Das ist so, weil sie physische Schmerzen erdulden und geistiges Unbehagen fühlen würde, wenn sie das täte. Desgleichen ist ein Bodhisattva auch des Nirvāna gewahr, versucht aber dennoch nicht, es zu erlangen. Er tut es nicht, weil ihm klar ist, dass er sich sonst von der Erleuchtung abwenden würde.«

Verlässt der Bodhisattva sich nur auf Geschickte Mittel, wird er die gewöhnliche Ebene nicht transzendieren, weshalb es nur Knechtschaft geben wird. Daher kultiviert er Geschickte Mittel gemeinsam mit Weisheit. Durch die Kraft der Weisheit kann der Bodhisattva sogar die Störenden Gefühle in Nektar verwandeln, wie Gift unter einem tantrischen Zauberspruch. Es besteht keine Notwendigkeit, (die Güte) von Gebefreudigkeit und so fort zum Ausdruck zu bringen, was natürlich zu erhabenen Seinszuständen führt.

Im »Juwelenhaufen-Sūtra« heißt es: »Kashyapa, die Sache ist die: Kraft des Tantra und der Medizin muss ein Gift nicht den Tod herbeiführen. Da die Störenden Gefühle der Bodhisattvas unter dem machtvollen Einfluss der Weisheit stehen, können sie diese nicht zu Fall bringen. Dank der Macht Geschickter Mittel verlassen Bodhisattvas daher nicht den Existenzkreislauf; sie fallen nicht ins Nirvāna. Dank der Macht der Weisheit beseitigen sie alle Objekte (die fälschlich als wahrhaft existent verstanden werden) und fallen daher nicht in den Existenzkreislauf. Daher erreichen sie allein das Nichtverweilende Nirvāna der Buddhaschaft.« Das »Sūtra des Raum-Schatzes« sagt auch: »Kraft ihres Wissens um Weisheit beseitigen Bodhisattvas alle Störenden Gefühle, und kraft ihres Wissens um Geschickte Mittel lassen sie die fühlenden Wesen nicht im Stich.« Im »Sūtra über das Entwirren der Gedanken« heißt es auch: »Ich habe nicht gelehrt, dass jemand, der sich nicht um das Wohlergehen fühlender Wesen kümmert und der nicht dazu neigt, die Natur aller zusammengesetzten Phänomene zu erkennen, unübertroffenen und vollkommen verwirklichte Buddhaschaft erlangen wird.« Daher müssen diejenigen, die an Buddhaschaft interessiert sind, Weisheit wie auch Geschickte Mittel kultivieren.

Während du über transzendente Weisheit meditierst oder während du in tiefer meditativer Versenkung weilst, kannst du nicht Geschickte Mittel anwenden, etwa das Ausüben von Gebefreudigkeit. Doch kann man in der vorbereitenden und postmeditativen Periode Geschickte Mittel zusammen mit Weisheit kultivieren. Auf diese Weise kann man Weisheit und Geschickte Mittel gleichzeitig zur Anwendung bringen.

Darüber hinaus ist dies ein Pfad der Bodhisattvas, auf dem sie sich einer integrierten Praxis von Weisheit und Geschickten Mitteln widmen. Damit wird der transzendente Pfad kultiviert, der gründlich von Großem Mitgefühl durchdrungen ist, das auf alle fühlenden Wesen ausgerichtet ist. Und indem du dich mit Geschickten Mitteln beschäftigst, nachdem du dich aus der meditativen Versunkenheit erhoben hast, praktizierst du die Gebefreudigkeit, und andere Geschickte Mittel, ohne sie falsch zu verstehen, wie ein Magier. Im »Sūtra über die Unterweisung des Akshayamati« heißt es: »Was sind die Geschickten Mittel eines Bodhisattva, und welche Weisheit wird verwirklicht? Die Geschickten Mittel eines Bodhisattva, das bedeutet, in der meditativen Versunkenheit an die fühlenden Wesen zu denken und den Geist ganz eng und mit Großem Mitgefühl auf sie zu lenken. Und sich in meditativem Gleichgewicht mit Frieden und äußerstem Frieden zu befassen, das ist Weisheit. »Es gibt noch viele andere Quellen, die das Gleiche sagen. Das »Kapitel über die Kontrolle übler Kräfte« sagt dann auch: »Deswegen meint man mit den vollkommenen Aktivitäten von Bodhisattvas die bewussten Bemühungen des Geistes der Weisheit und das Ansammeln von Verdienstvollem Dharma durch den Geist Geschickter Mittel. Der Geist der Weisheit führt auch zur Selbst-Losigkeit, zur Nichtexistenz von (aus sich heraus existierenden) fühlenden Wesen sowie des Lebens, seiner Unterhaltung und der Person. Und der Geist Geschickter Mittel führt zur gründlichen Reifung aller fühlenden Wesen.« Das »Sūtra der umfassenden Ansammlung aller Eigenschaften« stellt auch fest:

So wie ein Magier sich bemüht,
Seine Schöpfung fahren zu lassen –
Da er bereits (die Natur) seine(r) Schöpfung kennt,
Haftet er nicht an ihr.
Desgleichen sind die drei Welten wie eine Illusion,
Die der weise Buddha kannte,
Lange bevor er die fühlenden Wesen in diesen Welten
kannte und Anstrengungen unternommen hatte,
ihnen zu helfen.

Weil die Bodhisattvas Weisheit und Geschickte Mittel anwenden, heißt es: Mit ihren Aktivitäten verbleiben sie im Existenzkreislauf, in ihren Gedanken jedoch weilen sie im Nirvāna.

Auf diese Weise mache dich vertraut mit Gebefreudigkeit und anderen geschickten Mitteln, die der unübertrefflichen und vollkommen verwirklichten Erleuchtung gewidmet sind und die Essenz von Leere und Großem Mitgefühl haben. Um den absoluten Erwachenden Geist des Bodhichitta zu erzeugen, wie es früher geschah, widme dich ruhig verweilender Meditation und Spezieller Einsicht in regelmäßigen Sitzungen, sooft du kannst. Wie es im »Sūtra über das reine Feld des Einsatzes« gelehrt wurde, mache dich stets mit Geschickten Mitteln vertraut, indem du deine Aufmerksamkeit eng auf die guten Eigenschaften von Bodhisattvas, die zu allen Zeiten für das Wohlergehen fühlender Wesen wirken, sammelst.

Wer sich auf diese Weise mit Mitgefühl, Geschickten Mitteln und dem Erweckenden Geist des Bodhichitta vertraut macht, der wird zweifellos ein herausragendes Leben führen. Ihm werden Buddhas und Bodhisattvas in seinen Träumen erscheinen, und es werden auch andere angenehme Träume auftreten, und wohlwollende Götter werden ihn beschützen. Es wird in jedem Augenblick zu einer riesigen Ansammlung von Verdienst und Einsicht kommen. Störende Gefühle und andere üble Zustände der Existenz werden gereinigt. Du wirst zu jeder Zeit viel Glück und mentalen Frieden genießen, und sehr viele Wesen werden dich mögen. Auch körperlich wirst du frei von Krankheiten sein. Du wirst höchste mentale Fähigkeiten erreichen und auf diese Weise besondere Eigenschaften wie Hellsehen erlangen.

Dann wirst du durch wunderbare Kraft zu zahllosen Welten reisen, den Buddhas Opfer darbringen und ihren Lehren lauschen. Auch zum Zeitpunkt des Todes wirst du zweifellos Buddhas und Bodhisattvas sehen. In zukünftigen Leben wirst du in besonderen Familien geboren werden und an Orten, wo du nicht von Buddhas und Bodhisattvas getrennt sein wirst. Auf diese Weise wirst du mühelos alle Anhäufungen von Verdienst und Einsicht erreichen. Du wirst großen Reichtum, ein großes Gefolge und viele Diener haben. Mit scharfer Intelligenz ausgestattet, wirst du im Stande sein, den Bewusstseinsstrom vieler Wesen reifen zu lassen. In allen Leben wird eine solche Person in der Lage sein, sich früherer Leben zu erinnern. Versuche, derart unermessliche Vorteile zu verstehen, die auch in anderen Sūtras beschrieben sind.

Meditierst du auf diese Weise lange Zeit und mit großer Bewunderung über Mitgefühl, Geschickte Mittel und den Erweckenden Geist des Bodhichitta, dann wird dein Bewusstseinsstrom nach und nach gründlich gereinigt und immer reifer. Ähnlich wie beim Anzünden von Feuer durch das Reiben von Holzstücken wirst du dann deine Meditation über die Vollkommene Wirklichkeit vollenden. Du wirst dadurch eine äußerst klare Kenntnis der Sphäre der Phänomene erlangen, frei von begrifflichen Hinzufügungen, die transzendente Weisheit frei von den hinderlichen Netzen des begrifflichen Denkens. Diese Weisheit des absoluten Bodhichitta ist makellos wie eine vom Wind nicht gestörte, nicht flackernde Butterlampe. Auf diese Weise ist ein solcher Geist in der Entität des absoluten Bodhichitta in den Pfad des Sehens einbezogen, der die selbstlose Natur aller Phänomene begreift. Mit dieser Verwirklichung betritt man den Pfad, der auf die Wirklichkeit der Dinge gesammelt ist, und man wird in die Familie der Tathāgatas hineingeboren. Man tritt in den makellosen Zustand eines Bodhisattva ein, wendet sich von allen wandernden Geburten ab, verweilt in der Soheit der Bodhisattvas und erreicht die erste Bodhisattva-Stufe. Mehr Einzelheiten über diese Vorteile findet man in anderen Texten wie etwa den »Zehn spirituellen Ebenen«. Auf diese Weise wird die auf Soheit gesammelte meditative Stabilisierung im »Sūtra über den Abstieg nach Lanka« gelehrt. Auf diese Weise treten Bodhisattvas in die nichtbegriffliche Meditation ein, frei von Hinzufügungen.

Eine Person, welche die erste Ebene betreten hat, macht sich auf diese Weise später auf dem Pfad der Meditation mit den beiden Weisheiten des transzendenten Zustandes und den darauf folgenden Aspekten von Weisheit und Geschickten Mitteln vertraut. So reinigt sie nach und nach die subtilsten Ansammlungen von Trübungen, die Gegenstand der Reinigung durch den Pfad der Meditation sind. Und um höhere Eigenschaften zu erwerben, reinigt sie gründlich die unteren spirituellen Ebenen. Alle Zwecke und Ziele sind mit dem Eintreten in die transzendente Weisheit der Tathāgatas und des Ozeans der Allwissenheit vollständig erfüllt. Auf diese Weise wird der Bewusstseinsstrom durch schrittweises Praktizieren gründlich gereinigt. Das »Sūtra über den Abstieg nach Lanka« erläutert dies. Auch im »Sūtra über das Entwirren der Gedanken« heißt es: »Um diese höheren Ebenen zu erreichen, sollte der Geist gereinigt werden, so wie man Gold läutert, bis man die unübertreffliche und vollkommen verwirklichte Buddhaschaft verwirklicht.«

Wenn du in den Ozean der Allwissenheit eintrittst, besitzt du makellose juwelengleiche Eigenschaften, um fühlenden

Wesen beizustehen, und diese erfüllen deine früheren positiven Gebete. Der einzelne wird dann zur Verkörperung von Mitgefühl und ist im Besitz verschiedener Geschickter Mittel, die spontan funktionieren und in Verschiedenen Emanationen zum Wohle aller wandernden Wesen tätig sind. Außerdem werden alle wunderbaren Eigenschaften vervollkommnet. Mit totaler Beseitigung aller Verblendungen und ihres latenten Potenzials verweilen alle Buddhas (im Existenzkreislauf), um jedem fühlenden Wesen zu helfen. Indem du das erkennst, erzeuge Vertrauen in den Buddha, die Quelle aller wunderbaren Kenntnisse und Eigenschaften. Jeder sollte sich bemühen, diese Eigenschaften zu verwirklichen.

Der Buddha sprach also: »Die allwissende transzendente Weisheit wird erzeugt mit Mitgefühl als ihrer Wurzel, mit dem Erweckenden Geist des Bodhichitta als ihrer Ursache, und wird durch Geschickte Mittel vervollkommnet.«

Weise Menschen distanzieren sich von Eifersucht und anderen Verunreinigungen;
Ihr Durst nach Erkenntnis ist unersättlich wie ein Ozean.
Sie bewahren nur, was durch Unterscheiden angemessen ist,
So wie Schwäne Milch von Wasser trennen.

Daher sollten Gelehrte sich distanzieren
Von entzweienden Verhaltensweisen und Bigotterie.
Selbst von einem Kind
Kann man freundliche Worte erhalten.

Welches Verdienst ich auch immer
durch Darlegung dieses Mittleren Weges erlange,
Ich widme es allen Wesen,
Auf dass sie den Mittleren Weg verwirklichen.

Der zweite Teil von »Stufen der Meditation«, verfasst von Āchārya Kamalashīla, ist hiermit vollendet. Er wurde übersetzt und in tibetischer Sprache herausgegeben von dem indischen Abt Prajna Verma und dem Mönch Yeshe De.

Aus dem Tibetischen ins Englische übertragen von dem Ehrenwerten Geshe Lobsang Jordhen, Losang Chöphel Ganchenpa und Jeremy Russell.

Übersetzung aus dem Englischen von Stephan Schuhmacher.

Abdruck aus *Die Essenz der Meditation,* S.H. Dalai Lama, Ansata, 2002, mit freundlicher Genehmigung des Verlags.

## Die 37 Übungen der Bodhisattvas

von Ngulchu Thogme Zangpo (1295-1369)

Vor jenen, die zwar erkannt haben, dass alle Phänomene ohne (inhärentes) Kommen und Gehen sind, sich jedoch einzig und allein um das Wohl der Wandelwesen bemühen – vor Euch, Ihr höchst erhabenen spirituellen Meister und vor Dir, Beschützer Lokeshavara, verneige ich mich stets respektvoll mit (meinen) drei Toren (von Rede, Körper und Geist).

Die vollendeten Buddhas, die Quelle (allen) Glückes und (jedwedem) Nutzbringendem, gingen aus dem Verwirklichen der edlen Lehre hervor. Und da dies wiederum auf der Erkenntnis dessen beruht, wie sie praktiziert wird, sollen die Übungen der Bodhisattvas (hier) erläutert werden.

1. Nun, da dieses schwer zu findende große Gefährt (eines kostbaren Menschenlebens) mit Muße und Ausstattungen erlangt wurde, werde ich, um mich und die Anderen aus dem Ozean des Daseinskreislaufs zu befreien, Tag und Nacht ohne Ablenkungen lernen, nachdenken und meditieren. Dies ist die Übung der Bodhisattvas.

2. Wenn anhaftende Begierde wie Wasser zu den Nahestehenden strömt, wenn Hass wie Feuer gegen die Feinde lodert, und wenn die dunkle Finsternis geistiger Verblendung vergessen lässt, was anzueignen und was aufzugeben ist, dann gilt es, sein Heimatland aufgeben. Dies ist die Übung der Bodhisattvas.

3. Das Ablassen von schlechten Objekten lässt die Geistes-

plagen schrittweise abnehmen. Ohne Ablenkungen wird das heilsame Streben ganz natürlich vermehrt. Durch klare Erkenntnis wird Gewissheit hinsichtlich des Dharma erzeugt. Sich in die Abgeschiedenheit zu begeben – dies ist die Übung der Bodhisattvas.

4. Von den seit langem innig vertrauten Freunden und Verwandten werde ich getrennt. Die durch Mühen erlangten Reichtümer und Dinge werden am Ende verloren gehen. Der Gast, das Bewusstsein, wird den Körper, das Gasthaus, verlassen. Die Geisteshaltung, die diesem Leben (verhaftet ist), aufzugeben – dies ist die Übung der Bodhisattvas.

5. Wenn durch diejenigen, mit denen ich befreundet bin, die drei Gifte zunehmen, Lernen, Nachdenken und Meditieren degenerieren und Liebe und Mitgefühl zunichte gemacht werden, dann sind diese schlechten Freunde aufzugeben. Dies ist die Übung der Bodhisattvas.

6. Wenn (jedoch) durch jene, auf die ich mich stütze, die Fehler getilgt werden und die Qualitäten wie der zunehmende Mond anwachsen, dann sollte ich solche edlen (spirituellen) Freunde mehr schätzen als meinen eigenen Körper. Dies ist die Übung der Bodhisattvas.

7. Wenn sie doch wie ich selbst im Gefängnis des Daseinskreislaufs gefesselt sind, wer unter den weltlichen Göttern hätte die Kraft zu beschützen? Deshalb, bei wem auch immer ich Schutz suche, ich sollte Zuflucht zu den untrügerischen Höchsten Kostbarkeiten nehmen. Dies ist die Übung der Bodhisattvas.

8. Der Muni sagte: »Die Leiden der äußerst schwer zu ertragenden Leiden der niederen Bereiche sind die Auswirkungen der negativen Handlungen.« Deshalb sollte ich nie eine schlechte Tat begehen, selbst wenn es mein Leben kostet. Dies ist die Übung der Bodhisattvas.

9. Die Annehmlichkeiten der drei Daseinsbereiche gleichen Tautropfen an der Spitze eines Grashalmes, die wie (alle) vergänglichen Phänomene in einem Nu vergehen. Das Streben nach dem höchsten und unwandelbaren Zustand der Befreiung – das ist die Übung der Bodhisattvas.

10. Seit anfangslosen Zeiten haben mich die mütterlichen Wesen mit Güte versehen, wenn sie leiden, wozu soll dann mein eigenes Glück dienlich sein? Deshalb sollte ich den Erleuchtungsgeist entfalten, um die unendlich vielen Wesen zu befreien. Dies ist die Übung der Bodhisattvas.

11. Ausnahmslos alles Leiden entsteht aus dem Wunsch nach eigenem Glück. Die vollendete Buddhaschaft wird aus der Absicht, (allen) anderen zu nutzen, geboren. Deshalb sollte ich mein eigenes Glück gegen das Leid der anderen vollständig eintauschen. Dies ist die Übung der Bodhisattvas.

12. Wer auch immer unter der Macht von großer Begierde meinen gesamten Reichtum stiehlt oder andere dazu anstiften sollte – demjenigen sollte ich dennoch meinen Körper, meine Nutzgüter mitsamt dem Heilsamen der drei Zeiten widmen. Dies ist die Übung der Bodhisattvas.

13. Auch wenn mir jemand – obwohl ich nicht den geringsten Fehler begangen habe – meinen Kopf abschlagen würde, sollte ich kraft des Mitgefühls das Negative seines (Handelns) freiwillig auf mich nehmen. Dies ist die Übung der Bodhisattvas.

14. Selbst wenn mich jemand mit vielfältigen unangenehmen (Ausdrücken) beschimpft, so dass es in den dreitausend (Welten) widerhallt, so sollte ich in Erwiderung darauf mit einem liebevollen Geiste seine Qualitäten zum Ausdruck bringen. Dies ist die Übung der Bodhisattvas.

15. Selbst wenn jemand inmitten einer Ansammlung vieler Menschen meine verborgenen Fehler herausstellt und schlecht über mich redet, dann sollte ich ihn dennoch als einen heilsamen spirituellen Freund wahrnehmen und mich respektvoll vor ihm verbeugen. Dies ist die Übung der Bodhisattvas.

16. Selbst wenn ein Mensch, den ich wie mein (einziges) Kind liebevoll behütet habe, mich als seinen Feind ansieht, sollte ich ihm noch größere Liebe entgegenbringen – wie eine Mutter ihrem von Krankheit befallenen Kind. Dies ist die Übung der Bodhisattvas.

17. Selbst wenn eine Person, die mir gleichgestellt oder unterlegen ist, mich unter dem Einfluss von Stolz geringschätzig

behandelt, sollte ich sie wie einen Guru mit Respekt auf meinen Scheitel platzieren. Dies ist die Übung der Bodhisattvas.

18. Auch wenn ich kaum das Lebensnotwendige besitze, stets von anderen verachtet werde, wenn ich von schweren Krankheiten befallen und von Dämonen geplagt bin, sollte ich dennoch ohne ängstlichen Kleinmut die Leiden und das Negative aller Wandelwesen auf mich nehmen. Dies ist die Übung der Bodhisattvas.

19. Selbst wenn ich einen weitbekannten guten Ruf hätte, viele Personen ihr Haupt vor mir verneigten und ich Schätze erlangt hätte, die jenen des Reichtumsgott gleichkämen, dann sollte ich dennoch erkennen, dass weltlicher (Ruhm) und Reichtum ohne Essenz sind und daher ohne Überheblichkeit bleiben. Dies ist die Übung der Bodhisattvas.

20. Wenn der (eigentliche) Feind, mein Hass, ungezähmt bleibt, ich (aber versuche), äußere Feinde zu bezwingen, werden sich diese nur noch vermehren. Deshalb sollte ich mit dem Heer von Liebe und Mitgefühl meinen eigenen Geistesstrom zähmen. Dies ist die Übung der Bodhisattvas.

21. Die begehrlichen Sinnesobjekte gleichen Salzwasser – in dem Maße wie ich sie koste, wird (das Verlangen) nach ihnen anwachsen. Deshalb sollte ich (alle) Dinge, welche begehrliches Anhaften aufkommen lassen, sofort verwerfen. Dies ist die Übung der Bodhisattvas.

22. Die Erscheinungen, welcher Art sie auch immer sein mögen, sind mein eigener Geist. Die Natur des Geistes ist seit Anbeginn frei von dem Extrem der begrifflichen Ausformungen. Wenn ich die Soheit erkannt habe, sollte mich nicht (weiter) auf die (dualistischen) Merkmale von erfassten (Objekten) und erfassendem (Bewusstsein) eingehen. Dies ist die Übung der Bodhisattvas.

23. Wenn ich auf ein angenehmes Objekt treffe, sollte ich es – selbst wenn es gleich einem farbigen Regenbogen zur Sommerszeit wunderschön erscheint – nicht als wahrhaft (existent) betrachten und das begehrliche Anhaften daran aufgeben. Dies ist die Übung der Bodhisattvas.

24. Die mannigfaltigen Leiden sind wie ein Sohn, der im Traum stirbt. Halte ich die trügerischen Erscheinungen für wahr, werde ich dadurch völlig erschöpft. Sobald ich auf widrige Umstände stoße, sollte ich sie daher als Täuschung ansehen. Dies ist die Übung der Bodhisattvas.

25. Wenn ich Erleuchtung (zu erlangen) wünsche und dafür selbst meinen Körper hinzugeben (bereit sein) muss, was braucht man dann noch von äußeren Gütern reden? Deshalb sollte ich – frei von der Hoffnung auf Gegenleistung und karmische Früchte – freigebig handeln. Dies ist die Übung der Bodhisattvas.

26. Wenn man ohne ethische Disziplin nicht einmal das eigene Wohl erreicht, wäre es lachhaft, das Wohl der anderen erzielen zu wollen. Deshalb sollte ich die ethische Disziplin behüten, welche frei von Verlangen nach Weltlichem ist. Dies ist die Übung der Bodhisattvas.

27. Für die Bodhisattvas, welche die freudvolle Anwendung des Heilsamen wünschen, gleichen alle Schädigungen, (die sie erfahren), einer Juwelenmine. Deshalb sollte ich die Geduld verinnerlichen, die keinem Hass und Ablehnung entgegenbringt. Dies ist die Übung der Bodhisattvas.

28. Wenn ich sehe, wie Hörer und Alleinverwirklicher einzig ihr eigenes Wohl mit einem solchen Eifer erreichen (wollen), als gälte es ein Feuer auf ihrem Kopf zu löschen, dann sollte ich einen Eifer aufbringen, der zur Quelle von Tugenden wird, um das Wohl aller Wandelwesen (zu erzielen). Dies ist die Übung der Bodhisattvas.

29. Nachdem ich erkannt habe, dass die Leidenschaften durch die Besondere Einsicht (*Vipassanâ*), welche mit dem Ruhigen Verweilen (*Shamatha*) fest verbunden ist, völlig zerstört werden, sollte ich die konzentrative Sammlung verinnerlichen, welche vollständig über die formlosen (Versenkungen) hinausgeht. Dies ist die Übung der Bodhisattvas.

30. Da ohne Weisheit die vollendete Erleuchtung nicht mittels der fünf Vollkommenheiten allein erlangt wird, sollte ich die mit Methode verbundene Weisheit meditieren, welche die drei Aspekte nicht wahrnimmt. Dies ist die Übung der Bodhisattvas.

31. Wenn ich meine eigenen Täuschungen nicht untersuche, kann es sein, dass ich zwar formell ein Dharma-Praktizierender bin, doch dem Dharma Widersprechendes tue. Deshalb sollte ich stets die fehlerhaften Täuschungen analysieren, um sie dann aufzugeben. Dies ist die Übung der Bodhisattvas.

32. Wenn ich unter der Macht von Geistesplagen über die Fehler der anderen Bodhisattvas spreche, werde ich selbst verkommen. Deshalb sollte ich die Fehler eines anderen Wesens, welches in das Große Fahrzeug eingetreten ist, nicht zur Sprache bringen. Dies ist die Übung der Bodhisattvas.

33. Da unter dem Einfluss (des Strebens) nach Gewinn und Ehre untereinander gestritten wird und die Tätigkeiten von Lernen, Nachdenken und Meditation degenerieren, sollte ich die Verhaftung an die Familien meiner engen Freunde und Gönner aufgeben. Dies ist die Übung der Bodhisattvas.

34. Durch grobe Worte wird der Geist der anderen aufgewühlt und die Praktiken der Bodhisattvas werden geschmälert. Deshalb sollte ich es unterlassen, den Geist anderer durch unangenehme Worte zu verletzen. Dies ist die Übung der Bodhisattvas.

35. Ist man an die Geistesplagen (erst einmal) gewöhnt, ist es schwierig, sie wieder mit Gegenmitteln abzuwenden. Deshalb muss man – mit Achtsamkeit und Vergegenwärtigung (ausgestattet) – die Waffen der Gegenmittel ergreifen und dann die Geistesplagen wie Anhaftung sofort, im Moment ihres Entstehens, angreifen und vernichten. Dies ist die Übung der Bodhisattvas.

36. In Kürze: Ich sollte mich fragen, in welchem Zustand sich mein eigener Geist befindet – was immer ich tue und wie immer ich handle. Stets mit Vergegenwärtigung und achtsamer Selbstprüfung das Wohl der anderen zu verwirklichen – dies ist die Übung der Bodhisattvas.

37. Mit der Weisheit, die vollkommen unbefleckt durch die drei Aspekte ist, widme ich das Heilsame, das durch solche Bemühungen entstanden ist, der (höchsten) Erleuchtung, damit das Leiden der endlos vielen Umherwandernden beseitigt wird. Dies ist die Übung der Bodhisattvas.

## Kolophon

In der Nachfolge der Reden der Edlen habe ich die Bedeutung, wie sie in den Sūtras, Tantras und Abhandlungen gelehrt wird, in den 37 Übungen der Bodhisattvas zum Nutzen derer verfasst, die sich im Pfad der Bodhisattvas schulen möchten.

Da mein Verstand schwach ist und mir die Übung fehlt, konnte ich keinen poetischen Text verfassen, der die Gelehrten erfreut. Da ich mich aber auf die Sūtras und die Lehren der Edlen gestützt habe, bin ich mir sicher, dass diese Übungen der Bodhisattvas ohne Fehler sind.

Wie auch immer, da für jemanden wie mich, dessen Verstand schwach ist, die Tiefe der mächtigen Praktiken der Bodhisattvas schwer zu ermessen ist, bitte ich die Edlen um Nachsicht gegenüber der Menge an Fehlern wie Widersprüchen und Unzusammenhängendem.

Dank des Heilsamen, das hieraus entstanden ist, mögen alle Umherwandernden durch den höchsten endgültigen und konventionellen Erleuchtungsgeist gleich dem Beschützer Avalokiteshvara werden, der weder im Extrem des (samsarischen) Daseins noch im (alleinigen) Frieden weilt.

Aus dem Tibetischen übersetzt von Jürgen Manshardt
(gestützt auf eine Version von J. Friedwald), Berlin 2002,
(j.manshardt@t-online.de)

# Die Lampe auf dem Pfad zur Erleuchtung

(Bodhipathapradīpam oder Lam Drön)
von Lama Atīsha Dīpamkarashrījñāna (982–1054)

## Titel und Ehrerbietung

Ehre sei dem Bodhisattva, dem jugendlichen Mañjushrī

1. Ich erweise Ehre mit großem Respekt
Den Überwindern der drei Zeiten,
Ihren Lehren und denen, die nach Tugend streben.
Gedrängt vom guten Schüler Dschangtschup Ö,
Werde ich die Lampe entzünden
Für den Pfad zur Erleuchtung.

## Die drei Arten von Befähigungen spirituell Strebender

2. Verstehe, dass es drei Arten von Personen gibt,
Aufgrund geringer, mittlerer und hoher Befähigung.
Ich werde ihre unterschiedlichen Eigenschaften
Im Einzelnen deutlich beschreiben.
3. Erkenne, dass die, die mit allen Mitteln
Nicht mehr als nur
Die Freuden von Samsāra erstreben,
Personen von geringster Befähigung sind.
4. Die, welche Frieden nur für sich allein suchen,

Sich abkehrend von weltlichen Freuden,
Und schädliche Handlungen meidend,
Von denen sagt man, dass sie von mittlerer Befähigung sind.

5. Die, welche aufgrund ihres eigenen Leidens
Wahrhaft alles Leid von anderen
Völlig überwinden wollen,
Sind Personen mit der größten Befähigung.
6. Für diese hervorragenden Wesen,
Die die höchste Erleuchtung begehren,
Werde ich die vollkommenen Methoden erläutern,
Die von den spirituellen Lehrern gelehrt wurden.

## Das Hervorbringen und Schulen des Erleuchtungsgeistes

7. Bildnisse, Statuen und dergleichen
Des vollkommen Erleuchteten vor dir,
Reliquienschreine und die vortrefflichen Schriften,
Bringe Blumen dar, Weihrauch – was immer du hast.
8. Mit der Darbringung in sieben Teilen
Aus dem »(Gebet des) Edlen Wandels«
Und dem Gedanken, nicht umzukehren,
Als bis du endgültige Erleuchtung erlangst,
9. Und mit tiefem Glauben an die drei Juwelen,
Mit einem Knie zur Erde niederkniend
Und mit gefalteten Händen,
Nimm zuallererst dreimal Zuflucht.
10. Sodann, beginnend mit der Haltung
Der Liebe für alle lebenden Geschöpfe,
Denke nach über die Wesen, ohne eines auszulassen,
Die in den drei elenden Bereichen leiden.
Wie sie Geburt und Tod und dergleichen erfahren.
11. Da du diese Wesen

Vom Leid des Schmerzes befreien willst,
Von Leid und allen Ursachen für Leid,
Fasse alsdann unwiderruflich den Entschluss.
Erleuchtung zu erlangen.

12. Die Qualitäten der Erzeugung
Eines solchen Wunsches sind
vollständig von Maitreya
Im »Gandavyūhasūtra« dargelegt.

13. Nachdem du die grenzenlosen Qualitäten
Der Absicht verstanden hast, vollkommene Erleuchtung zu erlangen
Durch Lesen dieses Sūtra oder einem Lehrer zuhörend,
Bringe diese immer wieder hervor, um sie unerschütterlich zu machen.

14. Das »Sūtra, das von Viradatta erbeten wurde« erläutert umfassend
die Verdienste, die ihr (der Absicht, Erleuchtung zu erlangen) innewohnen.
An dieser Stelle will ich zusammenfassend
Nur drei Verse zitieren.

15. Wenn es körperliche Form besäße,
So würde das Verdienst der altruistischen Absicht
Den ganzen Raum vollständig erfüllen.
Und selbst noch weit darüber hinausreichen.

16. Sollte jemand mit Juwelen
So viele Buddhaländer anfüllen
Wie Sandkörner im Fluss Ganges sind,
Um sie dem Beschützer der Welt darzubringen,

17. So würde das doch übertroffen werden
Von der Gabe, die Hände zu falten
Und seinen Geist der Erleuchtung zuzuneigen,
Denn eine solche ist grenzenlos.

18. Wenn du den Wunsch nach Erleuchtung hervorgebracht hast,
Verstärke ihn unablässig mit gesammelter Tatkraft.
Um dich seiner in diesem und in anderen Leben zu erinnern,

Halte dich korrekt an die Anweisungen, wie sie hier dargelegt sind.

## Das Bodhisattvagelübde

19. Ohne das Gelübde der aktiven Absicht
Wird sich kein vollkommener Wunsch entwickeln.
Mache Anstrengungen, dieses (Gelübde für ein aktives Streben nach Erleuchtung) auch gewiss zu nehmen,
Da du willst, dass sich der Wunsch nach Erleuchtung entfaltet.
20. Diejenigen, die eine der sieben Arten
Von Gelübden zur persönlichen Befreiung (Prātimoksha) einhalten,
Haben die idealen (Voraussetzungen) für
Das Bodhisattvagelübde, andere nicht.
21. Der Tathāgata sprach von sieben Arten.
Von Gelübden zur persönlichen Befreiung.
Die beste von diesen ist der ehrbare, reine Lebenswandel,
Das Gelübde einer vollständig ordinierten Person.
22. Dem Ritual zufolge, wie es in Kapitel über ethische Disziplin
In den Bodhisattva-Ebenen beschrieben wird,
Nimm das Gelübde von einem guten
Und wohlqualifizierten spirituellen Lehrer.
23. Verstehe, dass ein guter spiritueller Lehrer
Jemand ist, der in der Zeremonie des Gelübdes erfahren ist,
Der nach dem Gelübde lebt und die Sicherheit
Und das Mitgefühl hat, ein solches zu gewähren.
24. Für den Fall jedoch, dass du trotz Bemühung
Einen solchen Lehrer nicht finden kannst,
Werde ich ein andres, korrektes Vorgehen erläutern,
Um das Gelübde zu nehmen.
25. Ich will hier sehr ausführlich darlegen,

Wie im »Schmuck von Mañjushrīs Buddhaland Sūtra«
dargelegt,
Wie vor langer Zeit, als Mañjushrī Ambaraja war.
Er die Absicht in sich erweckte, Erleuchtung
zu erlangen.

26. »In Gegenwart der Beschützer (der Buddhas)
Erwecke ich die Absicht, vollkommene Erleuchtung
zu erlangen.
Ich lade alle Wesen als meine Gäste ein
Und werde sie vom Daseinskreislauf befreien.

27. Von diesem Augenblick an,
Bis ich Erleuchtung erlange,
Will ich keine schädlichen Gedanken hegen,
Ärger, Geiz oder Neid.

28. Ich will reinen Lebenswandel pflegen,
Unrechte Taten und Begierde aufgeben
Und mit Freuden im Gelübde der ethischen Disziplin
Mich darin üben, den Buddhas zu folgen.

29. Ich will nicht danach eifern,
Erleuchtung auf schnellstem Wege zu erlangen,
Sondern will bis ganz zuletzt zurückstehen,
Selbst einem einzigen Wesen zuliebe.

30. Ich werde zahllose,
Unvorstellbare Länder reinigen,
Und in den zehn Richtungen verweilen.
Für alle, die meinen Namen anrufen.

31. Ich will alle Arten meiner Aktivitäten
Von Körper und Rede läutern.
Auch meine geistigen Aktivitäten will ich läutern
Und will nichts tun, was unheilsam ist.

32. Wenn die, welche das Gelübde der aktiven altruistischen
Absicht halten,
Sich gut geschult haben in den drei Arten der Disziplin,
Wird Ihre Achtung vor diesen drei Arten der Disziplin
zunehmen,
Was Lauterkeit von Körper, Rede und Geist bewirkt.

33. Durch Anstrengung in dem Gelübde.,

Das von Bodhisattvas für die reine, vollständige Erleuchtung abgelegt wird,
Werden daher die Ansammlungen für vollkommene Erleuchtung
Vollauf verwirklicht werden.

## Höheres Wissen

34. Alle Buddhas sagen, dass die Voraussetzung
Für die Vollendung der Ansammlungen,
Deren Natur, Verdienst und transzendente Weisheit ist,
Die Entwicklung Höheren Wissens.
35. So wie ein Vogel, ohne seine Schwingen auszubreiten,
Nicht in den Lüften fliegen kann,
Können diejenigen, die ohne die Kraft Höhern Wissens sind,
Nicht zum Wohl von Lebewesen wirken.
36. Das Verdienst, das von jemandem,
Der im Besitz Höheren Wissens ist,
An einem einzigen Tag erworben wird,
Kann in hundert Lebzeiten nicht gewonnen werden.
Von jemandem ohne solch Höheres Wissen.
37. Die, welche rasch die Ansammlungen
Für vollständige Erleuchtung vollenden wollen,
Werden durch Tatkraft, nicht durch Faulheit
Höheres Wissen verwirklichen.
38. Ohne das Erlangen von Stillem Verweilen (Samatha)
Wird Höheres Wissen nicht erreicht,
Darum mache wiederholt Anstrengungen,
Stilles Verweilen zu erlangen.
39. Solange die Bedingungen für Stilles Verweilen nicht vollständig sind,
Wird keine Meditative Festigung (Samādhi) erlangt werden.
Selbst wenn man angestrengt
Tausende von Jahren lang meditiert.
40. Indem du die Bedingungen also gut aufrechterhältst,

Wie im »Kapitel der Voraussetzungen für meditative Festigung« beschrieben,
Setze deinen Geist auf ein
Heilsames Konzentrationsobjekt.

41. Wenn ein Praktizierender Stilles Verweilen erlangt hat,
wird gleichfalls Höheres Wissen erreicht,
Doch ohne Praxis der Vollkommenheit der Weisheit
Werden die Hindernisse nicht beseitigt werden.

42. Um also alle Hindernisse
Für Befreiung und Allwissenheit zu entfernen,
Sollte der Übende fortgesetzt die Vollkommenheit der Weisheit
(In Verbindung) mit Geschickten Mitteln kultivieren.

43. Weisheit ohne Geschickte Mittel
Und auch Geschickte Mittel ohne Weisheit
Werden als Fesseln bezeichnet,
Darum lasse keines von beiden außer Acht.

44. Um Ungewissheit darüber zu beseitigen,
Was Weisheit ist und was Geschickte Mittel sind,
Will ich den Unterschied verdeutlichen
Zwischen Geschickten Mitteln und Weisheit.

45. Außer der Vollkommenheit der Weisheit
Werden alle heilsamen Praktiken
Wie die Vollkommenheit des Gebens,
Von den Siegreichen als Geschickte Mittel (Methoden) beschrieben.

46. Wer unter dem Einfluss der Vertrautheit
Mit Geschickten Mitteln Weisheit kultiviert,
Wird rasch Erleuchtung erlangen.
Nicht indem er nur über die Selbstlosigkeit meditiert.

## Wirklichkeit und Weisheit

47. Die Leerheit von inhärenter Existenz zu verstehen,
Indem man erkennt, dass die Aggregate, Elemente
Und Sinnesquellen nicht entstehen
Wird als Weisheit bezeichnet.
48. Etwas Existierendes kann nicht entstehen,
Auch nicht etwas Nicht-Existierendes, wie eine Himmelsblume.
Diese Irrungen sind beide absurd
Und daher kommt auch (eine Entstehung von) beidem nicht vor.
49. Ein Ding entsteht nicht aus sich selbst,
Und auch nicht aus einem anderen,
Es entsteht auch nicht aus beidem
und auch nicht ohne Ursache.
Somit existiert es nicht inhärent, durch seine eigene Entität.
50. Wenn zudem alle Phänomene untersucht werden,
Im Hinblick darauf, ob sie eins sind oder mehrere
So sieht man, dass sie nicht durch eine eigene Entität existieren,
Und damit sind sie als nicht inhärent existierend erwiesen.
51. Die Beweisführung der »Siebzig Verse über die Leerheit«,
Die »Abhandlung über den mittleren Weg« und so weiter,
Legen dar, dass die Natur aller Dinge
Als Leerheit erwiesen ist.
52. Weil es darüber eine große Anzahl von Textpassagen gibt,
Habe ich sie hier nicht aufgeführt,
Sondern habe nur zum Zwecke der Meditation
Die Schlüsse aus ihnen erläutert.
53. Was immer also Meditation
Über die Selbstlosigkeit dergestalt ist,
Dass sie keine inhärente Natur in Phänomenen sieht,
Ist die Kultivierung von Weisheit.
54. So wie die Weisheit keine inhärente Natur in Phänomenen sieht,

Solltest du die Weisheit selbst
Durch Begründungen analysieren
Und danach nicht begrifflich darüber meditieren.

55. Die Natur dieser weltlichen Existenz,
Die aus Vorstellungen entstanden ist, ist Vorstellung.
Daher ist die Aufhebung von Vorstellungen.
Der höchste Zustand, Nirvāna.

56. Die große Unwissenheit der Vorstellungen
Lässt uns in den großen Ozean des Daseinskreislaufs fallen,
Ruhend in nicht-begrifflicher meditativer Festigung
Manifestiert sich klar raumgleiche Nicht-Vorstellung.

57 Wenn Bodhisattvas diese vorzügliche Lehre
Nicht-begrifflich betrachten, werden sie die Vorstellungen überwinden,
Die so schwer zu überwinden sind,
Und schließlich den Zustand frei von Vorstellungen erreichen.

58. Hast du durch schriftliche Belege und Begründung festgestellt,
Dass Phänomene weder entstehen
Noch inhärent existieren,
Meditiere frei von Vorstellungen.

59. Hast du solcherart über die Soheit meditiert,
Werden schließlich, nach dem Erreichen von »Hitze« usw.,
Die »Sehr Freudvolle« (Bodhisattvaebene) und alle übrigen erreicht
Und nach nicht allzu langer Zeit der erleuchtete Zustand des Buddhas.

## Das Vajrafahrzeug

60. Wenn du wünschst, mit Leichtigkeit
Die Ansammlungen für die Erleuchtung zu schaffen,
Durch die Aktivitäten von Befriedung, Vermehrung usw.,
Wie sie durch die Macht des Mantra erlangt werden,

61. Und auch durch die Kraft der acht
Und anderer großer Verwirklichungen wie das »Gute Gefäß«
Wenn du geheimes Mantra üben willst,
wie in den Handlungs- und Ausübungs-Tantras erläutert,
62. Musst du, um die Ermächtigung von einem Vajrāchārya zu erhalten,
Einen exzellenten spirituellen Lehrer
Durch Dienste, wertvolle Geschenke und dergleichen
Und auch durch Befolgen seiner Anweisungen erfreuen.
63. Durch die vollkommene Gewährung der Einweihung
Durch den Meister, den du so erfreut hast,
Wirst du von allen schlechten Taten befreit
Und wirst geeignet, machtvolle Verwirklichungen zu erlangen.
64. Weil das »Große Tantra des ursprünglichen Buddha«
Es mit Nachdruck untersagt,
Sollten diejenigen, die dem enthaltsamen Lebenswandel folgen,
Keine geheimen und Weisheitseinweihungen nehmen.
65. Wenn die, welche in der strengen Praxis der Enthaltsamkeit leben,
Solche Einweihungen erhielten,
So würde ihr Gelübde der Enthaltsamkeit verletzt,
Sobald sie tun, was vorgeschrieben ist.
66. Dies führt zu Übertretungen, die verhängnisvoll sind
Für die, welche die Disziplin einhalten.
Da ihnen der Sturz in eine schlechte Geburt gewiss ist,
Werden sie niemals Verwirklichungen erlangen.
67. Es ist kein Fehler, wenn jemand, der die Einweihung des Āchārya
Erhalten und Kenntnis von der Soheit hat,
Die Tantras anhört oder sie erklärt und rituelle Feueropfer durchführt
Oder Gaben in Form von Geschenken darbringt.
68. Ich, der Ältere Dīpamkarashrī.
Nachdem ich gesehen habe,

Wie es in Sūtra und anderen Lehren dargelegt wurde,
Habe diese knappe Erklärung gegeben
Aufgrund der Bitten des Dschangtschup Ö.

Damit endet *Die Lampe auf dem Pfad zur Erleuchtung* von Āchārya Dīpamkarashrījñāna. Sie wurde übersetzt, revidiert und fertiggestellt von dem hoch gerühmten Abt selbst und von dem großen Revisor, Übersetzer und vollständig ordinierten Mönch Geway Lodrö. Diese Unterweisung wurde im Tempel von Tholing in Zhang Zhung geschrieben.

Die Übersetzung ins Englische von Ruth Sonam erschien 1997 bei Snow Lion Publications, N.Y. Nach dieser Übersetzung wurde anlässlich der Belehrungen, die Seine Heiligkeit, der 14. Dalai Lama im November 2001 in Pomaia, Italien, zu Atīshas »Lampe auf dem Pfad zur Erleuchtung« gab, die Übersetzung ins Deutsche angefertigt. Sie stammt von Birgit Schweiberer (Getsulma Losang Drime), die für alle Fehler in der Übersetzung verantwortlich ist und dafür um Nachsicht bittet.

# Nachwort

## Kalachakra für den Weltfrieden Graz 2002

Auf Einladung der Stadt Graz leitete Seine Heiligkeit der XIV. Dalai Lama vom 11. bis zum 23. Oktober 2002 »Kalachakra für den Weltfrieden«. Die internationale Großveranstaltung, zu der sich über zehntausend Besucher aus siebzig Ländern in der Grazer Stadthalle einfanden, umfasste tibetisch buddhistische Rituale, Vorträge zur Ethik und buddhistischen Philosophie sowie ein breites Spektrum von Kulturveranstaltungen. Es boten sich mannigfaltige Möglichkeiten für interkulturelle und interreligiöse Begegnungen. Über zweihundert akkreditierte Pressevertreter aus 17 Ländern berichteten ausführlich über die Veranstaltung, wobei die Berichterstattung durchweg positiv war. Erstmals wurde eine Kalachakra-Zeremonie weltweit live via Internet übertragen und somit ein global sichtbares Zeichen für Frieden und Toleranz gesetzt.

In den ersten Tagen gab S. H. der Dalai Lama Erklärungen zur buddhistischen Weltsicht. Gleichzeitig fanden vorbereitende Rituale statt, beispielsweise das Streuen des Kalachakra Sandmandalas. Die letzten vier Tage waren den tantrischen Einweihungen gewidmet. Zusätzlich fand auf dem Grazer Schlossberg eine interreligiöse Begegnung mit Vertretern der fünf Weltreligionen, Christentum, Islam, Judentum, Hinduismus und Buddhismus statt. Die Universität Graz verlieh S. H. dem Dalai Lama ihre höchste Auszeichnung, den Menschenrechtspreis.

Seine Heiligkeit sowie viele der Besucher und Besucherinnen aus aller Welt gaben ihrer Freude über die gelungene Veranstaltung Ausdruck, wobei vor allem die Freundlichkeit der Besucher wie der Gastgeber sowie die friedvolle Atmosphäre in Erinnerung bleiben. Die gesamte Veranstaltung ist als Audio- und Videodokumentation erhältlich bei: www.kalachakra-graz.at

## Verein zur Förderung Buddhistischer Werte Graz

Der gemeinnützige Verein war mit der Organisation der Kalachakra Graz 2002 betraut und unterhält zwei buddhistische Zentren.

### *She Drup Ling Graz*

Das buddhistische Zentrum in der Grazer Innenstadt wurde 1995 eröffnet und erhielt von Seiner Heiligkeit dem Dalai Lama den Namen »She Drup Ling«, Ort des Wissens und der Erfahrung. Das Zentrum bietet zahlreiche Möglichkeiten, die buddhistische Lehre und Praxis kennen zu lernen und zu vertiefen. Regelmäßig werden Kurse in Yoga und Meditation sowie buddhistische Rituale abgehalten, ebenso Vorträge zu buddhistischer Philosophie. Meister verschiedener Traditionen werden zu Seminaren und Kursen eingeladen. Des Weiteren gibt es eine buddhistische Bibliothek und einen Shop, in dem hochwertige buddhistische Kunstgegenstände, Bücher und Medien aus eigener Produktion angeboten werden. Das wichtigste Projekt der Jahre 1995 bis 1998 war die Errichtung des Friedensstupa im Grazer Volksgarten, der 1998 von S. H. dem Dalai Lama eingeweiht wurde.

Programm und Info: She Drup Ling Graz, Buddhistisches Zentrum,

Griesgasse 2, A-8020 Graz, Tel. 0043 –316-717297-0, Fax 0043 –316-717297-4,

E-Mail: office@shedrupling.at, www.shedrupling.at

## *Kalachakra Kalapa Center – Internationales Meditationszentrum*

Das von S. H. dem Dalai Lama benannte Meditationszentrum ist vor allem der Praxis und dem Studium des Kalachakra Tantra gewidmet, steht aber für die buddhistische Praxis aller Traditionen zur Verfügung. Kalapa ist der Name der Hauptstadt des sagenumwobenen Landes Shambhala. Von dem in 1000 Meter Höhe neu errichteten Kalachakra Stupa auf dem Gelände bietet sich ein schöner Ausblick auf das südsteirische Hügelland.

Kalachakra Kalapa Center, A-8541 Garanas 41, Tel.: 0043-316-717297-0

Infos: office@kalapa.at, www.kalapa.at.